ACCESO GRATIS *a la Lectura en la Nube*

Para visualizar el libro electrónico en la nube de lectura envíe junto a su nombre y apellidos una fotografía del código de barras situado en la contraportada del libro y otra del ticket de compra a la dirección:

ebooktirant@tirant.com

En un máximo de 72 horas laborales le enviaremos el código de acceso con sus instrucciones.

La visualización del libro en **NUBE DE LECTURA** excluye los usos bibliotecarios y públicos que puedan poner el archivo electrónico a disposición de una comunidad de lectores. Se permite tan solo un uso individual y privado

ANÁLISIS ECONÓMICO DE LAS POLÍTICAS SOCIOLABORALES

ANÁLISIS ECONÓMICO DE LAS POLÍTICAS SOCIOLABORALES

MARGARITA ROHR
Coordinadora

tirant lo blanch
Valencia, 2025

En caso de erratas y actualizaciones, la Editorial Tirant lo Blanch publicará la pertinente corrección en la página web www.tirant.com.

© TIRANT LO BLANCH
EDITA: TIRANT LO BLANCH
C/ Artes Gráficas, 14 - 46010 - Valencia
TELFS.: 96/361 00 48 - 50
FAX: 96/369 41 51
Email: tlb@tirant.com
www.tirant.com
Librería virtual: www.tirant.es
DEPÓSITO LEGAL: V-281-2025
ISBN: 978-84-1095-432-8

Si tiene alguna queja o sugerencia, envíenos un mail a: *atencioncliente@tirant.com*. En caso de no ser atendida su sugerencia, por favor, lea en *www.tirant.net/index.php/empresa/politicas-de-empresa* nuestro procedimiento de quejas.

Responsabilidad Social Corporativa: http://www.tirant.net/Docs/RSCTirant.pdf

Índice

Prólogo

La intervención del Estado en la economía, especialmente en el ámbito sociolaboral, constituye uno de los pilares fundamentales de la política económica contemporánea. En los países desarrollados, gran parte del gasto público se destina a estas áreas, que son esenciales para abordar los grandes desafíos de nuestras sociedades, tales como el desempleo, el acceso a servicios de salud, la educación y la protección social. La relevancia de estas políticas no solo radica en su capacidad para resolver problemas estructurales, sino también en su impacto sobre la calidad de vida y la cohesión social. Por ello, su estudio merece un enfoque sistemático, riguroso y adaptado a las realidades de nuestro tiempo.

Este manual se plantea como una herramienta clave para el análisis económico de las políticas sociolaborales, integrando perspectivas teóricas y aplicadas. Con este objetivo, no solo se abordan los fundamentos conceptuales, sino que también se incorporan experiencias comparadas, particularmente en el contexto español y europeo. Este enfoque permite ilustrar cómo diferentes modelos y estrategias políticas han dado respuesta a retos comunes, facilitando un entendimiento más amplio y crítico. Además, el manual promueve una aproximación plural, fomentando el debate y la confrontación de enfoques, algo consustancial a las Ciencias Sociales.

La estructura del manual se organiza en tres partes. La primera parte, que abarca los temas uno y dos, establece el marco general de las políticas sociolaborales. En esta sección, se analizan aspectos clave como el contenido de dichas políticas, los agentes implicados, los niveles de gobierno que participan y el impacto de la globalización en su diseño y ejecución. Este marco teórico proporciona una base sólida para comprender la complejidad de las políticas sociolaborales y su conexión con los desafíos globales.

La segunda parte, que incluye los temas tres, cuatro y cinco, se centra en las políticas de empleo. Estas se abordan desde una perspectiva doble: por un lado, se examina la intervención directa en el mercado laboral, y por otro, se consideran políticas económicas más amplias que tienen un impacto indirecto en la generación de empleo. Este análisis permite explorar las múltiples dimensiones que afectan al empleo y las estrategias diversas para fomentarlo.

Finalmente, la tercera parte, que abarca los temas seis, siete, ocho y nueve, se dedica al estudio de las políticas públicas relacionadas con el bienestar social. Aquí se profundiza en las políticas de seguridad social, con especial atención a los sistemas de pensiones; las políticas sanitarias, fundamentales para garantizar la salud pública; las políticas educativas, esenciales para el desarrollo humano y económico; y las políticas contra la exclusión social, imprescindibles para promover la igualdad de oportunidades y combatir la pobreza.

Para facilitar el aprendizaje y la investigación, cada capítulo incluye una selección bibliográfica con las principales referencias utilizadas y recomendaciones adicionales para profundizar en los temas tratados. Esta estructura busca no solo transmitir conocimientos, sino también fomentar una actitud crítica y analítica en el lector, permitiéndole explorar las políticas sociolaborales desde múltiples perspectivas.

El presente manual se dirige tanto a estudiantes y académicos como a profesionales e interesados en el ámbito de las políticas sociolaborales. Su propósito es proporcionar una base sólida y actualizada para comprender y analizar estas políticas, al tiempo que fomenta una visión crítica e integradora. En un contexto global donde los retos sociolaborales son cada vez más complejos, este manual se presenta como una herramienta indispensable para entender y participar activamente en la construcción de soluciones sostenibles y eficaces.

Capítulo 1

Las políticas sociolaborales: un marco general

ANTONIO SÁNCHEZ ANDRÉS
Departamento de Economía Aplicada
-Política Económica-
Universidad de Valencia

Este capítulo, que da inicio al libro, tiene por objeto exponer el significado y función de las políticas sociolaborales. Estas se conciben como parte de las intervenciones socioeconómicas del Estado que modifican el marco de referencia de los agentes productivos. Por este motivo, estas políticas serán una parte de aquellas conocidas como estructurales. Estas últimas pueden ser económicas y sociales (-laborales). Dentro de las primeras se encontrarían, a título de ejemplo, las de infraestructuras, competencia o industriales, mientras que en el segundo grupo se incluirían las relacionadas con el mercado laboral, la seguridad social, la educación, la sanidad o la protección social. Son estas últimas las que tiene como objetivo este libro. Cabe señalar que, por tratarse de políticas económicas se utilizará esta denominación en este capítulo y en los posteriores.

El ámbito de referencia lo constituyen las economías desarrolladas, capitalistas y democráticas. En el caso de que alguna de estas tres características varíe, el contenido y la estructura de las políticas económicas se verán alterados, debiendo introducirse explicaciones ulteriores. Para las economías a las que se alude, el Estado y sus intervenciones no son un elemento circunstancial o irrelevante. Por el contrario, constituyen una característica esencial de su naturaleza. Por tal motivo, para comprender el funcionamiento de dichas economías el estudio de la política económica resulta imprescindible.

Cabe señalar una dimensión especial de la política económica, a saber, la sociolaboral. Esta fue adquiriendo una importancia esencial durante el siglo XX y, a partir de la Segunda Guerra Mundial, constituyó un rasgo definitorio de las economías avanzadas. Este tipo de intervenciones del Estado se plasmó en aquello que se conoce como Estado del Bienestar. Por este motivo, el estudio de las políticas sociolaborales resulta esencial para comprender las sociedades actuales desarrolladas.

La exposición que sigue comenzará con una precisión de aquello que se entiende por *economía mixta*, en la que se pondrá de relieve la importancia del Estado. A continuación, se definirá el concepto de política económica. Para perfilar la comprensión de la política económica, en el tercer apartado se explicarán algunas de sus instituciones más relevantes, así como los agentes socioeconómicos implicados. En el último apartado se pondrán de manifiesto las etapas en las que suele descomponerse el análisis de la elaboración de la política económica.

1. ECONOMÍA, INSTITUCIONES, ESTADO Y MERCADO

Un componente central de una economía capitalista desarrollada es el sector privado. Este está formado por unidades económicas que se relacionan directamente, constituyendo esta forma de vinculación la base de aquello que se entiende por mercado. Sin embargo, todas las relaciones directas entre las unidades económicas no son constitutivas de mercado. En general, se pueden distinguir tres tipos de relaciones directas entre agentes económicos. En primer lugar, las de cooperación, que coordinan directamente a dos o más agentes económicos para conseguir un fin común. Por ejemplo, las que suelen tener lugar dentro de las empresas entre departamentos y trabajadores. En segundo término, las de redistribución, por la que se trasladan recursos de unos agentes a otros, pero sin contrapartida, como por ejemplo los flujos de recursos entre padres e hijos dentro de las familias. En tercer lugar, aparecen las de intercambio, en las que se relacionan dos agentes con transferencia simultánea en los dos sentidos, con el objetivo de obtener un beneficio o prestación útil para los intervinientes en la transacción. Esto son actos de compra-venta. Estas últimas relaciones son las que constituyen las bases de las relaciones mercadológicas.

Para que las relaciones de mercado sean relevantes deben afectar a ámbitos estratégicos de la economía; en particular, deben condicionar las fuentes esenciales del sustento de las personas. Por este motivo, cuando los medios de producción y de consumo son afectados esencialmente y regularmente por las relaciones de intercambio se puede hablar, en primera aproximación, de una economía de mercado.

La mencionada regularidad se consigue a través del establecimiento por la sociedad de un conjunto de normas, que se conocen como instituciones. Estas pueden ser formales (manifestadas en forma de textos legales o la creación de organismos) o informales (consuetudinarias, es decir, procedentes directamente de las tradiciones o costumbres). Así pues, el mercado, como subsistema de la sociedad de la que forma parte, es un conjunto institucionalizado de relaciones descentralizadas (es decir, llevadas a cabo directamente por los agentes afectados, siguiendo sus propios criterios) de intercambios, mediatizadas y conducidas, en última instancia, por incentivos económicos, entre los que sobresale el del beneficio. En definitiva, las instituciones determinan las relaciones entre los agentes sociales y condicionan sus comportamientos (por ejemplo, su inclinación a trabajar o a consumir, su vocación hacia el ahorro o la inversión, etc.), de forma que influyen en los resultados económicos a corto y largo plazo.

Las mencionadas relaciones directas entre los distintos agentes se plasman en la existencia de una oferta y una demanda de bienes, servicios y factores. En el proceso de intercambio surge un equivalente que relaciona aquello que se ofrece y se demanda, que es conocido como el precio. Uno de los problemas que se dan en la realidad es la falta de homogeneidad en la capacidad de negociación y en la información que poseen los agentes que determinan la oferta y la demanda de bienes, servicios y factores (capital, trabajo y conocimiento). En concreto, existe una gran diferencia en la capacidad de acción entre empresas, según su tamaño (pequeñas, medianas y grandes empresas) o actividad económica (productos básicos o actividades financieras, por ejemplo), así como aparece una clara asimetría entre trabajadores y empresarios, o entre productores y consumidores. El resultado es que los agentes económicos disponen de unos recursos de poder distintos que se plasman en una asimetría en sus capacidades de acción.

Como el objetivo de los agentes se orienta a la maximización de los resultados económicos (beneficios, retribución, renta, satisfacción de necesidades), con un horizonte temporal de relativo corto plazo, se tiende a aprovechar la posición de dominio en la relación mercantil e, incluso, eludir las normas y cambiar las reglas cuando ello es posible. En suma, se dan las condiciones e incentivos para que algunos agentes impongan a otros sus términos de negociación o manipulen el mercado. Cuando este conflicto económico se hace socialmente visible, emerge a la superficie confrontación social e inestabilidad política. Así pues, de cuanto se viene apuntando se infiere que la descentralización económica, junto con la desigualdad entre los agentes es germen de una elevada conflictividad en una economía de mercado pura que provoca problemas esenciales para su funcionamiento (a corto y medio plazo) y desarrollo (a largo plazo).

Una parte importante de las normas de funcionamiento de una economía son fijadas por el Estado. El Estado es una estructura organizativa de la sociedad de carácter vertical que tiene por función ordenar la actividad de una comunidad humana ubicada en un territorio. Estas pretensiones del Estado se consiguen a través de la monopolización del poder legislativo, ejecutivo y judicial. Adicionalmente, existe un reconocimiento real del Estado por los miembros de la sociedad y es el garante de los derechos de propiedad y de los cumplimientos de los contratos, al tiempo que ejerce un papel coordinador entre los agentes sociales para evitar inestabilidades económicas (irregularidades en la actividad) y sociales (fuertes desigualdades).

Un elemento esencial en el que vale la pena detenerse es en la configuración de la voluntad del Estado. Comprender cómo se configura remite, por un lado, a la estructura interna del Estado que no es homogénea, sino que está organizada verticalmente en varios niveles (con frecuencia central, regional y local) y horizontalmente en diversas secciones (ministerios, organismos administrativos autónomos o empresas estatales). Por otro lado, la definición de la voluntad estatal procedente de la población (en forma de procesos democráticos) aparece filtrada por una estructura de partidos y un sistema electoral que configura un sistema de representatividad de tipo parlamentario. Por último, y posiblemente lo más importante, la política económica está influida por la acción de los grupos de interés más poderosos que, a sabiendas del papel fundamental del Estado como actor económico, buscan decantar su actuación en beneficio propio. Esto aspectos condicionarán esencialmente el tipo de intervención del Estado sobre la economía y, por este motivo, se les destinará una explicación especial en el epígrafe 3 de este capítulo.

Para evitar los mencionados problemas de funcionamiento y reproductibilidad se introduce la intervención del Estado. De una manera empírica se pueden distinguir 5 ámbitos de intervención del Estado:

1. **Institucional.** Es la que constituye los agentes y las relaciones descentralizadas. El trasfondo de esta función estatal es que las relaciones descentralizadas de intercambio no se generan por sí solas, sino que necesitan una base para poder aparecer y funcionar. En concreto, el papel esencial a este respecto es la definición y defensa de los derechos de propiedad y la garantía del cumplimiento de los contratos.

2. **Estructural.** Crea el entorno donde se desenvuelven los agentes privados. Este tipo de intervenciones alude, por un lado, a la inserción

de las empresas en el contexto en el que se desenvuelven, como se trata del conjunto de regulaciones económicas o las modulaciones de los regímenes de competencia, y, por otro lado, a la construcción del entorno en el que se mueven las empresas, como se trata de las infraestructuras o las normativas medioambientales. Las intervenciones públicas suelen considerar el medio y largo plazo como referencia.

3. **Estabilizadora.** La interacción descentralizada entre los agentes productivos genera aceleramientos y frenos en la actividad productiva, es decir, aparecen ciclos económicos. La exacerbación de estos movimientos, tanto en sus partes superiores (con fenómenos inflacionistas), como inferiores (acrecentamiento del desempleo), exige la intervención del Estado para evitar sus efectos desestabilizantes. Estas intervenciones públicas suelen presentar un horizonte temporal a corto y medio plazo, y utilizar las políticas monetaria y presupuestaria.

4. **Legitimadora**. En las relaciones descentralizadas entre los agentes unos obtienen peores resultados que los otros o son abiertamente perdedores. Esta situación genera una ausencia de legitimidad respecto a este mecanismo de regulación social y puede suponer un fuerte grado de inestabilidad. Para evitar estos problemas el Estado interviene, distribuyendo más homogéneamente la renta y la riqueza, apoyando a la población más desfavorecida o impulsando mecanismo de promoción social, como se trata de la educación o, incluso, la sanidad.

5. **Dinamizadora**. Como en las relaciones descentralizadas de mercado el motor es la obtención a corto plazo de beneficios, cierto tipo de actividades productivas no son acometidas porque el nivel de riesgo es muy elevado o los resultados positivos esperados se dilatan durante un periodo excesivo. En este sentido, el Estado interviene fomentando actividades, en especial tecnológicas, o estableciendo regulaciones especiales de actividades específicas. De esta manera, el Estado actúa de puente entre el corto y el largo plazo.

Recuadro 1.1. La hipótesis de los fallos del mercado y la justificación de la política económica

Una forma distinta que se ha utilizado para clarificar por qué interviene el Estado en la economía es a través de la hipótesis de los fallos del mercado. En concreto, cuando el mercado presenta deficiencias, entonces interviene el Estado para corregirlas.

En primer lugar, el mercado puede asignar mal los recursos, por ejemplo, cuando estos no son de uso exclusivo individual o existen problemas para obtener rentas a partir de su explotación (como es el caso de los bienes públicos), así como cuando de su utilización se derivan efectos secundarios (externalidad) negativos. También la mala asignación puede derivarse de la existencia de problemas de información (su ausencia o que sea muy imperfecta), puesto que imposibilita la acción para obtener beneficios. Para acometer estos problemas, el Estado financia la generación de bienes o cambia las regulaciones dentro del sector privado (bienes públicos o infraestructuras).

En segundo lugar, la acción individual descentralizada de los participantes en el mercado puede presentar unos efectos negativos en términos agregados. Por ejemplo, los agentes pueden percibir subjetivamente un empeoramiento en sus condiciones productivas que les conduzcan a frenar su actividad económica (reducciones en inversión o en consumo), situación que, si se repite de manera generalizada, puede provocar un freno productivo agregado y empujar a una crisis económica. También en situaciones de bonanza económica, los agentes pueden apostar por excesos en inversiones o de consumo, generando aumentos de precios a corto plazo que distorsionarían la evolución de la economía. Para evitar este tipo de problemas, el Estado debería aplicar políticas anticíclicas (en contra de los comportamientos descentralizados apuntados), aumentando el gasto público, cuando cae el privado, o retirándolo en el momento que detecta acrecentamientos de aquel. Políticas económicas al respecto serían las relacionadas con cambios en gastos o ingresos presupuestarios estatales.

En tercer lugar, como resultado de la interacción descentralizada entre los distintos agentes sus resultados no serán iguales, además que se acrecentará la diferencia entre ellos conforme pase el tiempo, manifestándose este tipo de fenómenos en desigualdades en la renta y la riqueza. Para evitar este tipo de lacra o, sus efectos más graves, interviene el Estado, en particular con fiscalidades progresivas o gastos para luchar contra la pobreza.

Este tipo de enfoque está relativamente extendido por su carácter didáctico, pero presenta serios problemas analíticos, que reducen su poder explicativo. Por un lado, asume que los agentes participantes en el mercado están constituidos (existen *a priori*), es decir que los derechos de propiedad y la vigencia de los contratos existen por sí mismo. Es decir, que el mercado existe de una manera "natural" y posteriormente aparece el Estado que opera de manera reactiva a los problemas surgidos en el mercado. Por otro lado, que las relaciones normales dentro del mercado se rigen por competencia perfecta y, más concretamente, que los productores aparecen condicionados por la demanda que impone unilateralmente sus condiciones. Finalmente, que el largo plazo es desdeñado y, por tanto, las funciones dinamizadoras del Estado no son consideradas.

2. RELACIONES ESTADO-MERCADO: LA POLÍTICA ECONÓMICA

Se entiende por política económica a la aplicación de medidas económicas por las autoridades públicas para conseguir unos objetivos, condicionados a la existencia de unas restricciones. Dentro de esta definición existen cuatro componentes: a) las autoridades públicas; b) las restricciones; c) las medidas discrecionales; y d) los objetivos perseguidos.

Esquema 1.1. Concepto de política económica

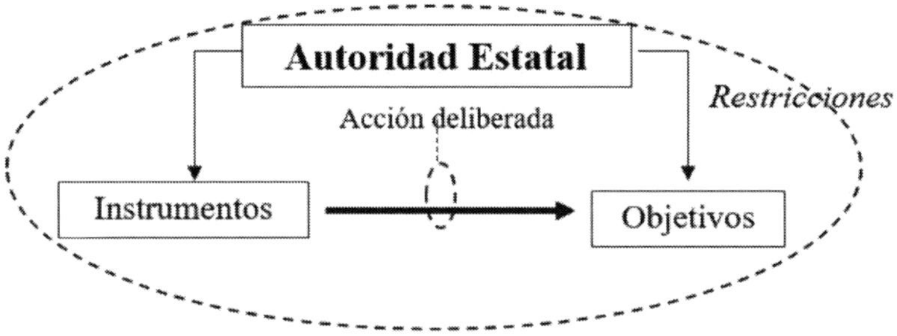

Autoridad Estatal
Restricciones
Acción deliberada
Instrumentos
Objetivos

Fuente: Elaboración propia.

La cuestión es que este concepto base de política económica se puede interpretar de distintas maneras. Una primera opción es la que se denomina racionalista. Esta asume que los objetivos que se persiguen en la política económica tienen una naturaleza política. Estos objetivos los concretan los políticos, que han sido elegidos por la población, de manera que reflejan las preferencias de esta última. En contraste, los instrumentos tienen una naturaleza técnico-económica y su ajuste hacia la consecución de los objetivos son un campo de especialistas, en particular, de economistas. Se asume que una vez especificados los objetivos y ajustados los instrumentos, la puesta en práctica constituye una cuestión automática administrativa y los agentes aceptan los resultados, cambiando sus comportamientos en el sentido deseado.

Esta concepción de la política económica presenta distintas deficiencias. La primera es que la fijación de los problemas no responde al conjunto de la población, sino que, con frecuencia, refleja las ideas de grupos minoritarios. Desde esta perspectiva, los objetivos siguen siendo políticos, pero son cuestionables colectivamente.

En segundo lugar, una vez fijados los objetivos formalmente, las recomendaciones de instrumentos no son aceptadas inmediatamente por los políticos. Por un lado, se realizan selecciones de instrumentos *a priori* (los instrumentos pasan a disponer de una naturaleza política), como, por ejemplo, la predilección por el uso de política monetaria porque se supone que es menos intrusiva sobre la economía; y, por otro lado, la fijación de ciertos objetivos exige la utilización de unos instrumentos determinados (carácter técnico-económico de los objetivos), por ejemplo, la reducción en el déficit público.

En tercer lugar, una vez diseñado un programa de actuación de política económica no resulta inmediata su aplicación. En efecto, entra en juego activamente la administración del Estado. Si la política económica no está adaptada a la estructura administrativo burocrática, entre otros motivos, la intervención estatal nunca se aplicará o se realizará de forma muy parcial.

Finalmente, en cuarto lugar, la aplicación, desde este punto de vista, supone la receptividad automática de la política económica por los agentes, aspecto que no se da en la realidad. Un caso típico al respecto es la reacción de los grupos de presión frente a normas aprobadas por los gobiernos hasta modificarlas según sus intereses y alejarlos de las intenciones iniciales expuestas.

Estos son algunos de los límites que presenta el enfoque racionalista, que conduce a plantear otras formas de interpretación de la política económica si es que se pretende obtener una visión más aproximada a aquello que ocurre en la realidad. Frente a esta visión, se han planteado otras que podrían agruparse bajo la denominación de institucionalistas. La opción que plantean es remitirse a cómo se adoptan las decisiones en la práctica y, por tanto, resulta inevitable aludir explícitamente al marco institucional existente.

El enfoque institucional destaca la importancia de tener presente la estructura del Estado y de sus diversos niveles de gobernación, así como subraya los mecanismos formales e informales de las tomas de decisiones. Respecto a estos últimos, dentro de los formales, se apuntan los sistemas de incidencia de la voluntad de la población en las decisiones de política económica, así como las formas en que los responsables políticos deciden en las intervenciones estatales. En cuanto al ámbito informal, se pone de relieve la capacidad de influencia de grupos sociales específicos en la política económica, así como las restricciones impuestas a las economías por desarrollar sus actividades vinculas al exterior.

En términos más concretos, el enfoque institucionalista pone de manifiesto que los problemas no se encuentran caracterizados por su objetividad social, sino que aparecen construidos por la sociedad. En efecto, en ciertos casos, estos pueden plantearse por su capacidad técnica de alcanzarlos. Del mismo modo, los instrumentos para resolver esos problemas no sólo tendrán un componente técnico, sino que se encontrarán sometidos a las predilecciones de aquellos que los proponen o de los políticos que pretendan adoptarlos. Así pues, tanto los problemas como los instrumentos presentarán componentes técnico-políticos, consideración que diferencia claramente el enfoque institucionalista del racionalista.

Del mismo modo, la perspectiva institucionalista concede una importancia especial a la aplicación de las políticas económicas, mientras que la visión racionalista la excluye de su ámbito de análisis debido a que asume que esta dimensión de las intervenciones estatales presenta una naturaleza extraeconómica (político-administrativa) y, por tanto, queda fuera de su alcance de reflexión. Esta idea limita seriamente el realismo del enfoque racionalista, tanto en el análisis como en la prescripción de las políticas económicas.

Para clarificar el concepto de política económica vale la pena hacer alguna clasificación. En concreto, se pueden agrupar de tres maneras. En primer lugar, se encuentran las institucionales. Estas son aquellas que ser refieren al marco global económico que, con frecuencia, remiten a la naturaleza del sistema económico. En concreto, definen a los agentes participantes (derechos de propiedad) y sus relaciones (contratos). Por ejemplo, las intervenciones en el mercado laboral determinando quien tiene derecho a trabajar o cómo se definen los salarios. En segundo lugar, aparecen las estructurales. Estas políticas definen el marco productivo de los agentes económicos. Desde el punto de vista sociolaboral, en este grupo se incluirían las políticas educativas, las sanitarias o las de inserción social. En tercer lugar y finalmente, se encuentran las políticas coyunturales, cuyo objetivo es gestionar el ciclo o los shocks económicos específicos. Ejemplos al respecto serían las exenciones fiscales específicas o gastos públicos variables en función de la situación económica.

3. INSTITUCIONES Y AGENTES EN LA POLÍTICA ECONÓMICA

Siguiendo el concepto de intervenciones del Estado, indicado en el epígrafe 1 de este capítulo, una extensión de la comprensión del concepto de política económica, apuntada en el anterior epígrafe, exige considerar explícitamente el contexto en el que se ubica. A este respecto resulta relevante poner de relieve el marco institucional en el que se adoptan las decisiones de política económica y ampliar las referencias a los agentes que influyen en su formación.

3.1. Las instituciones en la política económica

Cuando se alude a quien adopta las decisiones de política económica se tiene como referencia inmediata el gobierno de un país, que se identifica con el Estado. Sin embargo, la estructura y composición de este último determinará las intervenciones, característica que exige abordar con un poco de detenimiento su contenido.

En la propia toma de decisiones destacan dos clases de formas organizativas que encabezan al Estado. Por un lado, la presidencialista, en la que la población elige a un presidente, que goza de la legitimidad de representación popular y suele tener unas atribuciones muy extensas. Dentro de este grupo se encontrarían EE.UU., Francia o Rusia. Por otro lado, se aparecería la parlamentaria, en la que también, a través de unas elecciones, se elige a un grupo de personas que representarán al resto de miembros de la sociedad, que se reúnen en un foro denominado parlamento. Este sería el caso de España. En ambos modelos, el representante es el agente legitimado para la emisión de la legislación para la organización de la sociedad y, también, la relacionada con la política económica.

Esquema 1.2. Las instituciones y la política económica

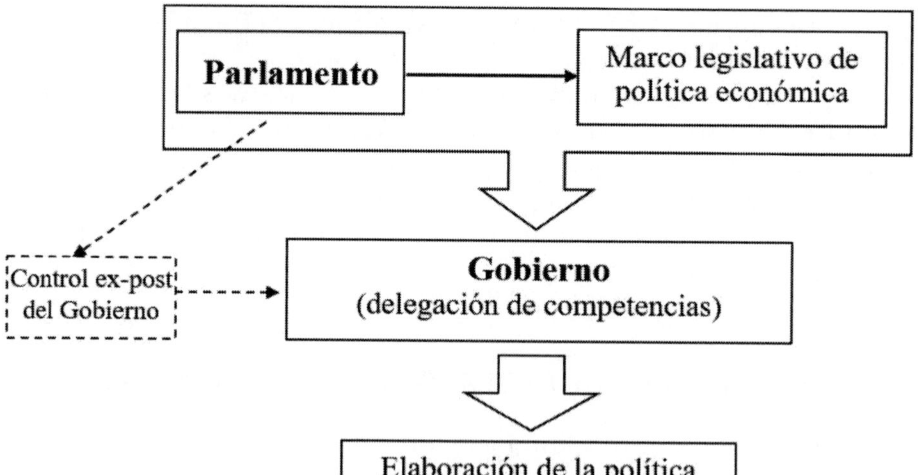

Parlamento → Marco legislativo de política económica

Control ex-post del Gobierno

Gobierno
(delegación de competencias)

Elaboración de la política económica

Fuente: Elaboración propia.

Sin embargo, dada la complejidad social, ambas formas de representación suelen mostrar limitaciones para gestionar las decisiones operativas sociales y, por este motivo, resulta necesaria la elección de un representante que preste atención a las decisiones del día-a-día, es decir, los problemas corrientes de una sociedad-economía. Este representante es el gobierno. El presidente del país o el parlamento elige al cabeza del gobierno que, a su vez, seleccionará a un conjunto de personas que le ayuden en ciertos ámbitos especializados: los ministros. Los ministerios son estructuras político-administrativas del gobierno especializadas en ciertas áreas específicas, como, por ejemplo, el Ministerio de Economía, el de Industria o el de Asuntos Sociales.

En gran medida, la justificación del gobierno se sustenta en la necesidad de adoptar decisiones operativas, es decir, con la suficiente rapidez (frente a imprevistos), continuidad (gestión de asuntos corrientes) o discreción (aspectos de seguridad y defensa). Estas consideraciones no significan que el gobierno pueda adoptar cualquier tipo de decisiones, puesto que el parlamento puede ejercer distintos tipos de controles, como la supervisión de la gestión gubernamental (control expost) o controles globales (mociones de censura al primer ministro), que se complementan con la existencia de supervisiones judiciales o de otros organismos estatales, como tribunales de cuentas o anticorrupción.

3.2. Los agentes formales: electorado y partidos políticos

En un régimen democrático, la anterior estructura institucional se llena a través de las decisiones de la población. Esta constituirá el principal agente del origen de la toma de decisiones estatales. Teóricamente, la población, mediante un sistema electoral que se organiza a través de unos partidos políticos, elige a los miembros del parlamento y, en su caso, al presidente del país, que, a su vez, determinará la composición del gobierno, de forma que sus decisiones, su política económica, reflejará las opiniones e intereses de aquella.

Este esquema de la transmisión de la voluntad de la población hasta sus representantes y su transformación en decisiones sociales, que es la base del concepto de democracia, presenta serios problemas para reflejar la realidad. Por un lado, presume que la población presenta cierto interés y reflexión sobre las cuestiones organizativas sociales. Por otro lado, en sociedad complejas su puesta en práctica requiere establecer un sistema electoral, es decir, un mecanismo para sintetizar y transmitir la voluntad de la población. Este sistema suele significar, en primer lugar, la realización de elecciones periódicas y, por otro lado, el uso de partidos políticos, que constituyen las entidades que sintetizan las distintas propuestas organizativas. Estas consideraciones suponen la introducción de serias limitaciones a que la mencionada voluntad se acabe reflejando en las decisiones que el Estado pone en práctica (política económica).

Esquema 1.3. Agentes formales en la política económica

Fuente: Elaboración propia.

Un primer problema en cuanto al mencionado este esquema es la identificación de población con electorado. En función de la sociedad, se adoptaría un criterio u otro que excluiría a parte de la población por razones de edad, sexo, raza o implicación social, entre otros motivos. Estas decisiones distorsionan desde su propia base aquello que se conoce como voluntad popular. Por añadidura, se presume que las personas realizan una reflexión sobre las condiciones políticas de su entorno, consideración que no es refrendada por la realidad. En concreto, las personas suelen votar más por ciertos tipos de inercias sociales, como se trata de la afinidad *a priori* por un partido político, el interés personal o la pertenencia a un grupo social específico. Así pues, resulta difícil precisar por qué vota la población.

En consonancia con estas realidades ya resulta cuestionable la concreción del concepto de voluntad popular.

A los anteriores comentarios es preciso añadir la seria influencia sobre la supuesta voluntad popular que presentan ciertas organizaciones. Dentro de estas destacan los medios de comunicación y, más recientemente, las redes sociales. Respecto a los primeros, en general está formados por entidades privadas cuyo objetivo es la maximización de beneficios o, en su caso, su expansión empresarial, encontrándose alejada la pretensión de mantener una cierta objetividad. Así pues, los medios de comunicación trasladan informaciones compatibles con sus intereses particulares o el de grupos sociales que les facilitan financiación. En una situación similar, se encuentran las redes sociales en las que cada vez se han extendido más mecanismos de censura o de manipulación de los flujos informativos que circulan por ellas. Estas consideraciones argumentan en favor de la falta de autonomía de la voluntad popular.

A los anteriores límites se añade la transformación de los votos en escaños en el parlamento. Una primera cuestión aparece relacionada con el hecho apuntado más arriba que es la relacionada con quién tiene derecho a voto. Otro aspecto importante es qué ocurre con la representación de aquellos que no votan o cuyos votos son anulados. La práctica consiste en que no se reflejan en el correspondiente parlamento, liquidando parte de la representación de la voluntad popular. Es decir, la población que se abstiene en las elecciones no ve reflejada su voluntad en escaños vacíos en el parlamento. También es destacable si se establece una circunscripción electoral única o no, así como si se garantiza un mínimo de representantes por cada circunscripción electoral (en su caso regiones), puesto que significa que los pesos de los votos en la representación parlamentaria serán distintos. El mismo tipo de problemas aparece cuando no se considera un sistema proporcional de reparto de escaños respecto a los votos o cuando se establecen límites mínimos para obtener representación en el parlamento (a este respecto, la exigencia de una segunda vuelta de votaciones para elegir al presidente del país se encontraría en una situación similar que esta última apuntada).

Una limitación importante junto al sistema electoral es el uso de partidos políticos como institución esencial de la transmisión de la voluntad popular. Estas entidades son agrupaciones de individuos en torno a una ideología, que tratan de persuadir al resto de sujetos sobre las bondades de sus propuestas. En una sociedad compleja, los partidos necesitan de una organización interna relativamente extensa que permita ofrecer y extender sus propuestas, coordinar a sus integrantes, así como relacionarse con el entorno. Esta administración interna (aparato del partido) tiene una fisionomía piramidal estando en su cabeza el líder y los cabezas organizativos (los notables del partido). Dado su papel institucional, aquello que alcanzará un interés esencial para el partido será conseguir votos, puesto que eso le da la llave para obtener la capacidad de gobernar el país. Esta característica dominará, o al menos condicionará, sobre la ideología, además de que esta será interpretada por el aparato del partido. Este, por añadidura, presentará entre sus objetivos esenciales el preservarse, en particular las partes superiores (líder y notables), es decir, que las aspiraciones de estos condicionarán las propuestas reales que hagan los partidos con gran independencia de los votantes y, también, de los afiliados.

Un elemento adicional nada desdeñable es la financiación de los partidos políticos. Cuando más compleja es la sociedad mayor tamaño alcanza la estructura de los partidos políticos, en especial los más influyentes. Sin embargo, este tamaño no se corresponde ni con el número proporcionalmente escaso de afiliados ni con su esfuerzo económico. El resultado se plasma en una escasez financiera estructural de los partidos políticos. Por esta razón, sus bases financieras se apoyan crecientemente, por un lado, en los subsidios estatales, en general vinculados a la obtención de escaños en el parlamento y, por esta razón, ligado al éxito electoral, y, por otro lado, a grupos de presión sociales, que realizan donaciones para que se defiendan sus intereses. Estas restricciones financieras conducen a desviar la atención de los partidos políticos de los intereses de la población o de sus votantes, inclinándose más por la defensa de aspiraciones particulares del aparato interno de los partidos o de grupos pequeños de la sociedad. Este fenómeno va en detrimento de los deseos de la población transformándose en un elemento distorsionante complementario del objetivo tradicional de los partidos políticos de constituirse en transmisores de la voluntad popular.

3.3. Los agentes informales: los grupos de presión

Dentro de la anterior exposición de la formación de la política económica se ha aludido a instituciones y agentes formal o legalmente reconocidos. Sin embargo, para la comprensión de las intervenciones del Estado resulta imprescindible explicar el papel de los grupos de presión.

Los distintos agentes económicos (individuos o entidades) no actúan solos, sino que se agrupan para defender de una mejor manera sus intereses. Posteriormente, movilizan sus recursos de poder para que prevalezcan, es decir, se transforman en grupos de presión.

Se pueden distinguir dos tipos de grupos de presión: los masivos y los específicos. Los primeros agrupan a un número muy grande de miembros, presentan dificultades para definir con precisión sus intereses y requieren de una estructura organizativa jerarquizada para aumentar su efectividad. Un ejemplo de estos serían los sindicatos. Los segundos grupos de presión son los constituidos por un número reducido de miembros, no requieren de la existencia de organizaciones complicadas y sus relaciones suelen ser más bien directas-horizontales. Un ejemplo serían las empresas eléctricas de un país.

Así pues, en la sociedad existirá una multitud de grupos de presión, muy distintos entre ellos y con diferentes capacidades de influir sobre las decisiones públicas. La pretensión última de los distintos grupos de presión será la de captar rentas. Por un lado, se trata de reducir los pagos (por ejemplo, impuestos) o acrecentar ingresos (como se trata de la obtención de subvenciones) procedentes del Estado. Por otro lado, presionando sobre el Estado para que modifique regulaciones que les permitan la obtención de rentas procedentes del sector privado. El resultado es que los grupos más fuertes captarán rentas de diversas maneras, mientras que los más débiles o los no organizados cargarán con los costes.

Los instrumentos de los que dispone cada grupo de presión serán distintos y dependerá de las circunstancias específicas en las que se desenvuelva. No obstante, estos pueden ser los siguientes:

- **Incidencia sobre cargos políticos-administrativos estatales**. Consiste en colocar a miembros cercanos a los grupos de presión en puestos estratégicos, en particular en el gobierno o en los parlamentos, donde se discutan aspectos destacados que les afecten. Dentro de este ámbito se incluye también el fenómeno conocido como puertas giratorias, por el que las grandes empresas y grupos empresariales privados incorporan en sus senos a personas que han desempeñados cargos de alta responsabilidad en organismos del estado.
- **La persuasión política**. Se trata del suministro de información a las instituciones donde se adoptan las decisiones políticas trascendentes para los grupos de presión.

- **Difusión de ideas.** Consiste en dar a conocer y publicitar los intereses de los grupos entre la población. En gran medida, la difusión de ideas trata de mostrar que existe una compatibilidad entre los objetivos particulares de los grupos de presión y los intereses de la sociedad o, incluso, que los primeros promocionan los segundos.
- **La financiación de actividades políticas.** Estos mecanismos suelen referirse a la financiación de partidos políticos, que son las entidades que alimentan los parlamentos, los gobiernos y las presidencias.
- **La intimidación**. Suelen tratarse de amenazas, al gobierno con apoyar a la oposición o de retirar el apoyo electoral al partido que sustenta al propio gobierno, o a personas, cuando se trata de obstaculizar la trayectoria de algún político (en particular, un posible líder).
- **La acción directa**. Son actuaciones directas, pero legales de los grupos de presión, como se trata de huelgas y de cierres empresariales.
- **El sabotaje.** En este caso, se trata de actuaciones directas de los grupos de presión, pero no legales, como, por ejemplo, el corte de un servicio realizado por una empresa.

Cabe destacar que, en general, existe una tendencia a utilizar los primeros instrumentos de presión y solo, en los casos extremos, en que fallen se pasará a los últimos. Los primeros se sustentan en la creación de consenso y la estabilidad, mientras que los segundos acentúan los conflictos sociales.

Dado el relativamente gran tamaño del Estado en las economías desarrollados, las actuaciones de este tanto en términos financieros (gastos o ingresos públicos), como regulatorios, será observado estrechamente por los grupos de presión más importante, dado el impacto directo que tendrán sobre sus beneficios o pretensiones expansivas. Por este motivo, el mencionado listado de instrumentos de presión será orientados hacia el condicionamiento de la voluntad del Estado. Como se acaba de explicar gran parte de las actuaciones se encontrarán relacionadas con la publicitación de sus ideas a través de los medios de comunicación o difundiendo informes, acontecimientos, etc., generando una opinión pública favorable a sus intereses. Esto se complementará con el esfuerzo de colocar a personas favorables a sus intereses en lugares estratégicos en la toma de decisiones, como se trata de comisiones parlamentarias, diputados, ministros o cargos administrativos de alto nivel (en ministerios o en comisiones estatales especiales), así como en el propio poder judicial. De esta manera, la voluntad estatal se conseguirá que coincida con los intereses de los grupos de presión más importantes. Es decir, se conseguirá una captura (de la voluntad) del Estado.

Este fenómeno tiene una gran relevancia porque entonces quita neutralidad a las actividades del Estado, puesto que vincula estrechamente al Estado con el sector privado. Desde este punto de vista, quedan obsoletos aquellos argumentos que defendían la estricta separación entre el sector público y el privado, es decir, la discusión sobre el dilema Estado vs. mercado. Con esta perspectiva de trasfondo el concepto de política económica debe alterarse sustancialmente y requiere una reflexión con mayor profundidad.

4. LA ELABORACIÓN DE LA POLÍTICA ECONÓMICA Y SUS ETAPAS

Una concepción no tecnocrática de la política económica exige ir más allá del establecimiento de objetivos asociados a unos problemas y tratar de darles una solución aplicando unos instrumentos. Una reflexión que amplía el horizonte de aquello que se entiende por política económica exige explicitar sus distintas fases. Simplemente con la pretensión de claridad expositiva y sin establecer rigideces en su ordenación y relaciones, se pueden distinguir cuatro fases: la definición de la agenda, el diseño, la aplicación y la evaluación.

4.1. La definición de la agenda

La agenda alude al conjunto de objetivos que son perseguidos por el Estado y a los problemas socioeconómicos que los justifican y se encuentran de trasfondo. La acción de política económica requiere el reconocimiento de un problema como público. Esto significa que un aspecto socioeconómico sea identificado como un problema y que se exprese y se asuma la necesidad de una actuación estatal. Adicionalmente, esa intervención pública debe colocarse en la agenda de intervención del Estado. Es decir, la definición de la agenda presenta al menos tres ámbitos, a saber: a) el reconocimiento de un problema como social y políticamente relevante; b) el establecimiento de la necesidad de la intervención pública y, finalmente, c) asociar el problema a un objetivo estatal.

Respecto al primer ámbito, la configuración de un problema como tal se puede explicar de dos maneras. En primer lugar, como situación, es decir, cuando el problema es un estado de dificultad o la aparición de un conjunto de condiciones no deseables como, por ejemplo, la falta de productividad de la mano de obra. En segundo lugar, como discrepancia, o sea, cuando aparece una diferencia entre aquello que es y lo que debería ser, como sería el caso del elevado fracaso escolar. Para que un problema social se pueda transformar en un potencial objetivo del gobierno se tendrá que asumir, por un lado, que es competencia de este su solución, por ejemplo, en muchos países la pensión de jubilación no se considera un problema público, sino un reto individual del afectado o de su grupo de allegados; por otra parte, se requerirá que tenga un suficiente grado de concreción para ser acometido.

En el momento en que se alcance el adecuado grado de madurez del problema en la línea acabada de apuntar, no significa que automáticamente pase a ser un objetivo para el gobierno del país, sino que deberán cumplirse dos requisitos adicionales. En primer lugar, que existan instrumentos que hagan viable su alcance y, en segundo lugar, que el gobierno se proponga acometer el mencionado objetivo. Es decir, deberá haber una confluencia entre problemas, instrumentos y sistema político, momento en el que aparece una ventana de oportunidades que permite introducir un objetivo dentro de la agenda gubernamental.

Esquema 1.4. Los objetivos de la política económica y la ventana de oportunidades

Fuente: Elaboración propia.

Debe señalarse que la consideración de un problema como de ámbito público solamente lo transforma en un objetivo genérico del Estado. El listado de objetivos perseguidos por el gobierno puede ser muy extenso, pero sólo aquellos que tenga más prioridad serán relevantes en la realidad. La fijación de prioridades es una cuestión esencial puesto que afecta no sólo a la interrelación entre los objetivos incluidos en la agenda, sino que ayuda a asignar los recursos (económicos, financieros o humanos) limitados de los que dispone el Estado entre distintos cometidos. De hecho, la caída en el nivel de prioridad de un objetivo respecto al resto le priva su calidad de ser perseguido realmente por el gobierno.

4.2. Formulación y diseño de políticas económicas

En esta fase se asume que la agenda gubernamental concreta se ha configurado, al menos formalmente, y los objetivos, derivados de los problemas, propuestas y demandas, guían la confección de programas gubernamentales de política económica. En concreto, dados los objetivos que se pretende alcanzar, se establecen unas propuestas de políticas económicas, con objetivos intermedios, instrumentos, organización y presupuesto, que tienen por objeto hacerlos realidad.

En esta dimensión de la política económica, entre los núcleos de discusión más importantes se encuentra el establecimiento de las medidas concretas de intervención, el análisis de diversas alternativas de políticas económicas o la valoración acerca de la eficacia y eficiencia de las medidas concretas previstas respecto al alcance de los objetivos determinados (relación entre los instrumentos y los objetivos). Así pues, en este ámbito, un debate de cierta trascendencia gira en torno a la elección de las técnicas e instrumentos más adecuados a utilizar por los gobiernos, dado el contexto, y cómo racionalizar el sistema de toma de decisiones.

La organización de esta faceta de la política económica se suele sintetizar y representar mediante un *esquema fines-medios*. Este se presenta como una forma didáctica de organizar el diseño de la política económica y suele constituir un primer paso en el análisis de las políticas económicas. Este esquema agrupa 5 elementos esenciales: Fines, objetivos, instrumentos, efectos laterales y datos.

Esquema 1.5. Esquema fines-medios

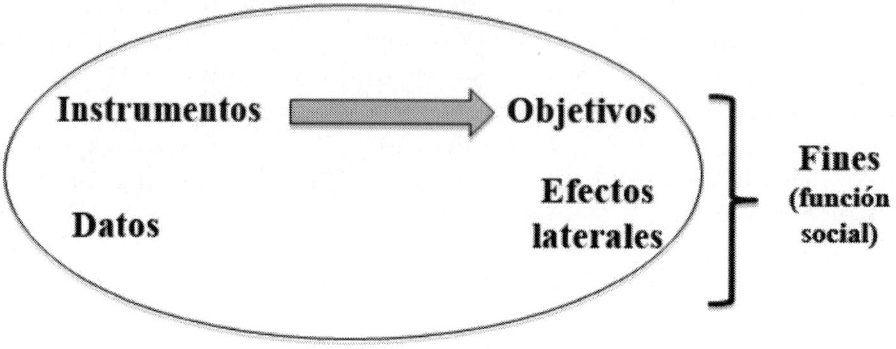

Instrumentos → Objetivos

Datos

Efectos laterales

Fines (función social)

Fuente: Elaboración propia.

Los *fines* suelen asociarse a grandes pretensiones sociales y, por tanto, tienen un carácter político muy fuerte (libertad, equidad, sostenibilidad, progreso socioeconómico, u otros similares). Los *objetivos* constituyen los resultados económicos que se pretenden conseguir, que se encuentran asociados a problemas económicos que se tratan de resolver. Se distinguen de los fines en que son más concretos y suelen tener un carácter más económico y cuantitativo. Entre esos se encuentra, a largo plazo, el crecimiento económico y las mejoras en la distribución de la renta y, a corto plazo, la reducción en el desempleo, la reducción en la inflación o el mantenimiento en equilibrio en las transacciones exteriores. Los *instrumentos* agrupan a las medidas que los gobiernos pueden utilizar para alcanzar los objetivos perseguidos, es decir, las soluciones que se ofrecen a los problemas reconocidos. Con los instrumentos se alcanzan unos resultados complementarios no perseguidos, que son los *efectos laterales*. Finalmente, los *datos* constituyen el marco en el que se adopta la política económica, es decir el conjunto de restricciones en el que operan las decisiones de los responsables públicos.

4.3. Aplicación o implementación de políticas económicas

Esta fase consiste en la puesta en práctica de las políticas económicas. En definitiva, esta etapa presta atención a cómo las intenciones de los políticos llegan a plasmarse en la realidad o, dicho de otra manera, qué ocurre entre el establecimiento de un programa de política económica y la obtención de los resultados. Esta etapa presenta dos dimensiones distintas, a saber, la especificación y la ejecución. La especificación de las políticas económicas significa que se han de ir concretando (a través de la aprobación de consecutivos textos legales) hasta conseguir que puedan ser aplicables en la realidad. Esta concreción presenta una faceta muy importante en aquello que atañe a la dotación de financiación, sin la cual no suelen llegar a tener resultados. En esta la forma y contenido de la estructura administrativa estatal resulta un factor esencial. La segunda subetapa es la ejecución de la política económica. Esta se refiere al momento en que el Estado se pone en contacto con la sociedad. Por este motivo, en este momento quien está implicado no sólo es el gobierno, sino el conjunto del Estado y el resto de la sociedad. Vale la pena reseñar que la reacción de la sociedad y, en particular, de los grupos de presión resulta elementos esenciales para que las políticas económicas sean efectivas.

Aquello que acontece en la de la aplicación es esencial para determinar la suerte de la política económica efectiva. Esta puede ir desde ser anulada total (con frecuencia se aprueban leyes que no resultan aplicables) hasta reorientarse desde sus objetivos iniciales. En general, este tipo de situación conduce a considerar explícitamente a los agentes implicados, como los grupos de presión, la propia reacción de la población y la administración del Estado. Como hasta el momento no se han extendido las explicaciones sobre esta última, se realizará un somero comentario ahora.

El Estado es una estructura organizativa vertical que, para operar, distingue distintas funciones que son asignadas a entidades administrativas concretas. Cada una de esas últimas distingue entre tareas que se atribuyen a personas específicas, que son los trabajadores del Estado. Esta estructura administrativa del Estado es esencial, no solo porque es la que permite obtener información y sintetizarla para que se elaboren las políticas económicas, sino porque es un eslabón esencial en la aplicación de estas últimas. Por tanto, su diseño será esencial para las políticas económicas sean realmente efectivas. No obstante, una característica adicional esencial es que está ocupada en su mayoría por personal que trabaja constantemente en ella (funcionarios de carrera), característica que la distingue de los miembros del gobierno que son cambiados periódicamente (en función de las elecciones). Pero este rasgo genera, al menos en el segmento superior de la administración del Estado, un gran conocimiento sobre cómo funciona la administración estatal que le permite, al menos, en ciertos casos, su visión al respecto, pudiendo obstaculizar o condicionar la política económica diseñada.

Al considerar privilegiada la fase de aplicación de la política económica se pone de relieve de forma más consciente la brecha temporal existente entre la toma de decisiones y la obtención de resultados. Antes de elaborar un programa de política económica, se requiere identificar y concretar el problema, así como asociarlo a un objetivo para, finalmente, elaborar un conjunto de medidas de intervención. Cada uno de estos elementos requiere de tiempo, que introduce un desacompasamiento en la política económica que se conocen como *desfases internos* en las tomas de decisiones. Por añadidura, aparecerán una serie de lapsos temporales adicionales correspondientes a, en primer lugar, la concreción legislativa-administrativa y, en segundo lugar, hasta que la población percibe que se han adoptado las medidas específicas, que se denominan *desfases externos.* Estos últimos desfases tienen enraizada su naturaleza, por un lado, en que, una vez aprobada la legislación, no suele ser aplicable directamente y debe desarrollarse para que tenga impacto sobre la realidad, y, por otro lado, en que desde que el conjunto de medidas está completamente diseñado hasta que la población reacciona y se resuelve el problema también pasa tiempo. El problema es que cuando tienen lugar los efectos de las políticas económicas adoptadas, la situación inicial puede haber cambiado sustancialmente transformándose las intervenciones estatales en inoperativas.

4.4. Evaluación de políticas económicas

La evaluación consiste en obtener información sobre la elaboración y puesta en práctica de las políticas económicas para mejorar las asignaciones de recursos o las regulaciones establecidas. Desde un punto vista estático, la evaluación se limita a contrastar informaciones existentes sobre procesos de ejecución de decisiones de políticas económicas o sobre si los resultados previstos se ajustan a los reales. Sin embargo, desde un punto de vista dinámico, la evaluación no trabaja sobre los datos existentes, sino que genera nueva información susceptible de ser utilizada por los agentes implicados en la política económica.

En el objeto de la evaluación se pueden distinguir distintos ámbitos de relevancia, como se trata de la gestión, de los resultados o del impacto sobre los problemas de referencia. Desde el primer punto de vista, se concentra la atención en la ejecución de la política económica tal como estaba prevista originariamente en términos financieros, contables y/o legalidad de las actividades realizadas (también tanto en términos financieros como contables). Por ejemplo, estas auditorías examinan que los registros financiero-contables se hayan apuntado y se hayan hecho como corresponden (legalmente). Cuando el punto de mira se coloca en los resultados, entonces se considera estrictamente a los objetivos perseguidos (evaluación de eficacia) o se puede combinar estos con los instrumentos empleados (evaluación de eficiencia). Finalmente, las evaluaciones de impacto ponen de relieve si los problemas finalmente se resuelven, aspecto que suele poner de relieve la separación o la unión artificial entre los problemas existentes y los objetivos de la política económica.

Cabe señalar que la anterior perspectiva resulta bastante tecnócrata al desvincular los resultados técnico-económicos de la política económica de quién adopta las decisiones. La fusión de ambas dimensiones conduce a un concepto más amplio de la evaluación que es la rendición de cuenta. Como esta consideración conduce fácilmente a la exigencia de responsabilidades, entonces, desde el punto de vista política, existe una tendencia, *de facto*, a moderar el alcance de la evaluación de las políticas económicas.

Una discusión importante en el ámbito de la evaluación atañe al grado de su institucionalización. Esta cuestión remite a si existe un organismo específico que realice las evaluaciones de las políticas económicas y el grado de capacidad de acción de que disfruta. El mínimo grado de institucionalización correspondería a la ausencia de organismos específicos de evaluación de las políticas económicas, siendo un departamento, en general dependiente del poder ejecutivo, quien asumiese en ciertos momentos estas labores. Un siguiente grado de institucionalización se alcanzaría cuando apareciese una entidad con autonomía administrativa, dependiente del poder ejecutivo (al que tendría que evaluar), siendo, este último quien podría aprobar en última instancia los informes del organismo evaluador. El siguiente grado correspondería a la existencia de una entidad administrativa con independencia (formal) de poder ejecutivo, teniendo un estatuto específico al respecto, pero quedando coartadas parte de sus funciones evaluadoras, es decir restringiendo parte de sus actividades evaluadoras a causa de la limitación de los recursos asignados por el ejecutivo o del alcance de sus informes. Finalmente, se encontraría el caso de una entidad administrativa plenamente independiente del poder ejecutivo, con un estatuto y una estructura organizativa y financiera que sustentasen la mencionada independencia, en cuyo caso las actividades evaluadoras adquirirían un mayor dinamismo y relevancia social y política.

BIBLIOGRAFÍA

Aranda, E., Pérez, S. y Sánchez, A. (Eds.) (2018). *Política Económica y entorno empresarial.* Madrid: Pearson.

Arias, X. C. (1996). *La formación de la política económica.* Madrid: Civitas.

Caballero, G. (2007). Comisiones, grupos parlamentarios y diputados en la gobernanza del Congreso de Diputados, *Revista de estudios políticos, 135*, 67-107.

Carrasco, S. (2017). *Contra el capitalismo clientelar.* Barcelona: Península.

Sánchez, A. (2010). Nuevas tendencias en la política económica. En I. Antuñano, J.M^a. Jordán y J. A. Tomás Carpi (Eds.), *Crisis y transformación* (pp. 41-58). Valencia: Universitat de València.

Sánchez, A. (2020). *Introducción a la Política Económica. Concepto, estructuración y formación.*, Valencia: Tirant lo Blanch.

Sánchez, A. (2022). Políticas económicas estructurales: una introducción. En A. Sánchez (Ed.) *Políticas económicas estructurales* (pp. 15-33). Valencia: Tirant lo Blanch.

Tomás Carpi, J.A. y Sánchez Andrés, A. (2017). *Conflictos de Mercado y de Estado en la política económica.* Valencia: Tirant lo Blanch.

Palabras clave

Estado
Política económica
Funciones del Estado
Esquema fines-medios
Agenda gubernamental
Ventana de oportunidades
Diseño de la política económica
Aplicación de la política económica
Concreción y ejecución de la política económica
Evaluación de la política económica
Gobierno
Ministerios
Supervisión expost del gobierno
Población vs electorado
Sistema electoral
Partidos políticos
Captura del regulador
Puertas giratorias
Grupos de presión
Mecanismos de presión

Capítulo 2

Niveles de gobierno y coordinación de las políticas sociolaborales

MARGARITA ROHR
Departamento de Economía Aplicada
Universidad de Valencia

Para entender completamente la estructura del estado, es necesario tener en cuenta su naturaleza multinivel. Incluso en los estados más básicos, hay al menos dos niveles de gobierno: el central, que representa al país como un todo, y el local, que está asociado a las ciudades específicas. A medida que las economías se vuelven más complejas, también puede surgir un nivel intermedio, que puede representar una región o un grupo de regiones. Además, desde mediados del siglo pasado, han surgido organizaciones que agrupan algunas de las decisiones tomadas por los estados, lo que ha creado un nuevo nivel de gobierno llamado supranacional. En el caso de España, esta estructura multinivel incluiría el gobierno de la Unión Europea, el gobierno central del estado, los gobiernos regionales correspondientes a las Comunidades Autónomas (CC. AA.) y, por último, los gobiernos locales asociados a las Corporaciones Locales.

Tradicionalmente, el gobierno central era el principal responsable de intervenir en la economía en la mayoría de los países. Sin embargo, en las últimas décadas se ha producido una transferencia de capacidad decisional en dos direcciones. Por un lado, debido a la creciente globalización de la economía y los acuerdos e instituciones internacionales, las decisiones que afectan a un país cada vez se toman con más frecuencia fuera de sus fronteras. Por otro lado, se ha transferido la capacidad decisional a los niveles subnacionales de gobierno, como las regiones y los municipios. Este capítulo se centra en la descentralización de las labores de gobierno hacia estos niveles y, posteriormente, se aborda el tema de la globalización.

1. LA TEORÍA ECONÓMICA Y LA DISTRIBUCIÓN DE FUNCIONES ENTRE NIVELES DE GOBIERNO

Cuando el estado tiene una estructura multinivel, surge inmediatamente el problema de cómo se debe asignar la capacidad de decisión. Si se delega esta autoridad a los niveles inferiores del estado, se está llevando a cabo un proceso de la descentralización económica. Por otro lado, si se transfiere hacia arriba, se está produciendo una centralización. Sin embargo, es importante complementar esta discusión sobre la asignación de funciones del estado con la dimensión de la coordinación. Las decisiones están interconectadas y asignar funciones a un nivel de gobierno requiere establecer mecanismos para gestionar las repercusiones en las áreas de capacidad de decisión de otros niveles de gobierno.

La discusión sobre la asignación de la capacidad de decisión entre los distintos niveles del estado requiere la compartición de funciones, lo que se conoce como federalismo fiscal. Los teóricos de esta corriente, como Musgrave (1959) y Oates (1999), comienzan clasificando las funciones del sector público e intentan asignarlas a los diferentes niveles de gobierno según el criterio de eficiencia relativa. Es decir, buscan asignar cada función o acción pública al nivel de gobierno que puede llevarla a cabo de manera más eficiente. Para lograr esto, se consideran tanto los costes como los beneficios asociados a cada función o acción pública. En este sentido, se pueden identificar tres áreas clave para asignar las decisiones más importantes del estado (Musgrave): la asignación, la estabilización y la redistribución de recursos y, en todos los casos, las discusiones se centran en la capacidad de los diferentes niveles de gobierno en términos presupuestarios (tanto en ingresos como en gastos) y regulatorios.

La teoría del federalismo fiscal postula la centralización de las funciones de redistribución y de estabilización y la descentralización de la función de asignación, si bien esta última también podría estar centralizada según los casos (Esquema 2.1). La idea de centralizar las funciones de redistribución y estabilización se justifica por la previsible ineficacia de las políticas que buscan mayor igualdad y estabilidad en economías altamente abiertas y con una gran movilidad de factores, tanto a nivel local como regional. Sin embargo, a medida que las economías nacionales se vuelven más abiertas y el factor capital se vuelve más móvil, la ineficiencia en estos ámbitos también afecta a los gobiernos estatales.

De acuerdo con el federalismo fiscal, la tarea de redistribuir la renta debe recaer en los niveles superiores del gobierno, ya que sólo ellos pueden garantizar el principio de equidad. La redistribución se considera un bien público nacional y, por lo tanto, requiere la intervención del gobierno central para asegurar que todos aquellos en situaciones similares reciban un trato igualitario y para evitar la migración de personas como resultado de políticas fiscales diferenciadas. Además, sólo el gobierno central puede corregir los desequilibrios regionales.

Esquema 2.1. La distribución de funciones según la teoría del federalismo fiscal

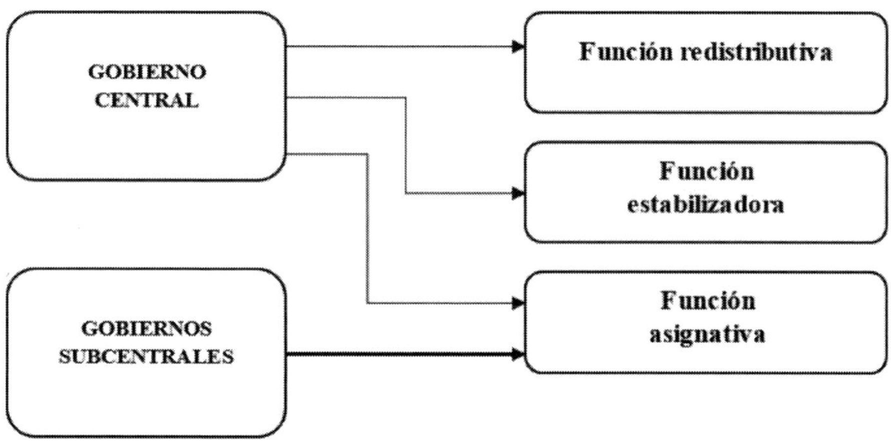

Fuente: Torrejón, M. (2012).

En ausencia de una hacienda nacional, podrían surgir políticas fiscales competitivas que no garantizarían una distribución justa. Estas políticas podrían incentivar la migración de personas y recursos productivos hacia las áreas con mejores impuestos y beneficios, lo que a su vez podría afectar la asignación de recursos de manera eficiente. Como resultado, habría una concentración de personas de altos ingresos en algunas regiones y personas de bajos ingresos en otras, lo que sería perjudicial para la redistribución de la renta.

De acuerdo con esta teoría, las políticas estabilizadoras también deben ser centralizadas. Hay dos argumentos que lo respaldan. En primer lugar, la unidad del mercado interno ha sido alcanzada hace tiempo por las economías nacionales, lo que conduce a que las variables macroeconómicas básicas se determinen en el ámbito nacional o supranacional. Como resultado, las fluctuaciones cíclicas también se producen en esta dimensión. En segundo lugar, las políticas expansivas o contractivas a escala regional o local no serán efectivas debido a los previsibles efectos de desbordamiento.

Un gobierno subcentral no tendrá ningún interés en ellas, ya que gran parte del efecto de expandir la demanda, por ejemplo, beneficiará a otras regiones, las cuales lógicamente actuarán como *free-riders*.

La eficacia de la política estabilizadora para contrarrestar los ciclos económicos depende del grado de apertura de la economía, lo que significa que es imposible implementarla en economías muy abiertas. Las economías subcentrales son altamente abiertas, ya que importan y exportan una parte significativa de los bienes consumidos y producidos, lo que restringe la eficacia de las posibles medidas fiscales contracíclicas adoptadas por las autoridades regionales o locales.

La creciente interdependencia entre los países, impulsada por la globalización, ha dificultado el establecimiento de objetivos macroeconómicos independientes del contexto internacional, lo que ha llevado a una tendencia hacia la coordinación de las políticas macroeconómicas nacionales. En el caso de la Unión Europea, esto se ha traducido en una mayor promoción de la función de estabilización para lograr una coordinación efectiva entre los países miembros.

En cuanto a la función asignativa, el federalismo fiscal sostiene que se debe observar al máximo el principio de subsidiariedad por parte de la Administración Central. En otras palabras, la atribución de competencias debe basarse en criterios de eficacia en función del ámbito o dimensión espacial de los efectos de las acciones realizadas, evitando un centralismo burocrático excesivo. Esto significa que se deben delegar ciertas responsabilidades en los niveles inferiores de gobierno para lograr una asignación eficiente de los recursos y evitar una concentración excesiva del poder en manos del gobierno central.

Existen ciertos bienes o servicios públicos, conocidos como regionales-locales, que se caracterizan por tener una limitación espacial en cuanto a su disfrute o beneficios. Estos incluyen, por ejemplo, una red urbana de distribución de agua, el alumbramiento público, los parques y jardines, la recogida de basuras y los bomberos. La demanda de estos bienes es claramente diferenciada entre las diferentes comunidades, es decir, no es homogénea en todo el país y varía según la ubicación geográfica.

En lo que se refiere a estos bienes o servicios públicos regionales-locales, la descentralización presenta ventajas importantes. Los gobiernos subcentrales tienen una mejor información sobre las preferencias de los individuos y, por lo tanto, pueden ajustar su oferta de manera más eficiente en función de las necesidades específicas de cada territorio.

Como resultado, se espera que la oferta descentralizada de estos bienes o servicios sea más diferenciada y, en última instancia, más eficiente.

Es importante destacar que, si bien la descentralización puede ser más eficiente en la provisión de bienes públicos regionales-locales, existen casos en los que esta solución puede no ser viable. Por ejemplo, cuando se presentan efectos de desbordamiento, en los que los beneficios y costes de un bien público traspasan los límites territoriales, como puede suceder con una carretera que atraviesa varias regiones. Además, la presencia de economías de escala y de indivisibilidades en la producción de algunos bienes puede hacer imposible su suministro descentralizado de manera eficiente. También puede ocurrir que, en una economía nacional con alta movilidad de personas, factores y bienes, se requiera una coordinación cuidadosa en la provisión de ciertos bienes y servicios públicos para garantizar la eficiencia. En caso contrario, se podrían dar situaciones de sobreutilización en algunas zonas y de infrautilización en otras.

En definitiva, se podría decir que el nivel de gobierno más apropiado para proveer un bien o servicio público es aquel que asume la mayoría de los costes y beneficios relacionados con él.

A pesar de que la teoría del federalismo fiscal ofrece argumentos útiles para establecer una adecuada distribución de las funciones del Estado entre los distintos niveles de gobierno, también presenta limitaciones que deben ser consideradas para contar con un marco teórico más completo y riguroso. Una de las principales críticas se refiere a la excesiva rigidez del esquema de distribución de funciones propuesto por el federalismo fiscal, ya que no todas las políticas macroeconómicas pueden ser tratadas de la misma manera. Por ejemplo, políticas monetarias y cambiarias son difíciles de descentralizar, mientras que las políticas presupuestarias y redistributivas son más susceptibles de descentralización.

Además, otra limitación del federalismo fiscal es que puede generar desigualdades en la prestación de servicios públicos entre regiones o estados, especialmente si las transferencias fiscales entre ellos no son suficientes para compensar las diferencias en los recursos y necesidades de cada uno. También existe el riesgo de que los gobiernos subnacionales compitan por atraer inversiones y recursos, en lugar de cooperar para mejorar la eficiencia y la calidad de los servicios públicos.

Otro aspecto a considerar es que la distribución de competencias que propone el federalismo fiscal se enfoca en grandes objetivos considerados de manera independiente, como la estabilización, distribución y asignación, y no en políticas concretas que a menudo persiguen varios objetivos simultáneamente, como las políticas sociales. Estas políticas son híbridas porque claramente involucran la función redistributiva y asignativa, pero también tienen un impacto en la estabilización.

Aunque la rigidez del federalismo fiscal puede ser un problema, es importante destacar que muchos de los problemas de la descentralización pueden ser evitados si se establecen sistemas adecuados de coordinación entre los distintos niveles de gobierno. En el caso de políticas redistributivas, por ejemplo, el gobierno central puede establecer una regulación general y unos estándares mínimos, mientras que los subcentrales pueden encargarse del resto. De esta forma, se pueden evitar problemas como la duplicación de esfuerzos y se puede garantizar una gestión más eficiente y efectiva de los recursos públicos.

Además, se ha señalado que la teoría del federalismo fiscal supone una movilidad perfecta de personas y capitales, lo cual es una premisa poco realista. La movilidad no se limita a la política de ingresos y gastos públicos, sino que también depende de factores como la disponibilidad de empleo, el precio de la vivienda, la calidad del medio ambiente, entre otros. En el caso de las infraestructuras y la mano de obra cualificada, la movilidad también puede estar condicionada por diversos factores.

Finalmente, la teoría del federalismo fiscal ha sido criticada por su excesivo enfoque en lo económico, sin considerar otros factores políticos, sociales y culturales que también afectan la movilidad de las personas. Estos factores pueden incluir el idioma, la religión, la cultura y otros aspectos socioculturales que influyen en las decisiones de las personas a la hora de trasladarse. Por tanto, resulta importante tener en cuenta estas variables para comprender mejor las limitaciones de la teoría del federalismo fiscal y su aplicación en la práctica.

En resumen, aunque la teoría del federalismo fiscal tiene ventajas importantes, es necesario ser conscientes de sus limitaciones y considerarlas para poder diseñar políticas públicas adecuadas que promuevan una distribución óptima de las funciones del Estado y una prestación eficiente y equitativa de los servicios públicos en todos los territorios del país.

Desde una perspectiva más amplia, la justificación de la intervención de los gobiernos subcentrales también se basa en factores históricos, sociales y políticos, como las diferencias culturales y los acontecimientos históricos que han dado lugar a la formación de las diferentes comunidades autónomas o estados. Además, en un sistema democrático, los distintos niveles de gobierno están sujetos a las demandas de los ciudadanos y desempeñan el papel que creen que se les exige desde la sociedad. En definitiva, la descentralización y la distribución de competencias entre los distintos niveles de gobierno es una cuestión compleja que debe abordarse desde múltiples perspectivas, teniendo en cuenta factores políticos, económicos, sociales y culturales, y buscando siempre el bienestar de los ciudadanos y el fortalecimiento del sistema democrático.

2. LA REALIDAD EN LOS PAÍSES FEDERALES

La importancia de los gobiernos subnacionales en las políticas económicas depende en gran medida de la forma en que el Estado está estructurado territorialmente. En los países unitarios, donde no hay niveles intermedios de gobierno, las competencias son distribuidas entre el gobierno central y los gobiernos locales, donde el primero tiene un papel predominante. En cambio, en los países federales, los gobiernos subnacionales tienen un papel más destacado en la ejecución del gasto público.

En España, tras la transferencia de competencias a todas las Comunidades Autónomas, se ha alcanzado un nivel de descentralización del gasto que se acerca a la media de los países federales, aunque con una distribución diferente entre los gobiernos autonómicos y locales, siendo los primeros los que tienen mayor peso. Esta situación contrasta con la de los países unitarios, donde solo existen los niveles de gobierno central y local, y donde las competencias del gobierno local asumen una parte del peso que en los países federales recae en los gobiernos de nivel intermedio (Cuadro 2.1).

Cuadro 2.1. Gasto público por niveles de gobierno (% del gasto consolidado total)

País	Gobierno	1995	2005	2015	2020
Alemania	Central	60,9	60,2	61,1	61,8
	Regional	24,4	24,0	24,2	21,1
	Local	14,7	15,8	14,7	17,1
Austria	Central	66,6	67,0	66,5	65,6
	Regional	14,7	17,3	17,4	18,4
	Local	18,8	15,6	16,1	16,0

Bélgica	Central	61,5	59,2	51,3	51,1
	Regional	26,1	27,6	35,3	35,2
	Local	12,5	13,2	13,4	13,7
España	Central	64,4	46,8	50,0	49,5
	Regional	22,7	37,9	36,2	36,3
	Local	12,9	15,3	13,8	14,2
Estados Unidos	Central	52,0	50,7	50,7	51,0
	Regional	48,0	49,3	49,3	49,0
	Local	NA	NA	NA	NA
Suiza	Central	40,0	39,0	38,3	38,6
	Regional	35,8	39,1	40,0	39,8
	Local	24,2	21,9	21,7	21,6

Fuente: Elaboración propia a partir de los satos de OECD.

En cuanto a la distribución de funciones, hay una gran variedad de situaciones, aunque se pueden destacar algunas tendencias. Por un lado, las políticas macroeconómicas de estabilización suelen ser principalmente centralizadas, incluso a nivel de la Unión Europea, pero en los estados federales los gobiernos subcentrales tienen un gran impacto en esta función y es necesaria la coordinación con ellos y la introducción de limitaciones al gasto (por ejemplo, en cuanto al déficit público y endeudamiento). En los países federales existen organismos específicos que cumplen esta función y representan a los distintos niveles de gobierno, como el Bundesrat en Alemania o el Consejo de Política Fiscal y Financiera en España. Además, a nivel supranacional también se establecen limitaciones, como el Pacto de Estabilidad y Crecimiento para los países de la zona euro.

Respecto a la función de redistribución de la renta, la situación varía mucho, con países federales que tienen un alto grado de descentralización en esta función. En estos países, las prestaciones económicas suelen ser asumidas por los gobiernos centrales, pero las políticas sanitarias y educativas están en muchos casos descentralizadas, ya que son híbridas entre la función asignativa y la redistributiva. En concreto, en España, la política de pensiones y otras prestaciones económicas está centralizada, pero la educación, la sanidad y las políticas contra la pobreza y la exclusión social han sido transferidas a las Comunidades Autónomas.

Con relación a la función de asignación, que se refiere a la provisión de servicios públicos con fines no redistributivos, como el agua, el alcantarillado, la recogida de basuras, los parques y jardines, la iluminación de calles, la policía, los bomberos, etc., esta es principalmente responsabilidad de los gobiernos subcentrales, en particular de los locales.

La descentralización efectiva no solo implica la distribución de competencias y gasto a niveles subnacionales, sino también la capacidad de estos niveles de gobierno para generar ingresos propios y decidir sobre su composición y nivel de gasto. Si los gobiernos subnacionales dependen en gran medida de subvenciones del gobierno central, su autonomía y capacidad de decisión se ven limitadas.

Asimismo, la disponibilidad de recursos propios por parte de los gobiernos subcentrales incrementa su corresponsabilidad fiscal, lo que significa que se fortalece la relación entre aquellos que disfrutan de los beneficios del gasto y los costos de los impuestos. De esta manera, los ciudadanos tienen un mayor control y participación en la toma de decisiones respecto a la asignación de recursos y las políticas públicas que afectan directamente su calidad de vida. En cambio, cuando los gobiernos subcentrales dependen exclusivamente de subvenciones y transferencias del gobierno central, la relación entre los beneficios del gasto y los costes de la imposición se diluye, lo que puede llevar a una menor responsabilidad fiscal y a una menor participación ciudadana en la gestión pública.

Por este motivo, los países federales suelen asignar a los niveles subcentrales de gobierno una proporción importante de los ingresos, lo que no ocurre en los países unitarios. Esto se debe a las razones mencionadas anteriormente, como la necesidad de aumentar la corresponsabilidad fiscal y la autonomía de los gobiernos subcentrales. En España, después del proceso de transferencia de competencias, se ha producido un aumento de la descentralización de los ingresos, acercándose así al modelo de países federales (Cuadro 2.2).

Cuadro 2.2. Atribución a los distintos niveles de gobierno de los gastos e ingresos fiscales, 2020 (% sobre el total)

País	Gasto consolidado			Ingresos		
	Central	Regional	Local	Central	Regional	Local
Alemania	61,8	21,1	17,1	67,9	23,5	8,6
Austria	65,6	18,4	16,0	95,3	1,6	3,0
Bélgica	51,1	35,2	13,7	84,4	10,8	4,9
España	49,5	36,3	14,2	75,0	15,3	9,7
Estados Unidos	51,0	49,0	NA	67,7	18,4	13,9
Suiza	38,6	39,8	21,6	60,6	24,4	15,0

Fuente: Elaboración propia a partir de los datos de OECD.

3. LA DESCENTRALIZACIÓN EN EL CASO ESPAÑOL

En la actualidad, el Estado español cuenta con tres niveles de gobierno que son característicos de un modelo federal: la Administración Central, la Administración Autonómica y la Administración Local. No obstante, las Comunidades Autónomas no existían como tal hasta la Constitución de 1978. A partir de ese momento, España inició un proceso de descentralización significativo que la transformó de un Estado unitario en la época del franquismo, en el llamado Estado de las Autonomías que establece la Constitución.

La Constitución Española (CE) establece dos formas de acceso al régimen de Comunidad Autónoma en su Título VIII. Estas dos vías son conocidas como la "vía rápida" y la "vía lenta". Dependiendo de la vía elegida, el nivel inicial de competencias podía variar. En el caso de las comunidades que optaron por la "vía lenta", su nivel competencial estaba limitado al listado de competencias recogidas en el artículo 148 de la CE y no podían ampliarlo hasta después de cinco años, mediante la reforma de sus Estatutos de Autonomía. Por otro lado, las comunidades que optaron por la "vía rápida" podían asumir un nivel de competencias superior desde el principio, siempre y cuando no afectara a las competencias exclusivas del Estado (recogidas en el artículo 149 de la CE).

Inicialmente, esta diferencia supuso que las comunidades autónomas que optaron por la vía rápida pudieron asumir desde el principio un nivel más amplio de competencias, incluyendo aquellas en materia de sanidad y educación, mientras que las de la vía lenta estaban limitadas al listado del artículo 148 de la Constitución y no podían ampliarlo hasta transcurridos cinco años. Sin embargo, con el paso del tiempo, las competencias de las Comunidades Autónomas (CC.AA.) se han ido equiparando, y actualmente las diferencias entre ellas no son significativas.

Las CC. AA. que siguieron la vía rápida para acceder al régimen de autonomía lo hicieron por distintas razones. Por ejemplo, algunas como Cataluña, Galicia, País Vasco y Navarra lo hicieron por motivos históricos. Andalucía, por su parte, accedió por la vía del artículo 51 de la CE y otras como Canarias y la Comunidad Valenciana obtuvieron sus competencias mediante transferencia de las de titularidad estatal, siguiendo el artículo 150.2 de la CE. En cambio, el resto de las Comunidades optaron por la vía lenta, siguiendo el procedimiento establecido en el artículo 143 de la CE.

Cuadro 2.3. Distribución de competencias por niveles de gobierno en España

<table>
<tr><th colspan="2">GOBIERNO CENTRAL</th></tr>
<tr><td colspan="2">Defensa
Representación internacional
Justicia
Policía nacional
Regulación y planificación económica
Regulación del sistema financiero
Aduanas
Redistribución de la renta y la riqueza
Legislación básica de Seguridad Social y financiación
Infraestructuras nacionales (carreteras, ferrocarriles y obras hidráulicas que afecten a más de una CC.AA.; puertos comerciales y aeropuertos).</td></tr>
<tr><th>COMUNIDADES AUTÓNOMAS</th><th>CORPORACIONES LOCALES</th></tr>
<tr><td>Educación en todos los niveles
Sanidad
Agricultura
Industria, energía y minas
Turismo y comercio interior
Servicios sociales
Protección del patrimonio histórico y artístico y de la lengua propia
Vivienda y ordenación del territorio
Infraestructuras regionales (carreteras y ferrocarriles dentro de la CC.AA.; puertos y aeropuertos deportivos)</td><td>Suministro de agua
Sistema de alcantarillado y recogida de basuras
Alumbrado público
Protección social
Cementerios
Reparación y mantenimiento de los centros escolares no universitarios
Parques y jardines públicos
Asfaltado de calles
Sólo para municipios de más de 50.000 habitantes:
- Transporte urbano
- Protección medioambiental local</td></tr>
</table>

Fuente: López Laborda y otros (2006).

Referente a las formas de financiación de las CC.AA., en España se pueden distinguir dos sistemas claramente diferenciados: **el sistema de régimen foral**, aplicado en País Vasco y Navarra, y el **sistema de régimen común**, aplicado en el resto de las CC.AA.

El sistema de financiación de las CC.AA. de régimen foral se caracteriza por la gestión y recaudación de todos los impuestos del sistema tributario por parte de las Haciendas Forales, otorgándoles una amplia capacidad normativa sobre dichos impuestos. Aquí se incluyen el Impuesto sobre la Renta de las Personas Físicas (IRPF), el impuesto sobre sociedades y el impuesto sobre sucesiones y donaciones, aunque esta capacidad normativa está limitada por principios de armonización y colaboración con el sistema tributario común. En cambio, la competencia exclusiva de la Administración del Estado se limita a los derechos de importación y gravámenes a la importación, los impuestos especiales y el Impuesto sobre el Valor Añadido (IVA). En consecuencia, en los impuestos indirectos, las Diputaciones Forales deben aplicar la misma normativa que en el territorio común, además de las cotizaciones a la Seguridad Social. Por otro lado, el sistema de financiación de las CC.AA. de régimen común se diferencia del anterior en que la recaudación de impuestos se realiza por la Administración del Estado y se distribuyen posteriormente a las comunidades según diferentes criterios establecidos en la Ley de Financiación de las Comunidades Autónomas.

Debido al alto nivel de renta de las comunidades de régimen foral, no necesitan de transferencias complementarias para financiar sus gastos, ya que pueden cubrirlos adecuadamente con sus ingresos tributarios. Por el contrario, estas comunidades realizan una transferencia anual al nivel central, conocida como "el cupo vasco" y "la aportación navarra", para contribuir a la financiación de las cargas del Estado en estas comunidades que no son asumidas por ellas.

El cálculo del cupo se establece mediante ley en el Parlamento central cada 5 años, basándose en ciertos ratios previamente acordados. En términos sencillos, el cupo y la aportación se calculan mediante la aplicación de un índice de imputación al total de gastos no descentralizados. Este índice de imputación es una estimación de la renta relativa de cada Comunidad foral, siendo del 1,6% para Navarra y del 6,24% para el País Vasco. Por ejemplo, para el 2023 el gobierno aprobó el cupo vasco de 1.467 millones de euro y 754 millones en el caso de la aportación navarra.

La comparación de los resultados del sistema de financiación foral y común indica que, si las Comunidades autónomas realizan el mismo esfuerzo fiscal, las de régimen foral obtendrán más ingresos para financiar las mismas competencias de gasto. Además, en el caso de las Comunidades de régimen foral, cualquier mejora en la gestión de los ingresos tributarios se traduce en una mayor disponibilidad de recursos para dicha comunidad, ya que el cupo está establecido previamente.

El sistema de financiación de las Comunidades Autónomas de régimen común difiere significativamente del de las Comunidades forales y ha experimentado importantes cambios desde su establecimiento.

Durante la primera etapa de implementación del sistema de financiación de las CC.AA. de régimen común, el objetivo principal fue garantizar la continuidad del funcionamiento de los principales servicios públicos durante el proceso de transferencia de competencias a los gobiernos autonómicos, que se produjo a ritmos diferentes en cada territorio. Durante esta etapa, la fuente casi exclusiva de recursos de las Comunidades Autónomas fueron las transferencias estatales, las cuales se determinaron en base al coste histórico de provisión de los servicios transferidos.

En fases posteriores del sistema de financiación de las CC.AA. de régimen común se incorporaron métodos más objetivos para determinar las necesidades de gasto de cada comunidad, con el objetivo de asegurar la igualdad en la capacidad de provisión de servicios entre las diferentes administraciones. Asimismo, se fue disminuyendo gradualmente la dependencia de las transferencias estatales mediante la cesión a las regiones de los rendimientos de ciertos impuestos, otorgándoles cada vez más poder de decisión sobre la estructura y rendimientos de los mismos.

En el año 2001 se aprobó una significativa reforma del sistema de financiación, que entraría en vigor a partir de 2002, al concluir el proceso de transferencia a las CC.AA. de las competencias con mayor importancia en el gasto público. El modelo se destaca por ser integrador, al incluir tanto la financiación de los servicios comunes como la de la sanidad y los servicios sociales. De forma resumida, el proceso de financiación se puede describir de la siguiente manera:

1. Se determinan las necesidades de gasto de cada Comunidad Autónoma para el año base (1999): es el gasto que una Comunidad debe realizar para prestar el mismo nivel de servicios y bienes que el resto de las CC.AA.

2. Con base en los cálculos previos, se establece el volumen de financiación "normativo" que corresponde a cada CCAA en el año base. Para financiar las necesidades de gasto se utilizan dos herramientas: los tributos cedidos y las transferencias de nivelación (Fondo de Suficiencia).

Esquema 2.2. El Modelo de la financiación autonómica de 2001

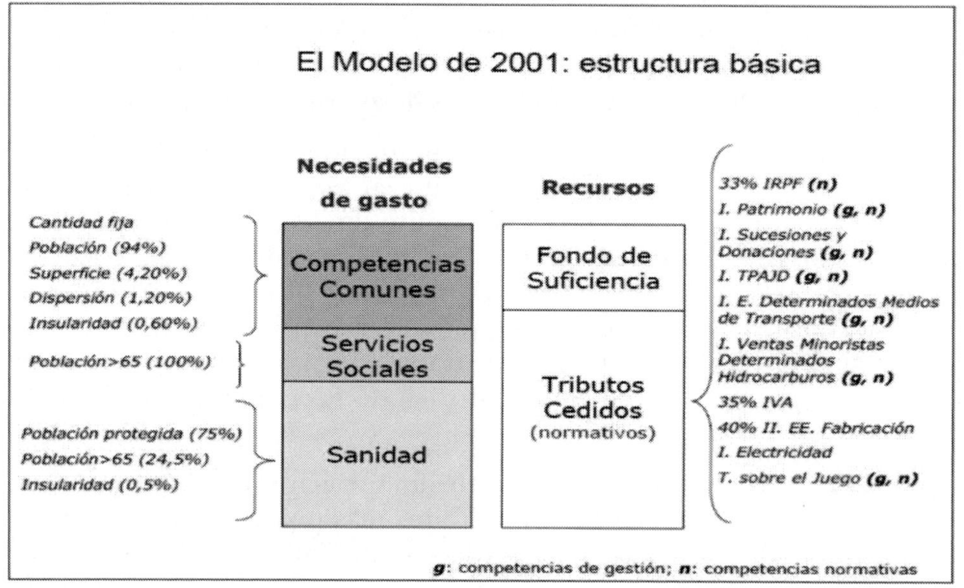

Fuente: López Laborda (2009).

En 2009 se aprobó la última reforma de financiación de las CC.AA. de régimen común, que, aunque mantiene la esencia del funcionamiento del modelo anterior, introduce nuevos recursos y aumenta su complejidad. Para obtener la necesidad global de financiación de una Comunidad Autónoma en el año base (2009), se mantiene la necesidad de financiación del sistema anterior y se añaden una serie de recursos adicionales del Estado.

Después de determinar la necesidad global de financiación de una Comunidad Autónoma en el año base, a través de una negociación política, esta cantidad se alcanza mediante las siguientes partidas:

- La capacidad tributaria, que incluye los porcentajes incrementados de cesión de los impuestos.
- La transferencia del Fondo de Garantía de Servicios Públicos Fundamentales, que puede ser positiva o negativa.

- La transferencia del Fondo de Suficiencia Global (TFS), que también puede ser positiva o negativa. El TFS se utiliza como partida de ajuste entre la necesidad global de financiación y los dos componentes anteriores.

El nuevo sistema de financiación de las CCAA de régimen común también amplía las competencias normativas de las regiones en lo que se refiere a la imposición directa. Además, introduce dos nuevos fondos (el de Competitividad y el de Cooperación) con el objetivo de fomentar la convergencia y la cooperación entre las distintas regiones. Estos cambios aumentan la complejidad del sistema y pueden alterar la distribución final de los recursos inicialmente garantizados, aunque se considera que fueron necesarios para lograr el acuerdo con todas las Comunidades Autónomas.

Esquema 2.3. Modelo de la financiación autonómica de 2009

El Modelo de 2009: estructura básica

Necesidades Modelo de 2001

Resto

"Población ajustada"
Población (30%)
Superficie (1,8%)
Dispersión (0,6%)
Insularidad (0,6%)
Población protegida equivalente (38%)
Población>65 (8,5%)
Población≤16 (20,5%)

Necesidades de financiación
Servicios no fundamentales
Servicios fundamentales (educación, sanidad, servicios sociales)

Recursos
Fondo de Suficiencia
25% Tributos Cedidos (normativos)
Transferencia de Garantía
75% Tributos Cedidos (normativos)

50% IRPF (n)
I. Patrimonio ***(g, n)***
I. Sucesiones y Donaciones ***(g, n)***
I. TPAJD ***(g, n)***
I. E. Determinados Medios de Transporte ***(g, n)***
I. Ventas Minoristas Determinados Hidrocarburos ***(g, n)***
50% IVA
58% II. EE. Fabricación
I. Electricidad
T. sobre el Juego ***(g, n)***

g: competencias de gestión; ***n***: competencias normativas

Fuente: López Laborda (2009).

Por su parte, los municipios tienen asignados sus propios ingresos, independientemente de los gobiernos regionales. Esta financiación está regulada por la Ley Reguladora de las Haciendas Locales de 1988, la cual fue reformada en 2004. Los municipios recaudan sus propios impuestos, que incluyen el impuesto de bienes inmuebles, el impuesto de actividades económicas, el impuesto de vehículos de tracción mecánica, el impuesto sobre el incremento del valor de los terrenos de naturaleza urbana y el impuesto sobre construcciones, instalaciones y obras.

En términos generales, los gobiernos locales tienen una amplia autonomía en cuanto a la gestión de los impuestos municipales, pudiendo establecer tipos impositivos y deducciones dentro de la legislación marco establecida por el gobierno central. En 2004, se llevó a cabo una modificación del sistema de financiación de los entes locales, siendo la medida más relevante la exención del impuesto sobre actividades económicas para personas físicas y sociedades con un importe neto de la cifra de negocios inferior a 1.000.000 de euros. A cambio de la exención del impuesto sobre las actividades económicas para ciertas personas y sociedades, en 2004 se aprobó la transferencia de un porcentaje de la recaudación del IRPF, el IVA y los impuestos especiales (1,6875%, 1,7897% y 2,0454% respectivamente) a los municipios que cumplieran ciertos requisitos, como ser capital de provincia o de Comunidad Autónoma, o tener una población igual o superior a 75.000 habitantes.

4. GLOBALIZACIÓN Y POLÍTICAS SOCIOLABORALES

La integración mundial, conocida como globalización, es uno de los fenómenos más destacados y transformadores de las últimas décadas. Este proceso de integración está disolviendo y volviendo más permeables las fronteras nacionales, y afectando múltiples dimensiones, tales como lo social, político, cultural y, por supuesto, lo económico.

En las últimas décadas, la globalización se ha evidenciado en diferentes aspectos, como el aumento del comercio mundial, la internacionalización de la producción, la difusión de la tecnología y los conocimientos y la globalización de los mercados financieros. Entre ellos, destaca el fuerte incremento de los flujos financieros como el más reciente en comparación con otras fases de internacionalización de la economía. Esta mayor velocidad en la integración financiera refleja el significativo desarrollo de la dimensión monetaria y financiera de las economías en comparación con la dimensión real.

La globalización se debe a diversas causas, entre las cuales se pueden identificar factores tecnológicos, principalmente relacionados con el rápido cambio tecnológico de las últimas décadas, y en particular con la difusión de las tecnologías de la información y las comunicaciones (TIC). Además, existen intereses económicos de determinados grupos y una ideología que respalda la globalización.

El proceso de globalización ha sido facilitado por el cambio tecnológico, en particular por la difusión de las TICs. Entre las vías que han contribuido a ello se encuentran: la reducción de los costes de transporte gracias a los avances tecnológicos y a la organización y gestión logística, la revolución en las telecomunicaciones que ha reducido los costes de comunicaciones, las economías de escala en sectores como el automotriz, la aviación y el financiero, que fomentan la producción a escala mundial y el control de competidores y precios. Asimismo, se ha facilitado la deslocalización productiva y el establecimiento de redes empresariales globales, así como la creciente desmaterialización de la producción debido al creciente peso de los intangibles, como marcas y patentes. La globalización ha generado nuevas formas de comercio, pasando de las ventajas comparativas y el comercio interindustrial al comercio intraindustrial y al comercio intraempresarial, lo que ha contribuido a aumentar el volumen de comercio. Las nuevas tecnologías también han ampliado la gama de bienes y servicios que pueden ser fabricados y objeto de comercio internacional. Por último, el acortamiento del plazo desde el descubrimiento hasta su aplicación tecnológica y la rápida obsolescencia de los inventos han acelerado el progreso técnico y determinado la necesidad de amortizar las inversiones en el menor tiempo posible, lo que ha llevado a considerar el mercado mundial como un todo para colocar los productos.

Aunque el cambio técnico ha sido un factor facilitador del proceso de globalización, éste no se debe únicamente a esta causa. También ha sido influenciado por los intereses de grupos económicos, especialmente grandes empresas multinacionales, que han moldeado la forma en que se ha desarrollado la globalización, así como por la ideología que ha inspirado la política económica predominante.

Los fundamentos ideológicos de la globalización se basan en la política económica del Nuevo Orden Económico Internacional que se estableció después de la Segunda Guerra Mundial. Este enfoque buscaba evitar los errores que llevaron a la crisis de los años 30 y se orientaba hacia el libre comercio en lugar del proteccionismo y la industrialización sustitutiva de importaciones. Además, se fomentaba el multilateralismo en lugar del bilateralismo o los bloques comerciales y se promovía la estabilidad cambiaria y la convertibilidad en lugar de la no convertibilidad de la moneda y las devaluaciones competitivas. Para respaldar estos principios, se crearon organismos internacionales como el Fondo Monetario Internacional (FMI), la Organización Mundial de Comercio (OMC) (anteriormente conocida como GATT) y el Banco Mundial.

A partir de finales de los años 70 del siglo pasado, la ideología neoliberal ha ganado predominio y ha influido en los gobiernos de muchos países y organismos internacionales. Estos han adoptado la perspectiva según la cual una mayor liberalización del comercio, las inversiones y los flujos financieros es el instrumento más eficaz para garantizar la prosperidad económica.

En teoría, la mayor integración de la economía mundial que implica la globalización debería tener efectos positivos, siempre y cuando se realice con la regulación y el control adecuados por parte de las instituciones democráticas. Se esperaría que mejorara la división internacional del trabajo y la especialización, facilitando el aprovechamiento de economías de escala y proporcionando mayor movilidad al ahorro internacional y al capital. Además, se esperaría un incremento en la difusión de conocimientos y avances técnicos, lo que a su vez se traduciría en un aumento de la productividad y del PIB per cápita mundial.

No obstante, a pesar de que la globalización debería haberse llevado a cabo con una regulación y control político adecuados, la realidad es que ha sido dirigida por los mercados, especialmente por los intereses de las grandes empresas multinacionales. Este enfoque ha llevado a una serie de efectos negativos. La distribución del crecimiento económico no ha sido equitativa, lo que ha llevado a una concentración desigual de la riqueza a nivel geográfico, empresarial y personal, aumentando así las desigualdades.

Los efectos negativos de la globalización en el mercado laboral se derivan de la intensa competencia internacional, lo que ha llevado a una presión a la baja sobre los salarios y las condiciones de trabajo, especialmente para los trabajadores menos cualificados. También ha resultado en una disminución de la capacidad de negociación de los trabajadores, la desregulación laboral, la pérdida de empleos debido a la deslocalización y el deterioro del Estado del bienestar.

Como se ha mencionado anteriormente, los problemas que surgen no son el resultado de una mayor integración económica en sí misma, sino del hecho de que dicha integración se lleve a cabo a expensas de las condiciones de trabajo y de vida de la población. Esto se debe a la falta de globalización de los derechos laborales, sociales y políticos. El objetivo de la globalización debe ser mejorar las condiciones de aquellos que tienen más derechos, no igualar hacia abajo. Para lograr esto, se necesita una cooperación internacional dirigida a preservar las normas laborales y las protecciones sociales básicas.

El proceso de globalización actual se caracteriza por la asimetría entre la dinámica de las relaciones económicas y políticas. A pesar de la globalización económica, no hay una regulación supranacional y falta de instituciones coordinadoras a ese nivel. En lugar de ser diseñada por ciudadanos, la globalización es diseñada por los mercados.

La globalización económica ha disminuido la capacidad de los gobiernos nacionales para formular sus propias políticas económicas de forma autónoma, lo que lleva a una pérdida de eficacia de muchos de los instrumentos tradicionalmente utilizados. Esto se ve reflejado en la política monetaria, donde los bancos centrales tienen dificultades para hacer frente a los movimientos desestabilizadores y las transmisiones de las crisis financieras de un país a otro, así como en la necesidad de contar con la confianza de los mercados internacionales. Lo mismo sucede con las políticas presupuestarias, que han visto disminuida su eficacia debido a las presiones para reducir los impuestos, el déficit público y el Estado del bienestar, y con las políticas laborales, que han sufrido presiones para desregular el mercado de trabajo, reducir los salarios y deteriorar la calidad del empleo.

BIBLIOGRAFÍA

López Laborda, J. (2009). *El nuevo modelo de financiación de las Comunidades Autónomas.* Fundación Giménez Abad de Estudios Parlamentarios y del Estado Autonómico.

López Laborda, J. y otros (2006). The Practice of Fiscal Federalism in Spain, *Working paper 06-23,* International Studies program, October, Andrew Young School of Policy Studies, Georgia State University, Atlanta, Georgia, USA.

Ministerio de Política Territorial (2010). *Características del modelo de financiación autonómica.*

Musgrave, R. A. (1959). *The Theory of Public Finance.* New York: McGraw Hill.

Oates, W. E. (1999). An Essay on Fiscal federalism, *Journal of Economic Literature,* 37(*3*), 1120-1149.

Oates, W. E. (2005). Towards a second-generation theory of fiscal federalism, *International Tax and Public Finance,* 12, 349-373.

Pedraja, F. y Utrilla, A. (2010). Autonomía y equidad en el nuevo sistema de financiación autonómica, *Investigaciones Regionales, 18.*

Pérez, P. (2008). Descentralización y tamaño del sector público regional en España, *Papeles de Trabajo 21/08,* Instituto de Estudios Fiscales.

Pérez, P. y Cantero, D. (2009). Descentralización y tamaño del sector público regional: el caso español, XVI Encuentro de Economía Pública, Granada, 5 y 6 de febrero.

Torrejón Velárdez, M. (2020). Análisis Económico de las Políticas Sociolaborales. Valencia: REPROEXPRES.

Palabras clave

Financiación autonómica
Administración Central
Administración Autonómica
Administración Local
Globalización
Municipios
Impuestos
Transferencias
Presupuesto

Capítulo 3

Las políticas de empleo

FERRAN ELIAS
Departamento de Economía Aplicada
Universidad de Valencia

1. LOS PROBLEMAS QUE INTENTAN RESOLVER LAS POLÍTICAS DE EMPLEO

El empleo es el trabajo que realizamos a cambio de un salario o una remuneración. Por ejemplo, el autor de este libro gana un sueldo como profesor, lo que le conlleva una serie de obligaciones docentes e investigadoras. Para la mayoría de la población, el empleo es la vía principal para garantizarse un sustento. Sin embargo, no todo el trabajo es empleo. Las tareas que, en general, realizamos en el hogar, como cocinar, limpiar, cuidar de nuestros familiares, etc. no se remuneran, aunque sean fundamentales para nuestra supervivencia y la reproducción de nuestra especie. En este capítulo, nos centraremos en las políticas de empleo que afectan al trabajo remunerado.

Una vez circunscrito el ámbito de análisis de las políticas de empleo, necesitamos acotar cuáles son los principales problemas que va a intentar resolver. Nos centraremos en cuatro de ellos: el paro, la temporalidad o inestabilidad en el empleo, los ingresos bajos y el aumento de la tasa de actividad. A continuación, especificamos con más detalle cada problema y ofrecemos datos de la situación española.

En primer lugar, el paro, es decir, el estado en que un trabajador no tiene una ocupación remunerada, aunque esté buscando un empleo. El trabajo remunerado en nuestras sociedades es la principal vía para garantizar el sustento de la mayoría de la población. Por tanto, los trabajadores en paro sufren situaciones de ingresos bajos e inestables que tienen repercusiones negativas en su calidad de vida, ya sea materialmente en términos de acceso a bienes y servicios o sobre su salud física y mental.

En España, el problema del paro es recurrente. Como podemos ver en el Gráfico 3.1, en situaciones de crisis, la media nacional de parados llega a tasas de alrededor del 25%. Ésta duplica las tasas máximas que se han alcanzado en otros países de la zona euro. Por ejemplo, las tasas de desempleo más altas durante las últimas décadas en Alemania, Francia e Italia han estado entre el 10 y el 12,5%. Otro dato muy relevante para remarcar es el nivel de desempleo juvenil en España, que nunca ha dejado de ser dramático. Sólo durante el pico de la burbuja inmobiliaria, en los años 2004-2006, se situó alrededor del 15%, una cifra todavía considerable. La tendencia general es la de una tasa de paro juvenil claramente por encima del 25%, llegando a máximos del 50% durante la Gran Recesión y situándose algo por debajo del 30% al final del año 2021.

Gráfico 3.1. Evolución de la tasa de paro en España, %

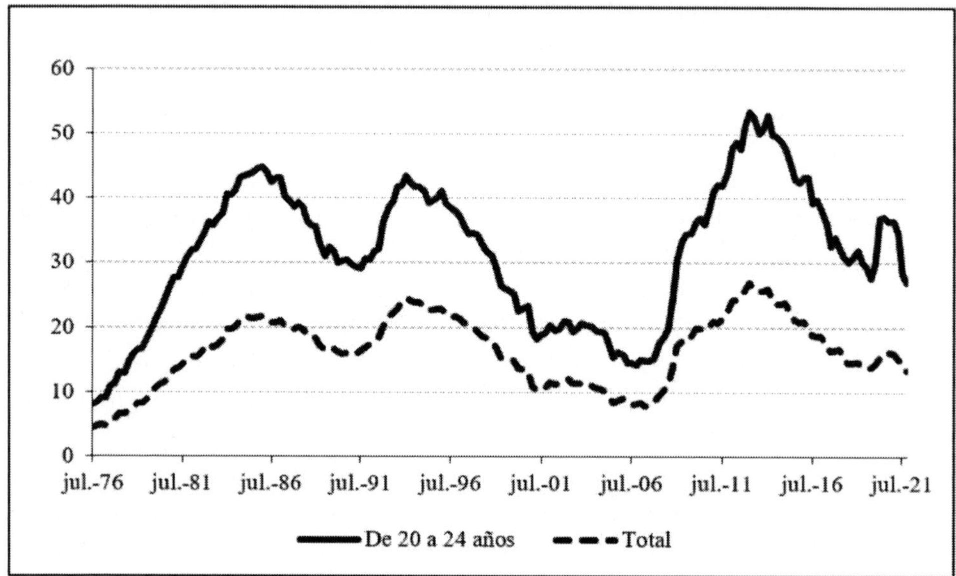

Fuente: Elaboración propia a partir de datos de la EPA.

En segundo lugar, el problema de la temporalidad o inestabilidad en el empleo. En otras palabras, la situación en la que la fuente principal de ingresos de una persona no es estable, bien sea porque se trata de relaciones laborales de corta duración con distintos empresarios, o porque el trabajador tiene una sola relación laboral con una empresa, pero discontinua en el tiempo; por ejemplo, el trabajo de temporada en la agricultura o el turismo. Esta situación es problemática porque conlleva unos ingresos inestables e insuficientes en muchos casos. El Gráfico 3.2 presenta la serie histórica de temporalidad desde que se empezó a recoger información al respecto. Ésta creció muy rápidamente después de la liberalización de la contratación temporal en 1984, estabilizándose en niveles alrededor del

32-33% en los años 90. Con el estallido de la burbuja inmobiliaria en 2007-08, la tasa de trabajadores temporales se redujo significativamente pasando a oscilar en torno al 25%. Con la reforma laboral de 2022, el porcentaje de trabajadores temporales vuelve a ser decreciente, aunque la tendencia no se visualiza claramente en el gráfico porque los datos terminan en el segundo semestre de 2022. En España, la tasa de temporalidad ha sido significativamente más alta que en los países de su entorno: la media de la UE-15 en 1994 era de11,4% de asalariados con contrato temporal cifra que en 2018 se situó en el 14,2%, todavía muy inferior a la tasa española.

Gráfico 3.2. Evolución de la tasa de temporalidad, %

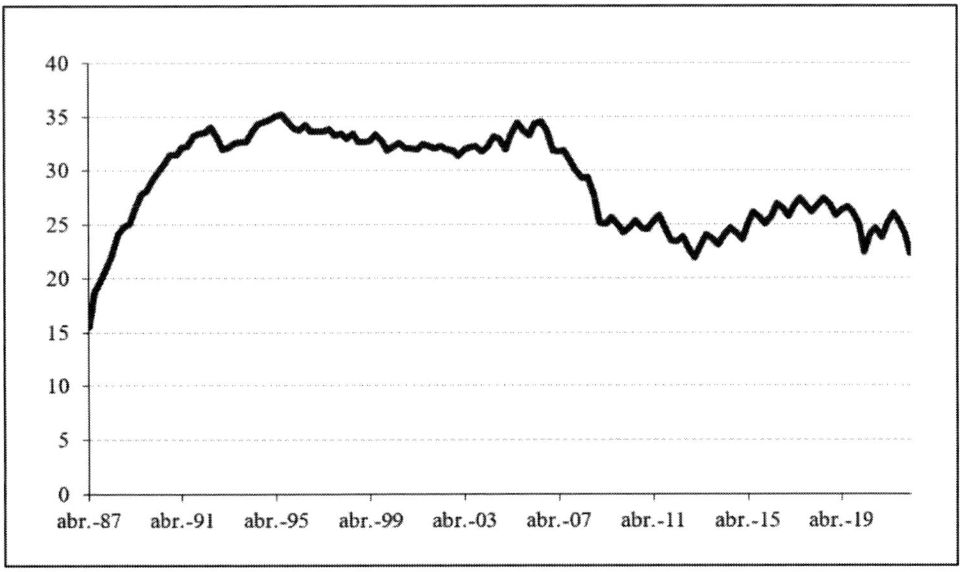

Fuente: Elaboración propia a partir de datos de la EPA.

En tercer lugar, los ingresos bajos. Desgraciadamente, como podemos ver en el Gráfico 3.3, la evolución de los salarios desde el estallido de la Gran Recesión ha sido negativa. Dicho de otro modo, muchos trabajadores han perdido su capacidad adquisitiva. Este factor también es importante en cuanto afecta a la desigualdad. Sociedades con un reparto muy desigual de la riqueza pueden ser más inestables si la distribución de los recursos no es considerada como justa por una parte de la población. Es importante destacar que las mujeres tienden a sufrir más las situaciones de bajos ingresos. En términos de brecha salarial, se calculaba que el salario de las mujeres en 2019 tendría que aumentar un 24% para igualarse al de los hombres. Uno de los motivos de esta diferencia es que las mujeres tienen una inserción más débil en el mercado laboral. Por ejemplo, mayor preponderancia de trabajo a tiempo parcial o mayor incidencia de períodos de inactividad para facilitar el cuidado de dependientes. Otro motivo de la brecha salarial lo encontramos en que muchas mujeres trabajan en sectores peor valorados o más precarizados. Éste es el caso de los trabajos de cuidados profesionalizados.

Gráfico 3.3. Evolución del salario medio, euros (precios reales 2020)

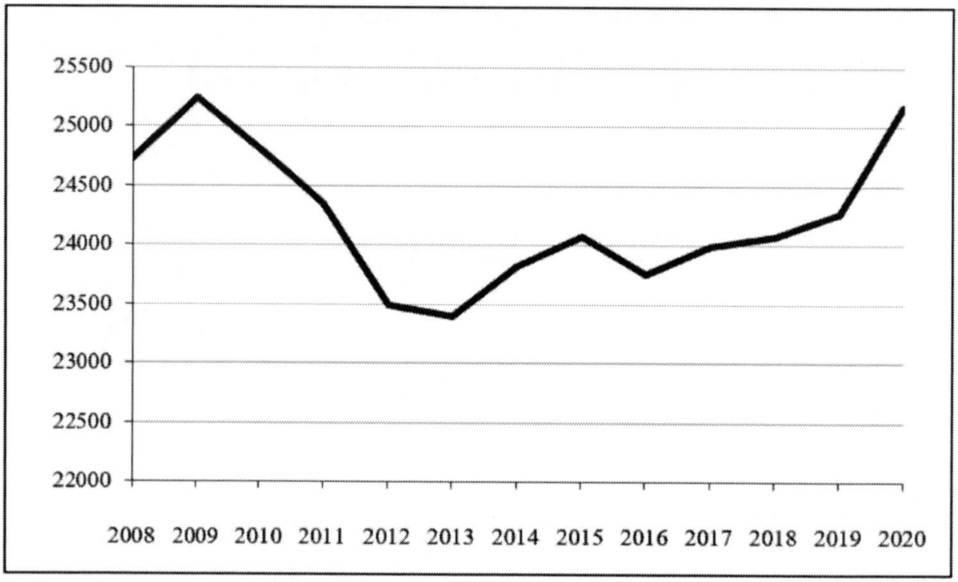

Fuente: Elaboración propia a partir de datos de la Encuesta anual de estructura salarial.

Finalmente, otro aspecto que se aborda desde la política de empleo es cómo aumentar la tasa de actividad. Este ha sido un claro objetivo en el caso de las mujeres. Como se observa en el Gráfico 3.4, la tasa de actividad femenina en 2002 era muy inferior a la de 2022. La divergencia es más clara a partir de los 25 años de edad, momento en que muchas mujeres empiezan a ser madres. Desde ese momento, la tasa de actividad ya no recupera los niveles anteriores. Es decir, muchas mujeres que dejaron de trabajar al ser madres ya no volverán a estar empleadas. Sin embargo, en 2022 ya no vemos esta tendencia y la tasa de empleo femenina ha aumentado y ya no decae a partir de los años fértiles de la mujer. Es más, la tasa de actividad se ha acercado mucho a la tasa de actividad masculina. Por consiguiente, uno de los objetivos de la política de empleo de los últimos años ha sido aumentar la ocupación femenina y asimilarla a la de los hombres.

El resto de este capítulo se organiza de la siguiente manera. En la sección segunda exponemos el diseño de las políticas de empleo, considerando tanto el papel que juegan los objetivos, los agentes, los instrumentos, las ideas y las estrategias en su desarrollo. En la tercera sección explicamos la ejecución de la política de empleo, centrándonos en la implementación de medidas de flexibilidad laboral, las políticas activas y las políticas pasivas.

Gráfico 3.4. Tasa de actividad por edades, %

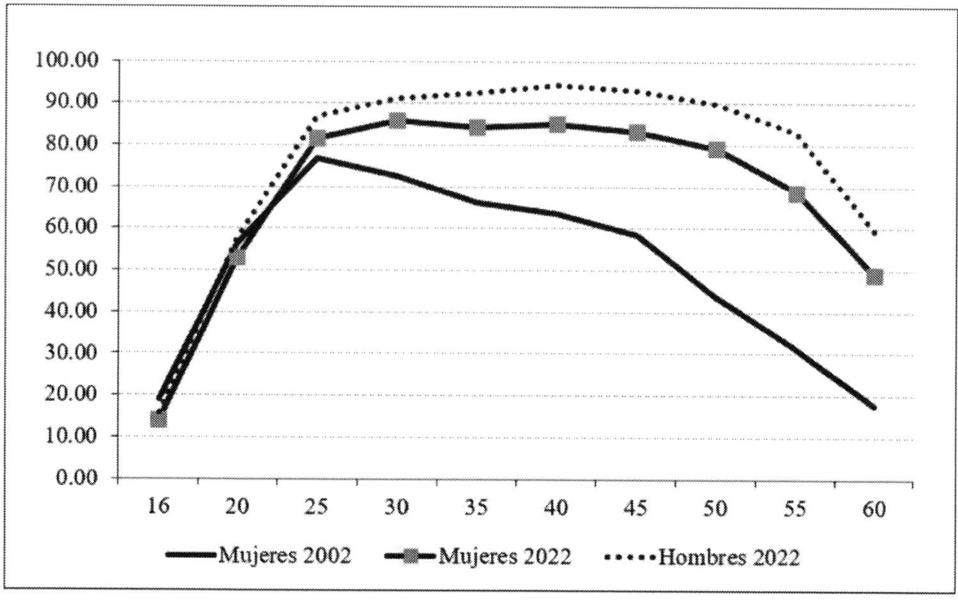

Fuente: Elaboración propia a partir de datos de la EPA.

2. DISEÑO DE LAS POLÍTICAS DE EMPLEO

Para estudiar el diseño de las políticas de empleo tendremos en cuenta distintos factores. Para empezar, hablaremos de los objetivos de las políticas de empleo. En segundo lugar, consideraremos los agentes que influyen en su diseño: los más importantes son el gobierno, las patronales o grupos de presión empresariales y los sindicatos. En tercer lugar, explicaremos los instrumentos de que se dispone para perseguir los objetivos. Mientras explicamos cada uno de estos factores iremos exponiendo también una de las concepciones sobre el mercado de trabajo o las relaciones laborales, la conocida como visión institucionalista, que sintetizamos en el Esquema conceptual 1. En cuarto lugar, explicaremos una visión más mercantilista sobre el mercado de trabajo (Gráficos 3.5 a 3.8) y la contrastaremos con las ideas institucionalistas. Esta contraposición entre ideas distintas del mercado de trabajo es de suma importancia ya que nuestra concepción de las relaciones laborales ejerce una influencia fundamental en cómo pensamos la relación entre instrumentos y objetivos de la política de empleo. Finalmente, expondremos las principales estrategias que se han seguido en España en política de empleo, resumiendo las líneas de cambio más importantes introducidas mediante las reformas laborales (ver Cuadro 3.1).

2.1. Los objetivos

Siguiendo la exposición de la primera sección de este capítulo, los objetivos de la política de empleo consistirán en aliviar cada uno de los problemas expuestos allí. Por tanto, la política de empleo tiene cinco grandes objetivos:

1. La reducción del paro.
2. La mejora de la estabilidad del empleo.
3. Reducir la proporción de trabajadores que tienen ingresos bajos y conseguir la igualdad de género en el mercado de trabajo.
4. Aumentar la tasa de empleo, es decir, aumentar el número de empleados respecto a la población en edad de trabajar.

Aunque los objetivos que acabamos de enumerar suscitan una aprobación social general, esto no significa que todos los agentes que influyen en la política de empleo los compartan o los prioricen de la misma forma. Es más, los agentes pueden tener objetivos propios que no sean coherentes con los objetivos más generales de la política de empleo. A continuación, exponemos los agentes principales y explicamos este punto con más detalle.

2.2. Los agentes

Los principales agentes que influyen sobre la política de empleo son el gobierno, las patronales o grupos de presión empresariales y los sindicatos o, más en general, las organizaciones de trabajadores. En el Esquema conceptual 1 aparecen estos tres actores con las interacciones que hay entre ellos y el papel que juegan a la hora de definir el marco de relaciones laborales y el mercado de trabajo. A continuación, explicaremos con más detalles el rol de cada uno de los agentes, pero conviene tener en mente el esquema para ubicar a cada uno de ellos dentro de un marco más general.

Esquema 1. La visión institucionalista del mercado de trabajo

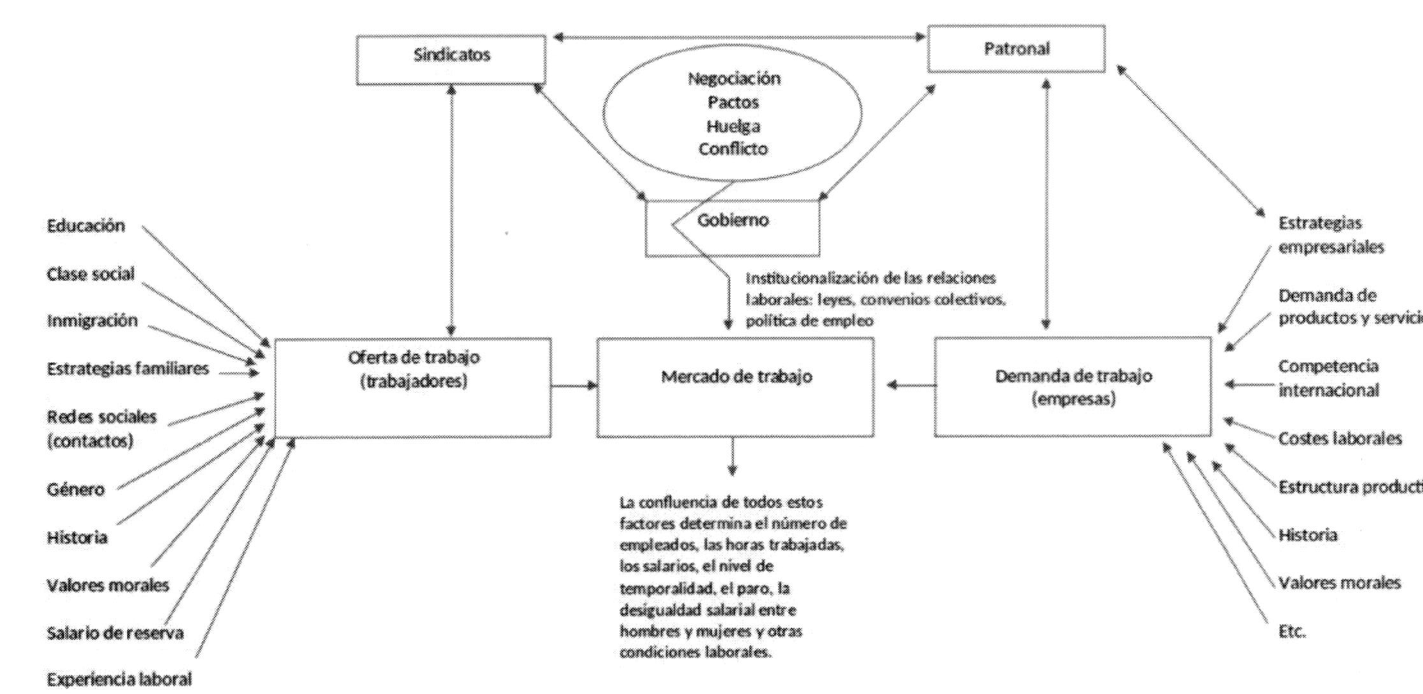

Fuente: Elaboración propia.

Los objetivos de los gobiernos en términos de políticas de empleo son los que hemos expuesto unas líneas más arriba. Hay dos grandes motivos para ello: el primero es que la reelección de un gobierno va a ser mucho más fácil si éste consigue reducir el paro, aumentar la estabilidad en el empleo o aumentar la capacidad adquisitiva de los trabajadores. En segundo lugar, la capacidad de influencia en las relaciones internacionales de un país está determinada por su nivel de producción. A grandes rasgos, podemos decir que una mayor capacidad de producción implica una mayor influencia internacional. Por consiguiente, a los gobiernos les interesa aumentar la tasa de empleo para garantizar que una proporción mayor de personas en edad de trabajar estén contribuyendo a incrementar la producción nacional. Sin embargo, esto no significa que el gobierno tenga libertad completa para conseguir los objetivos. Su campo de acción está restringido, en parte, por el poder de empresarios y sindicatos que no comparten de la misma forma cada uno de estos objetivos.

Respecto a la patronal o las empresas, sus objetivos no se solapan tan bien con los de la política de empleo. El objetivo último de las empresas es maximizar sus beneficios, por lo que no necesariamente es de su interés garantizar un empleo estable a sus trabajadores, especialmente en momentos de demanda baja. Por tanto, las empresas tenderán a defender el uso de la contratación temporal como un mecanismo útil para ellas, a pesar de que los trabajadores prefieran contratos estables. En contraste, los objetivos empresariales serán más concordantes con los de la política de empleo cuando se trate de aumentar la tasa de empleo o mejorar su nivel educativo, especialmente en aquellas habilidades que se consideren más importantes para el mercado laboral.

Es importante destacar que las empresas no se comportan de forma unívoca. Si bien su objetivo principal es el de maximizar beneficios, pueden optar por estrategias muy distintas para conseguirlo, como se refleja en el Esquema 1. Por ejemplo, el uso de contratos temporales es más inflexible en sectores con una demanda muy estacional, como es el caso del turismo. En cambio, en empresas del sector industrial o de servicios con una demanda más constante de bienes y servicios, las estrategias empresariales respecto a la contratación temporal pueden ser muy cambiantes dependiendo del nivel de competencia en el sector, de si los trabajadores del sector disfrutan de muchas oportunidades laborales o pocas, del grado de sindicalización, del nivel tecnológico de la empresa, del grado de internacionalización de la empresa, etc. Por tanto, puede haber empresas que ante un problema parecido respondan de manera muy distinta según sus características y las de su sector. Por ejemplo, unas pueden promover la innovación como estrategia para superar las dificultades, mientras que otras pueden optar por despedir a una parte de la plantilla y reducir los costes laborales.

En cuanto a los sindicatos o trabajadores, sus objetivos sí casan bastante bien con los de la política de empleo. Un sindicato resulta fortalecido si consigue aumentar los salarios en un sector gracias a una estrategia correcta de negociación colectiva. Lo mismo puede decirse si consigue mejorar la estabilidad del empleo. Respecto al paro, los sindicatos normalmente están compuestos por trabajadores ocupados, por lo que no necesariamente van a tener como objetivo prioritario la reducción del paro. A pesar de esto, a ningún sindicato le interesa que el desempleo sea elevado, ya que su capacidad de negociación y la de los trabajadores colectivamente queda seriamente mermada por el miedo de los asalariados a encontrarse sin empleo.

Como en el caso de las empresas, los trabajadores son también un grupo heterogéneo, como podemos ver en el Esquema 1. Hay asalariados con mayores niveles educativos, los hay de distintas clases sociales, gente que ha nacido en el país donde trabaja y personas que han inmigrado, de género distinto, los hay con más o menos contactos que les pueden ayudar a conseguir trabajos, con tradición sindical o sin experiencia directa de este tipo de bagaje, más o menos años de experiencia, etc. Por tanto, cada trabajador participa de un mercado de trabajo relativamente distinto al de otros trabajadores. Dicho de otro modo, cada asalariado cuenta con oportunidades distintas según sus características y, en general, es difícil, cambiar de un mercado de trabajo a otro. Por ejemplo, un camarero y un programador informático no participan en el mismo mercado de trabajo, y para el camarero, intentar conseguir un trabajo de informático va a ser imposible si no aprende programación, lo que le puede llevar mucho tiempo.

Por lo que la heterogeneidad, tanto de la mano de obra como de las empresas, nos señala que no existe un único mercado de trabajo, sino muchos y distintos entre sí. Para referirnos a esta realidad hablamos de la segmentación en el mercado de trabajo. Es decir, el mercado laboral no ofrece las mismas opciones a todos los trabajadores, sino que éste está compartimentado en segmentos según las características de empresas y trabajadores. En cada segmento el tipo de relaciones laborales es distinto y la movilidad laboral entre segmentos es imperfecta.

Para terminar la discusión sobre los agentes del mercado de trabajo es importante enfatizar, otra vez, que los objetivos de los agentes no son siempre los mismos. Existe un antagonismo fundamental entre los intereses de los empresarios por maximizar los beneficios y el de los trabajadores para mejorar su salario, reducir su jornada y tener unas mejores condiciones de vida. Por ejemplo, al empresario le interesa pagar sueldos bajos si los trabajadores van a ofrecer el mismo rendimiento, mientras que a los trabajadores les interesa cobrar más y tener mejores condiciones laborales y de vida. Esta oposición de intereses puede resolverse de forma pactada, pero puede también llegar a ser de conflicto abierto con huelgas y cierres patronales. Como puede verse en el Esquema 1, el choque de fuerzas entre trabajadores y empresarios se institucionaliza en el momento en que se incorpora dentro del funcionamiento de la sociedad mediante leyes, convenios colectivos, políticas de empleo. En el momento de institucionalización, el gobierno juega un papel importante para trasladar los conflictos y los pactos en el terreno laboral al marco de relaciones laborales.

Recuadro 1: ¿Cómo se mide el paro?

La forma más común de medir el paro es mediante la Encuesta de Población Activa (EPA) que realiza el Instituto Nacional de Estadística (INE). Una persona que esté buscando empleo y que responda negativamente a haber trabajado al menos una hora durante la semana anterior se considerará parada. La tasa de paro es entonces el porcentaje de parados respecto a la población activa (ocupados y gente que busca empleo activamente). Los datos de paro de la EPA son de publicación trimestral.

Por otro lado, también se mide el paro usando las estadísticas del Servicio Público de Empleo Estatal (SEPE). En este caso, los parados son las personas registradas como demandantes de empleo en las oficinas del SEPE. Esta medición del paro se conoce como paro registrado y es de publicación mensual.

La naturaleza distinta de cada concepto de paro implica que estos no son realmente comparables. Por ejemplo, una persona puede figurar como parado en la EPA pero no en las estadísticas del SEPE si no se ha inscrito como demandante de empleo. Por otro lado, otra persona puede estar contabilizada en los datos de paro registrado, pero no considerarse parada si en la encuesta de la EPA no responde que está buscando trabajo activamente.

2.3. Los instrumentos

Los tres agentes que hemos explicado en la sección anterior definen el marco de las relaciones laborales. Es decir, el terreno de juego en el trabajo remunerado. En este proceso de institucionalización los instrumentos que se usan son las leyes, los convenios colectivos, los impuestos y los subsidios. A su vez, patronales y sindicatos cuentan con instrumentos propios para influir sobre la institucionalización de las relaciones laborales. Pero empecemos primero por el rol que juega el gobierno.

En el proceso de institucionalización de las relaciones laborales, el gobierno y el parlamento son los que definen las leyes laborales. Son ejemplos de este tipo el Estatuto de los Trabajadores, la ley en que se establecen los derechos de los trabajadores, o el salario mínimo, que también se aprueba mediante una ley. Si bien el gobierno y el parlamento son los que, como representantes elegidos por el pueblo, aprueban las leyes laborales, los sindicatos y patronales tienen mucha influencia en su redactado final ya que defienden los derechos e intereses de cada parte.

Otro instrumento importante en la institucionalización de las relaciones laborales son los convenios colectivos. Éstos son normas que regulan la relación entre empresas y trabajadores y resultan de la fuerza negociadora de cada una de las partes. Describen de forma mucho más detallada el contrato laboral colectivo. Normalmente, son mucho más específicos y detallan los aspectos de la jornada laboral, normas internas de promoción en la empresa, las escalas salariales según el tipo de trabajo, categoría, experiencia, etc. y los planes de igualdad, entre otros muchos más aspectos de la relación laboral. No obstante, los convenios colectivos tienen siempre que respetar la legislación laboral. En otras palabras, de ningún modo pueden los convenios colectivos rebajar los derechos de los trabajadores aprobados en la legislación laboral. Por tanto, las leyes laborales son también relevantes porque determinan el alcance de la negociación colectiva entre empresarios y trabajadores. Es decir, aunque el gobierno no tome parte en la negociación colectiva, sí que puede fortalecerla o debilitarla. Por ejemplo, la reforma laboral de 2012 debilitó muy significativamente el poder de los sindicatos en la negociación colectiva, mientras que la de 2022 lo recuperó parcialmente en algunos aspectos.

Otro instrumento para ejecutar la política de empleo en manos del gobierno son los impuestos y/o subsidios, que pueden utilizarse para favorecer la contratación en tipos de contrato determinados (por ejemplo, favorecer la contratación permanente), facilitar la contratación de colectivos específicos (por ejemplo, menores de 30 años o personas con un grado de discapacidad reconocido formalmente).

Aunque el gobierno es quien ejecuta la política de empleo y, por tanto, son sus instrumentos los que la definen, eso no significa que tanto las empresas como los trabajadores no tengan sus propios instrumentos para perseguir sus objetivos. Por ejemplo, las empresas pueden seguir distintas estrategias empresariales para evitar el cumplimiento de las regulaciones laborales: enviar parte de la producción a países con menos regulaciones;

mantener la producción dentro del mismo país pero externalizarla a otras empresas para evitar tener que cumplir con el convenio colectivo sectorial; emplear a trabajadores sin contrato para evitar el pago de las contribuciones a la seguridad social y el cumplimiento de cualquier norma laboral; obligar a trabajar horas extra por encima de lo estipulado en el contrato, etc.

El conflicto abierto entre Glovo y el gobierno es un buen ejemplo de divergencia en los intereses entre estos dos agentes. El gobierno aprobó en 2021 la conocida como ley Rider, que establecía la existencia de una relación laboral entre las plataformas digitales de reparto y sus trabajadores. Es decir, prohibía la contratación como falsos autónomos por parte de las empresas y, por tanto, éstas deben asumir el pago de las cotizaciones sociales de los trabajadores, garantizarles unas vacaciones pagadas, etc. Por lo que Glovo ha optado por usar estrategias de incumplimiento de la ley para consolidar su modelo de relaciones laborales el cuál se caracteriza por precarizar las condiciones de trabajo.

Otro ejemplo de estrategia patronal consiste en garantizarse parte de la propiedad de los medios de comunicación. De esta forma, puede ejercer presión sobre el gobierno en cualquier área de política, también en las de empleo. Y no sólo presión, sino también influir sobre la información disponible y de esta forma modelar la conciencia y las ideas para respaldar la toma de decisiones en una dirección concreta. Un buen ejemplo para ilustrar este punto son las discusiones en torno a la subida del salario mínimo cada vez que se intenta acometer. El discurso de la patronal en estos casos consiste siempre en destacar los potenciales efectos negativos en términos de destrucción de empleo. Sin reconocer los efectos positivos que puede tener en mayores ingresos y reducción de la desigualdad.

En cuanto a los sindicatos, estos también pueden disputar la batalla comunicativa, aunque parten con menos recursos. Dicho de otra manera, no son propietarios de medios de comunicación de masas. Los instrumentos que tienen en sus manos pasan principalmente por dos vías. La primera, la negociación colectiva con el empresario para conseguir mejoras laborales y limitar abusos. La segunda, que es compatible con la primera pero que no siempre sucede a la vez, es apostar por una estrategia de movilización de los trabajadores que puede combinar tanto actos de protesta, como de propaganda, y el que sería el recurso final en un conflicto laboral: la huelga. La organización de huelgas ha conseguido hitos muy importantes en nuestro país. Entre ellos, queremos destacar la consecución de la jornada laboral de 8 horas como consecuencia de la huelga de la Canadenca en Barcelona (Aisa, 2019) y las enormes mejoras salariales y de condiciones laborales conseguidas durante los años 60 y 70 del siglo pasado resultado de muchas huelgas y movilizaciones (Domènech, 2011).

2.4. Las ideas: la visión mercantilista del mercado de trabajo

Una cuestión fundamental en el diseño de la política de empleo es qué concepción hay sobre el funcionamiento del mercado de trabajo o de las relaciones laborales. De hecho, la misma denominación de "relaciones laborales" o "mercado de trabajo" apunta hacia interpretaciones muy distintas de los fenómenos laborales. La exposición que hemos hecho hasta ahora se corresponde con la visión institucionalista del mercado de trabajo, que enfatiza los objetivos contradictorios entre agentes, los distintos instrumentos que cada uno tiene a su disposición, y la multiplicidad de estrategias que pueden existir para cambiar el mercado de trabajo. En la visión institucional, las condiciones de trabajo que emergen de todas estas interacciones son la expresión de las relaciones sociales entre empresas y trabajadores, construidas por estos mismos agentes y que se pueden modificar de acuerdo con la fuerza negociadora y los recursos de cada uno.

Por otro lado, también existen visiones más mercantilistas del mercado de trabajo, que tienden a pensar la política de empleo principalmente a través de los efectos que ésta tendrá sobre la oferta y la demanda de trabajo, sin que necesariamente se tomen en consideración aspectos de carácter político-social. Esta visión está recogida en los Gráficos 3.5 a 3.8, donde se representa la oferta y la demanda de trabajo como los únicos factores que determinan el nivel de empleo, paro y salarios en el mercado laboral. Si bien esta es una visión muy simplificada de la realidad, es importante discutirla en este capítulo ya que en realidad es, y ha sido, muy influyente en la configuración de las políticas de empleo en las últimas décadas, como se expone en la 3 de este capítulo. Por tanto, también es importante conocerla para comprender cómo los agentes conciben el funcionamiento del mercado laboral, principalmente los empresarios y el gobierno.

Empezamos explicando el Gráfico 3.5, que nos permitirá comprender también el resto de los gráficos. El eje horizontal representa el número de trabajadores empleados, mientras que el eje vertical es el salario que reciben. La línea descendente es la demanda de trabajo o el número de personas que una empresa está dispuesta a contratar para cada nivel salarial. Precisamente, tiene pendiente negativa porque se asume que, a menor salario, más trabajadores quiere contratar una empresa. Por otro lado, la línea ascendente es la oferta de trabajo o el número de trabajadores dispuestos a aceptar un empleo para cada nivel salarial. La pendiente es positiva porque asumimos que a mayor salario más personas estarán interesadas en trabajar. Finalmente, el punto donde se cruzan la demanda y la oferta se denomina el equilibrio de mercado. Es el nivel salarial para el cual la demanda iguala a la oferta y no existe paro, ya que todas las personas dispuestas a trabajar con ese salario encuentran empleo.

Gráfico 3.5. Mercado de trabajo competitivo **Gráfico 3.6. Salario mínimo**

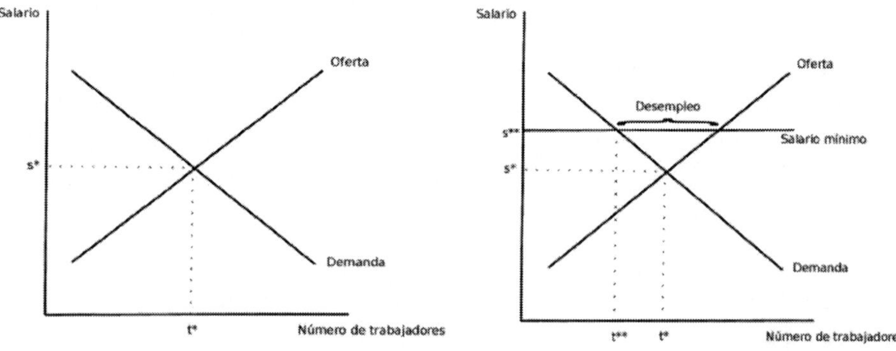

Fuente: Elaboración propia.

El Gráfico 3.6 nos sirve para ilustrar los efectos que las regulaciones laborales tienen sobre el mercado de trabajo de acuerdo con esta visión. La línea horizontal que aparece en la figura es el salario mínimo, es decir, el mínimo nivel salarial definido por el gobierno y que cualquier empresa debe pagar. Como vemos, en el salario mínimo la oferta es mayor que la demanda, ya que más trabajadores están dispuestos a trabajar por el salario mínimo que en el anterior salario de equilibrio (*s*, t**). Sin embargo, la demanda de trabajo es menor, con lo que sólo *t*** trabajadores encontrarán empleo mientras que el resto se quedarán desempleados. Por tanto, según esta visión, el aumento de los costes laborales que implica el salario mínimo destruye empleo y aumenta el paro.

En términos más generales, el caso que hemos explicado se extiende a otras muchas regulaciones laborales: los costes de despido, las escalas salariales definidas en convenios, la regulación de la jornada de trabajo, etc. De acuerdo con esta concepción del mercado de trabajo, cualquier regulación introduce rigidices en el mercado, que no permiten que oferta y demanda laboral se equilibren, lo que resulta en menores niveles de empleo y más paro. Por tanto, una recomendación de política de empleo que se deriva de esta visión es que las regulaciones laborales impiden el correcto funcionamiento del mercado de trabajo y es conveniente eliminarlas o limitarlas.

A pesar de la visión negativa de las regulaciones laborales que tiene el enfoque mercantilista, es conveniente señalar que las regulaciones existen para equilibrar parcialmente la asimetría de poder entre empresas y trabajadores a favor de los segundos. Por tanto, juegan un importante rol social que no queda recogido en los modelos de oferta y demanda, con lo que se debería ser muy cauteloso con las recomendaciones para eliminar estas regulaciones que emanan de esta visión.

Gráfico 3.7. Aumento de demanda **Gráfico 3.8. Aumento de oferta**

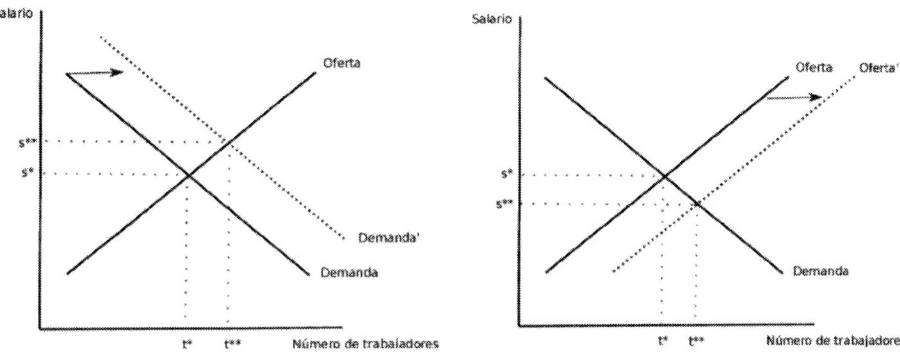

Fuente: Elaboración propia.

El Gráfico 3.7 representa una situación en que la demanda de trabajo crece. Esto puede suceder cuando se implementan políticas de empleo que disminuyen los costes laborales. Por ejemplo, una política que reduzca las contribuciones empresariales a la seguridad social. La predicción de esta visión es que las reducciones en los costes laborales van a aumentar la ocupación y que pueden aumentar también los salarios, siempre que la línea de oferta no sea horizontal.

Finalmente, el Gráfico 3.8 refleja el caso de una expansión de la oferta de trabajo. Esto puede suceder si se limita la cantidad y la extensión del seguro de desempleo y aquellos trabajadores que podían pasar más tiempo en paro antes de aceptar un empleo, tienen ahora que reincorporarse más rápidamente al mercado laboral. Las predicciones en este caso son de aumento en la ocupación y reducción salarial.

Conviene también advertir aquí sobre las limitaciones de las últimas recomendaciones que emanan de los Gráficos 3.7 y 3.8, como hemos hecho en el caso de las regulaciones. Reducir las cotizaciones a la seguridad social puede implicar disminuir las pensiones o la cobertura sanitaria, ambas políticas con un fuerte carácter social y redistributivo. Por último, reducir el seguro de desempleo también tendría repercusiones muy negativas en los niveles de pobreza, aumentaría las desigualdades y empeoraría el funcionamiento de la economía española al reducir el consumo de los hogares de menor renta.

3. LA ESTRATEGIA DE FLEXIBILIZACIÓN DE LAS RELACIONES LABORALES

La política principal para reducir el paro y aumentar la tasa de ocupación en las últimas décadas ha sido la introducción de flexibilidad en el mercado de trabajo. Esta ha sido la característica predominante en las más de 50 reformas del Estatuto de los Trabajadores desde su aprobación en 1980.

Es conveniente parar un momento para explicar a qué nos referimos cuando decimos "flexibilizar" el mercado de trabajo, un término muy usado en las discusiones de las reformas laborales. Si nos remitimos a la definición de la Real Academia Española, flexibilizar significa dar flexibilidad a algo, es decir, hacer menos rígido. En el caso del mercado de trabajo, el uso de la palabra flexibilizar se utiliza mayoritariamente para referirse a reformas laborales que eliminan total o parcialmente regulaciones laborales que protegen a los trabajadores ya que, según la visión mercantilista, introducen rigideces en el mercado de trabajo al no permitir que la oferta y la demanda de trabajo actúen libremente (ver explicación del gráfico 6 más arriba para más detalles). Este puede ser el caso de recortar las indemnizaciones por despido, rebajar el seguro de desempleo, no actualizar el salario mínimo según el nivel de inflación, permitir la contratación temporal en empleos permanentes, reducir la cobertura de los convenios colectivos, etc.

Normalmente, la defensa de las medidas de flexibilidad laboral se argumenta diciendo que el aumento de la libertad empresarial para contratar, despedir, rebajar salarios, etc. favorece la creación de empleo porque las empresas serán entonces menos indecisas a la hora de contratar nuevo personal. Sin embargo, la evidencia empírica de los resultados de las medidas flexibilizadoras no siempre confirma los argumentos que se usan para defender su necesidad, como veremos en la siguiente sección. Por otro lado, la introducción de flexibilidad laboral aumenta la asimetría de poder entre empresario y trabajador, lo que afecta al reparto de rentas entre ambos en detrimento de los trabajadores y, por tanto, favorece el aumento de las desigualdades y del porcentaje de población que vive con bajos ingresos, aspectos que no se enfatizan cuando se defiende el uso de medidas flexibilizadoras.

Estratégicamente, la flexibilidad se ha ido introduciendo en las relaciones laborales mediante reformas del mercado de trabajo. Este es el caso de las reformas de 1984, 1994, 1997 y 2012, que son solamente algunas de las más relevantes en cuanto a la profundidad de los cambios introducidos, especialmente las de 1984 y 2012. La de 1984 liberalizó los contratos temporales, de tal modo que estos ya no estaban restringidos a empleos de carácter temporal, lo que expandió el porcentaje de trabajadores con contratos temporales. La reforma de 2012 ha sido la reforma flexibilizadora más ambiciosa de la democracia: redujo las indemnizaciones por despido y debilitó profundamente la fuerza negociadora de los sindicatos mediante la negociación colectiva.

En contraste, la reforma de 2022 ha supuesto un cambio de paradigma respecto a los cambios en la legislación laboral anteriores, ya que ha recuperado algunos derechos de los trabajadores y ha fortalecido también su capacidad de negociación. Si bien la reforma de 2022 ha supuesto un cambio de paradigma, eso no significa que haya sido una enmienda a la totalidad de las reformas aprobadas con anterioridad, sino que simplemente ha revertido algunos de sus aspectos más lesivos. Dicho de otro modo, la reforma laboral de 2022 todavía mantiene intactas importantes vías de flexibilidad que dan preponderancia a los intereses de las empresas (Todolí, 2022).

Cuadro 3.1. Resumen de las principales reformas laborales

Reforma	Principales cambios introducidos
Reforma de 1984 (Ley 32/1984)	- Se liberaliza el uso de contratos temporales. Concretamente, se permite el uso de este tipo de contratos en relaciones laborales que no sean de carácter temporal.
Reforma de 1994 (Ley 10/1994 y ley 11/1994)	- Legalización de las Empresas de Trabajo Temporal. - Movilidad funcional y geográfica.
Reforma de 1997 (Ley 63/1997)	- Se introducen reducciones a las cotizaciones a la seguridad social de los empresarios para fomentar la contratación permanente.
Reforma de 2012 (Real Decreto-ley 3/2012)	- Debilitación de la negociación colectiva (fin ultraactividad y prevalencia del convenio colectivo de empresa y no sectorial). -Reducción de las indemnizaciones por despido improcedente de 45 días por año trabajado a 33 días. El máximo total que se podía percibir se redujo de 42 mensualidades a 24.
Reforma de 2022 (Real Decreto-ley 32/2021)	- Los contratos temporales sólo se pueden usar en trabajos de carácter temporal (sustitución por baja, cambios en la producción). - Fortalecimiento de la negociación colectiva: recuperación de la ultraactividad y prevalencia del convenio colectivo sectorial en materia salarial. Sin embargo, siguen vigentes muchas opciones para descolgarse del convenio sectorial. - Introducción de un nuevo mecanismo de flexibilidad interna empresarial (mecanismo RED) para reducir el tiempo de empleo o suspender temporalmente contratos de empleo en momentos difíciles para la empresa.

Nota: En la tabla sólo se exponen los aspectos más destacados de algunas de las reformas laborales del último periodo democrático en España. En realidad, cada reforma modificó muchos más aspectos de las relaciones laborales de los aquí resumidos.

Fuente: Elaboración propia a partir de las leyes.

En las siguientes subsecciones explicamos las tres principales líneas de actuación en cuanto a flexibilidad: flexibilidad laboral cuantitativa o numérica, flexibilidad laboral funcional o cualitativa y flexibilidad salarial. Para cada caso exponemos también algunos ejemplos relevantes y valoramos cuáles han sido sus resultados remitiéndonos a las conclusiones de varios estudios empíricos.

3.1. La flexibilidad laboral cuantitativa

La flexibilidad laboral cuantitativa o numérica se refiere a aquellas políticas que disminuyen los costes de ajuste de la cantidad de trabajo de la empresa. En esta sección explicamos tres ejemplos de flexibilidad cuantitativa por su importancia en el caso español: los contratos temporales, las indemnizaciones por despido y los expedientes de regulación temporal de empleo (ERTE).

En primer lugar, una manera de aumentar la flexibilidad cuantitativa es la creación por ley de modalidades de contratación que no supongan una relación estable entre el trabajador y la empresa. Este es el caso de los contratos temporales, eventuales, etc. Mediante este tipo de contratos la empresa puede ajustar su fuerza de trabajo según la demanda que existe para el bien o servicio que produce y puede responder con más celeridad a cambios en la demanda.

Existen situaciones obvias en que el recurso al contrato temporal es lógico. Por ejemplo, cuando la empresa tiene que poder responder a los picos de demanda o sustituir a un trabajador de baja por enfermedad. Sin embargo, la preponderancia de los contratos temporales en España no se ha debido únicamente a situaciones lógicas de temporalidad, si no a una definición legal muy laxa sobre cuándo se puede contratar temporalmente que se introdujo con la reforma de 1984, como puede verse en el Cuadro 3.1 que resume algunas de las principales reformas laborales en España.

Este cambio favoreció un crecimiento repentino de la temporalidad en España, como puede verse en el Gráfico 3.2. Este cambio tan rápido en la contratación temporal no se debió, en ningún caso, a cambios repentinos en la estructura productiva o la estacionalidad de la demanda, sino que más bien fue un reequilibrio de poder entre empresarios y trabajadores, en perjuicio de estos últimos, ya que vieron cómo se reducía la estabilidad en el empleo. Además, existe evidencia empírica que muestra que la introducción de los contratos temporales ha tenido efectos negativos tanto en el número de días trabajados (reducción del 4,9%) como en los ingresos (caída del 9,8%) de las generaciones que entraron en el mercado de trabajo justo en el momento en que se liberalizó el uso de este tipo de contratos

(García-Pérez et al. 2018), así como existe evidencia también que señala los efectos negativos sobre la formación en la empresa, la productividad, las tasas de emancipación, la fertilidad, etc.

En segundo lugar, otra manera de aumentar la flexibilidad numérica es la reducción de las indemnizaciones por despido que tiene que pagar el empresario en caso de finalización de la relación laboral. El argumento es el mismo, una reducción de los costes de despido hará que las empresas duden menos a la hora de contratar, lo que debería repercutir positivamente en el empleo. Este ha sido el foco de reformas como las de 1997 y 2012. Sin embargo, la evidencia empírica de la reforma de 1997 no confirma que la reducción de las indemnizaciones tuviera ningún efecto sobre el empleo (Elias, 2022).

En tercer lugar, los ERTEs también son una política para promover el ajuste de las plantillas. Son mecanismos para que, en caso de recesión, el empresario suspenda la relación laboral con algunos o todos sus trabajadores, para reducir los costes laborales. El estado se encarga de sufragar el sustento de los empleados con la ventaja de que se evita el despido y, por tanto, en caso de recuperación empresarial los trabajadores volverán a su empleo con menores repercusiones en términos de paro. Durante la pandemia de COVID-19 los ERTEs demostraron ser un mecanismo muy relevante para introducir flexibilidad y asegurar una recuperación más rápida del mercado laboral.

3.2. La flexibilidad salarial

Con las políticas de flexibilidad salarial se quiere facilitar las rebajas salariales. Existen varias maneras de llevarla a cabo. Por ejemplo, la eliminación del salario mínimo sería un caso claro de introducción de flexibilidad, sobre todo para salarios bajos. Si no existiera un suelo salarial, las empresas podrían considerar como una estrategia empresarial la reducción de los salarios más bajos como una medida para aumentar su competitividad sobre otras empresas. Otra manera de introducir flexibilidad salarial es la no actualización del salario mínimo, especialmente en períodos inflacionarios. De esta manera, se abarata el coste de los trabajadores con salarios más bajos debido a la subida generalizada de los precios de otros bienes y servicios. Eso sí, con claras repercusiones negativas sobre la capacidad adquisitiva de estos trabajadores.

Existen otros métodos también para erosionar la influencia que el salario mínimo pueda tener. Pueden existir salarios mínimos distintos por regiones, donde aquellas áreas menos productivas tengan un salario mínimo inferior. El razonamiento a favor de una medida así es el siguiente: las empresas de las regiones de menor productividad no podrán permitirse pagar determinado nivel de salario mínimo. Por tanto, es mejor adaptar el salario mínimo al nivel de productividad de cada región para evitar la destrucción de empleo en zonas menos desarrolladas.

No obstante, hay que ser extremadamente cauteloso y analizar críticamente este tipo de argumentos, ya que pueden generar efectos en cadena muy negativos. Si se aprobara un salario mínimo regional, aquellas zonas con un mínimo legal más bajo contarían con una importante ventaja competitiva. Algunas empresas considerarían trasladar toda o parte de su actividad económica a las áreas más laxas en términos de salario mínimo. De esta forma, estas regiones sin duda aumentarían la tasa de ocupación y el número de empleados, pero en conjunto no se estaría creando más empleo, simplemente, lo estaríamos trasladando desde las regiones con mayor salario mínimo a aquéllas con un límite menor. El problema se agrava en el momento en que más y más empresas escogen o se ven forzadas por la competencia a escoger esta estrategia empresarial de reducción de costes.

Por tanto, las políticas de flexibilidad salarial pueden generar círculos viciosos de reducción de las condiciones laborales sin que necesariamente consigan reducir el paro total.

Otro método de introducción de flexibilidad salarial es la debilitación de la negociación colectiva. Este fue uno de los objetivos de la reforma de 2012, compensado parcialmente en la de 2022. Como se ha comentado anteriormente, la relación entre empresa y trabajador es desigual. En general, la empresa tiene muchos más recursos, tanto monetarios como de personal, para enfrentarse a un conflicto con un trabajador: puede despedirlo, puede cambiarlo de tarea, puede modificar sus horarios, etc. En cambio, el trabajador puede tener unos márgenes muy reducidos para defender sus intereses. El simple hecho de perder el salario puede significar una catástrofe personal y familiar inasumible y, por tanto, tenderá a evitarse.

Para equilibrar un poco la balanza entre el poder de la empresa y el de los trabajadores, se tiende a favorecer el poder de negociación de los trabajadores mediante la negociación colectiva. Por ejemplo, si los convenios colectivos sectoriales son de obligado cumplimiento para todas las empresas de un sector, esto favorecerá la capacidad de negociación de los trabajadores, ya que serán un colectivo mucho mayor. Por otro lado, otro factor juega un papel importante, si las empresas de un sector están sujetas a un mismo convenio colectivo, esto significa que todas tendrán que respetar los mínimos salariales pactados en éste. Es decir, será más fácil que las empresas acepten una determinada escala salarial si saben que todos los principales competidores estarán pagando los mismos sueldos y, por tanto, no podrán competir con ellos mediante la reducción de los salarios.

Por consiguiente, el fortalecimiento de la negociación colectiva tiende a mejorar las condiciones laborales y los sueldos. Por tanto, en este caso la política de flexibilidad salarial tratará de debilitar la negociación colectiva para hacer más factibles las rebajas salariales.

3.3. La flexibilidad funcional o cualitativa

La flexibilidad funcional o cualitativa se refiere a la capacidad de la empresa de modificar sin costes la organización del trabajo. Un ejemplo en este sentido son reformas laborales que facilitan la movilidad geográfica de la empresa, es decir, la potestad de la empresa de reubicar su producción en otro lugar sin sufragar los costes de traslado que esto pueda acarrear para sus trabajadores. En la reforma laboral de 1994 se introdujeron mecanismos de flexibilidad funcional que aumentaron la libertad empresarial para redefinir las funciones de los trabajadores contratados y facilitar su movilidad geográfica.

4. LAS POLÍTICAS ACTIVAS Y PASIVAS DE EMPLEO

Aparte de los cambios en el mercado laboral mediante la flexibilización (desregulación) de las relaciones laborales, el gobierno también implementa programas especialmente diseñados para los desempleados. En primer lugar, las políticas activas de empleo, cuyo objetivo en general es que un desempleado encuentre empleo. En segundo lugar, las políticas pasivas de empleo, que se implementan principalmente para garantizarle un nivel mínimo de ingresos a los desempleados. A continuación, detallamos ambos tipos de políticas.

4.1. Las políticas activas

Las políticas activas de empleo tienen dos ámbitos principales de actuación. Por un lado, facilitar el acceso al empleo de las personas desempleadas. Por otro lado, mejorar los recursos de intermediación laboral.

En el primer caso, las actuaciones suelen ser formativas y de orientación sociolaboral. Dicho de otro modo, se procura enseñar habilidades a los desempleados con las que les sea más fácil encontrar un empleo. Estas intervenciones también se acompañan muchas veces de incentivos a la contratación de personas en colectivos que sufren más el desempleo o en los que la discriminación laboral es mayor: jóvenes, mayores de 45 años y mujeres son algunos ejemplos. Este fue uno de los focos de la reforma de 1997, aunque con escasos efectos (Elias, 2022, Cahuc et al., 2019) muestran la efectividad de estas políticas cuando se ejecutan en un contexto recesivo y se concentran en empresas con pocos trabajadores.

En el segundo caso, las actuaciones consisten en aumentar la información disponible sobre vacantes y personas desempleadas de que disponen empresas y trabajadores para facilitar su conexión. Los servicios de empleo públicos se dedican a disminuir estos problemas informativos. Algunas actuaciones realizadas en las últimas décadas en este ámbito han sido la descentralización de los servicios de empleo, con tal de acercarlos territorialmente a empresas y trabajadores, y la legalización de la intermediación laboral como empresa privada. La evidencia sobre los efectos de mejorar la intermediación laboral muestra que mejora la probabilidad de encontrar un empleo de los trabajadores que acuden a los servicios de empleo, aunque no aumenta la ocupación en agregado (Crepon et al., 2013).

4.2. Las políticas pasivas

Las políticas pasivas son aquellas medidas que buscan mantener la renta de los desempleados durante el tiempo en que estos no tienen un empleo. Una de las principales expresiones de este tipo de políticas es el seguro de desempleo, que tiene dos objetivos principales: primero, garantizar un mínimo sustento a las personas que pierdan su trabajo; segundo, suavizar los efectos negativos del ciclo económico. Esto es, evitar que, en momentos de fuerte subida del paro, como son recesiones o depresiones económicas, la demanda interna de un país no se hunda ya que las personas en paro han podido mantener un nivel mínimo de ingresos gracias al seguro de desempleo.

Si bien hay poca gente que discuta los dos argumentos que acabamos de exponer, eso no significa que no haya habido reformas que hayan erosionado el seguro de paro y que no haya argumentos favorables a estas reducciones. Por un lado, se considera que este tipo de seguros desincentivan a los desempleados a encontrar un trabajo, lo que disminuye la oferta laboral. Dicho de otro modo, que el seguro de desempleo reduce el número de parados que están buscando activamente un empleo. Por otro lado, las reducciones del seguro de desempleo también hay quien las justifica como una medida de flexibilidad salarial. Es decir, que para reducir los salarios de los trabajadores es necesario reducir la protección que reciben los desempleados. De este modo, como recibirán menos ingresos durante los meses que se encuentren sin empleo, se verán forzados a aceptar contratos de trabajo con menores salarios respecto a los contratos que habrían aceptado si hubieran estado más protegidos gracias a un seguro de paro más generoso. Los estudios estadísticos de los cuales disponemos confirman que hay una relación positiva entre la generosidad del seguro de desempleo y el salario en el nuevo trabajo (Nekoei y Weber, 2017; Domènech y Vannutelli, en prensa), así como una relación positiva entre el seguro de desempleo y la duración del desempleo.

BIBLIOGRAFÍA

Aisa, F. (2019). *La vaga de la Canadenca. La conquesta de les vuit hores.* Barcelona: Edicions de 1984.

Cahuc, P., S. Carcillo y T. Le Barbanchon. (2019). The Effectiveness of Hiring Credits. *Review of Economic Studies, 86 (2),* 593-626.

Crepon, B., M. Gurgand, R. Rathelot y P. Zamora. (2013). Do labor market policies have displacement effects? Evidence from a clustered randomized experiment. *The Quarterly Journal of Economics, 128 (2),* 531-580.

Domènech, X. (2011). Cambio político y movimiento obrero bajo el franquismo: Lucha de clases, dictadura y democracia (1939-1977). Barcelona: Icaria Editorial.

Domènech, G. y S. Vannutelli. (en prensa). Bringing Them In or Pushing Them Out? The Labor Market Effects of Pro-Cyclical Unemployment Assistance Changes. *The Review of Economics and Statistics.*

Elias, F. (2022). The Causes of Duality in the Labor Market: Evidence from Spain's Payroll Tax and Employment Protection Reforms. *Working Paper.*

García-Pérez, J. I., Marinescu, I. Y J. Vall. (2018). Can Fixed-Term Contracts Put Low Skilled Youth on a Better Path? Evidence from Spain. *The Economic Journal, 129,* 1693-1730.

Nekoei, A. y A. Weber. (2017). Does Extending Unemployment Benefits Improve Job Quality. *American Economic Review, 107 (2),* 527-561.

Todolí, A. (2022). La devaluación salarial se mantiene: análisis de la reforma laboral de 2021 desde la perspectiva salarial en un contexto de inflación desbocada y propuestas de cambio. *Labos. Revista de Derecho del Trabajo y Protección Social, 3 (2),* 139-164.

Palabras clave

Paro
Temporalidad
Ingresos bajos
Empleo
Relaciones laborales
Mercado de trabajo
Visión institucionalista
Visión mercantilista
Institucionalización
Leyes laborales
Convenios colectivos
Estrategias empresariales
Huelga y movilización de los trabajadores
Regulaciones laborales
Reformas laborales
Flexibilidad laboral
Políticas activas
Políticas pasivas

Capítulo 4

Política de empleo en la Unión Europea

JOSÉ ANTONIO NAVARRO VILAR
Departamento de Economía Aplicada
Universidad de Valencia

1. ANTECEDENTES DE LAS POLÍTICAS DE EMPLEO EN LA UNIÓN EUROPEA

La lucha contra el desempleo ha adquirido en los últimos 30 años una especial significación en las políticas públicas europeas y de los Estados miembros por el impacto que el desempleo tiene sobre la vida de las personas y sobre las economías de los países. Por ello, la puesta en marcha de medidas que potencien el empleo y mitiguen las consecuencias del desempleo se encuentran entre las prioridades de cualquier agenda de política pública. En el seno de la Unión Europea, los Tratados suscritos en los últimos años han situado al desempleo entre las principales preocupaciones de la Unión Europea, definiéndose de manera explícita diferentes estrategias que permiten la coordinación de políticas estatales para afrontar una problemática que está presente, con diferentes intensidades, en todos los Estados miembros de la Unión Europea (UE).

Aunque las competencias en materia de empleo son competencia de los Estados miembros, la UE ostenta un papel fundamental en la generación de marcos de trabajo conjuntos, en la fijación de objetivos, en la coordinación de las políticas estatales y en el seguimiento y evaluación de los diferentes planes y medidas desarrollados en todos los Estados.

Los primeros pasos en materia de política europea de empleo los situamos en los inicios de la década de los años noventa del siglo pasado. Con el Tratado de la Unión Europea suscrito en **Maastricht** en 1992 se incorporó como misión en su art. 2 "*...un alto nivel de empleo y de protección social...*" de la Comunidad Europea (nueva terminología que se adquiere en este Tratado en sustitución del término: Comunidad Económica Europea). Posteriormente, tras la grave y persistente situación de desempleo, con un "*... nivel de desempleo inaceptablemente elevado...*", el Consejo Europeo de Essen (1994), inspirado en el Informe Delors ("Libro Blanco sobre Crecimiento, Competitividad y Empleo" de 1993), instó a los Estados a *promover los re-*

cursos humanos, la creación de nuevos puestos de trabajo y la promoción de nuevas fuentes de empleo a través de iniciativas locales (nuevos yacimientos de empleo).

Pero el momento más importante en el desarrollo de la política europea en materia de empleo lo localizamos en junio de 1997 con el **Tratado de Ámsterdam**. Un nuevo Tratado de la UE que incorporó un título propio en materia de empleo en el Tratado constitutivo y definió una Estrategia Europea de Empleo (EEE) para los Estados de la UE situando al empleo como un "*asunto de interés común*" de los Estados miembros y "*uno de los objetivos de la Comunidad*"

En noviembre de 1997 el Consejo Europeo Extraordinario sobre el Empleo celebrado en **Luxemburgo**, fijó los pilares básicos de la Estrategia Europea de Empleo en torno a una estrategia conjunta denominada "**Acción por el Empleo**". Esta estrategia definió 4 pilares, *mejorar la capacidad de inserción profesional "la empleabilidad", desarrollar el espíritu empresarial, la capacidad de adaptación de los trabajadores y de las empresas "la adaptabilidad", y la igualdad de oportunidades entre hombres y mujeres,* que se sustanciarían con el desarrollo de las primeras **Directrices de Empleo** en 1998 que cada Estado tendría que incorporar en sus planes nacionales. En España se desarrollarían mediante el Plan Nacional de Acción para el Empleo (PNAE), sometido a examen de la Comisión Europea (CE) y del Consejo Europeo.

Con posterioridad, se continuarán desarrollando PNAE en los que se incorporan las directrices y orientaciones de empleo de la UE, si bien, a comienzos de la década de los años 2000 coexisten con otros instrumentos establecidos en la Ley de Empleo (Ley 56/2003, de 16 de diciembre, de Empleo, derogada por Real Decreto Legislativo 3/2015 de 23 de octubre, por el que se aprueba el texto refundido de la Ley de Empleo), como son: la Estrategia Española de Activación para el Empleo, los Planes Anuales de política de Empleo y el Sistema de Información de los Servicios Públicos de Empleo. Todos estos instrumentos igualmente incorporan las recomendaciones y directrices que emanan de la UE para los Estados.

En este Consejo de Luxemburgo también se estableció un nuevo sistema de coordinación entre los Estados y la UE, en un momento en el que la integración económica de la UE avanzaba, pero los países eran reticentes a ceder más competencias a las instituciones europeas. El denominado **Método Abierto de Coordinación** (MAC) permite un nuevo marco de cooperación que fomenta la convergencia entre las políticas nacionales para alcanzar los objetivos comunes. Se trata de una forma intergubernamental de hacer política que no deriva en medidas legislativas de la UE de carácter vinculante ni exige que los países de la UE introduzcan nuevas leyes o modifiquen su legislación y se aplica a los ámbitos que son competencia de los países de la UE, como el empleo, la protección social, la educación, la juventud y la formación profesional.

Es destacable, en el marco de la EEE, la irrupción de un **nuevo enfoque territorial** en las políticas de empleo al incluirse disposiciones específicas que invitaban a los Estados a sacar el máximo provecho de las posibilidades de creación de empleo a nivel local. Por primera vez, la perspectiva local adquiere protagonismo en el desarrollo de las políticas de empleo desde una *cooperación efectiva y ampliada* a todos los agentes que intervienen en el territorio en el ámbito del empleo. Este enfoque territorial se vio plasmado en un programa experimental que propuso la Comisión Europea en 1997, basado en el concepto de Pacto Territorial en favor del Empleo, presentado en el Consejo Europeo de Florencia (1996). De esta forma, se lanzaron 89 "Pactos Territoriales a favor del empleo" en las zonas seleccionadas por las administraciones nacionales, implementándose en España 6 Pactos Territoriales: Bahía de Cádiz (Andalucía), Vallés Occidental (Cataluña), Cuencas Mineras de Asturias, Cuencas Mineras de Palencia y León (Castilla y León), Ceuta y Melilla.

Estos instrumentos tenían como objetivos fundamentales lograr una amplia colaboración regional o local que permita descubrir las preocupaciones y perspectivas de todos y cada uno de los agentes territoriales con responsabilidades en la creación de empleo (administraciones públicas, empresariado, sindicatos, ONGs...), movilizar los recursos disponibles en pro de una estrategia integrada, conseguir una mayor integración y coordinación de todas las medidas innovadoras que sirvan como modelo a favor del empleo desde una perspectiva íntegramente territorial.

La evaluación positiva de los Pactos Territoriales para el Empleo propició la inclusión de estas acciones de desarrollo local y empleo en las intervenciones realizadas con fondos estructurales por los diferentes gobiernos y comunidades autónomas en distintos períodos de programación, generándose a lo largo del Estado a principios de la década de los años 2000 numerosos Pactos Territoriales de Empleo acorde con la dimensión territorial de las políticas de empleo propugnadas por la UE ante la capacidad de movilizar todos los recursos disponibles en torno a una estrategia integrada e innovadora que posibilite luchar contra el problema del desempleo desde una perspectiva local.

Posteriormente, la **Cumbre de Lisboa** (marzo de 2000) supuso el refuerzo de la EEE sobre la base del crecimiento económico, para situar a la UE en 2010 como "*la economía del conocimiento más competitiva y dinámica del mundo, capaz de crecer económicamente de manera sostenible con más y mejores empleos y con mayor cohesión social*". La cumbre de Lisboa reforzó las directrices de empleo y fijó cinco ejes prioritarios de actuación: *el reto tecnológico, una sociedad basada en el conocimiento, mejorar la competitividad en Europa, la integración de los mercados financieros y coordinación de las políticas macroeconómicas y modernizar y reforzar el modelo social europeo.* A su vez, para alcanzar el objetivo estratégico de Lisboa, Europa definía en el **Consejo Europeo de Niza** (dic. 2000) una "**Agenda social Europea**" que fijaba las orientaciones para la política social (las cuales serán revisadas en el tema dedicado a la lucha contra la pobreza y la exclusión social)

La EEE también puso de manifiesto la necesidad de fomentar la dimensión local en las políticas de empleo al destacar cuatro ventajas, recogidas en la comunicación de la Comisión Europea denominada "**Actuación local en favor del empleo - Una dimensión local para la estrategia europea de empleo**", en el ámbito del empleo que venían a reforzar la dimensión local y plantear descentralizar la Estrategia Europea de Empleo para pasar de las actuaciones a escala nacional/regional a las actuaciones a escala local. Entre dichas ventajas destacaba *la proximidad, el poder económico, el poder de decisión y un estrecho contacto con la sociedad de la información.*

Así, por ejemplo, para el año 2002, España, siguiendo las recomendaciones efectuadas por la CE, refuerza considerablemente la idea de la dimensión local al establecer en su PNAE la necesidad de "*alentarán a las autoridades locales y regionales a establecer estrategias para el empleo, a fin de explotar plenamente las posibilidades que ofrece la creación de empleo a nivel local*". Incluso la propia Ley de Empleo española de 2003 (Ley 56/2003) estableció en su art. 4 la dimensión local de la política de empleo, indicando que "*de acuerdo con lo establecido en la Estrategia Europea de Empleo, las políticas de empleo en su diseño y modelo de gestión deberán tener en cuenta su dimensión local para ajustarlas a las necesidades del territorio, de manera que favorezcan y apoyen las iniciativas de generación de empleo en el ámbito local*". Una dimensión local que sigue vigente en la Ley de Empleo aprobada por Real Decreto Legislativo 3/2015.

La evaluación intermedia de la EEE de Lisboa tomó como referente el informe Kok (2003), un informe elaborado por un grupo de alto nivel creado por la Comisión Europea denominado: "Hacer frente al desafío: la Estrategia de Lisboa para el crecimiento y el empleo", que fijó la necesidad de reformular e impulsar la Estrategia de Lisboa promoviendo la coherencia entre cada país y la UE y la congruencia en su aplicación con los programas nacionales y los principios de política económica y empleo establecidos en las Orientaciones Generales de Política de Económica y en las Directrices de Empleo. El informe advertía de algunos logros importantes, como, por ejemplo, la creación de seis millones de puestos de trabajo o la mayor incorporación de la mujer al mercado de trabajo, y ponía de manifiesto el incumplimiento de los objetivos de Lisboa lamentando la ausencia de políticas comprometidas de los Estados.

En el **Consejo Europeo de Bruselas** en marzo de 2005, sobre la base de dicho informe, **se relanza la EEE de Lisboa** y se establece una nueva Agenda Social Europea 2006-2010 para la modernización del modelo social europeo. Esta Agenda presentaba dos ejes prioritarios:

Hacia el pleno empleo: hacer que el empleo sea una auténtica opción para todos, reforzar la calidad y la productividad del trabajo, prever y gestionar el cambio; y *una sociedad más solidaria*: igualdad de oportunidades para todos.

Desde esta nueva agenda social se efectuaron propuestas que tuvieron su calado en las legislaciones laborales y supusieron nuevos enfoques en el ámbito del empleo. Por citar alguno, se acuñaron términos como el de "flexiguridad" para fomentar una mayor adaptabilidad de las empresas y las personas trabajadoras, o se establecía nuevas dinámicas para las relaciones laborales, identificando al diálogo social como un elemento clave o promoviendo la responsabilidad social de las empresas.

Igualmente, se incidió en la promoción de la diversidad y de la no discriminación, o en la lucha contra la pobreza y el fomento de la inclusión social, fijando el año 2010 como Año Europeo de lucha contra la exclusión y la pobreza. En este sentido, es de gran relevancia la aprobación en España de la Ley Orgánica 3/2007, de 22 de marzo, para la igualdad efectiva de mujeres y hombres, en la que además se recogían referencias explícitas a las acciones de responsabilidad social de las empresas, unos avances legislativos que derivan de forma directa de este marco europeo.

2. LA ESTRATEGIA EUROPA 2020

A partir del año 2008 Europa se ve afectada de manera significativa por una nueva crisis económica que provocó una caída del PIB del orden del 4 % en 2009 con un retroceso de la producción industrial en Europa que alcanzaba los niveles de los años 90 y 23 millones de personas (el 10 % de la población activa europea) en situación de desempleo. Además, las finanzas públicas se vieron afectadas con un déficit medio del 7 % del PIB y niveles de deuda superiores al 80 % del PIB. De esta manera ante la crisis financiera mundial la UE adoptó diferentes medidas, adoptando por ejemplo un paquete de ayuda a Grecia, acordando un mecanismo europeo de estabilización financiera y asentado las bases de una gobernanza económica mucho más estricta.

Las economías de los 27 Estados miembros son muy interdependientes, por ello se requiere de mecanismos de coordinación y de estrategias conjuntas de acción que permitan afrontar las consecuencias de la crisis. Desde esta necesidad, se requería la adopción de medidas en los estados para afrontar una situación de crisis que se vio agravada por los *drásticos recortes* en el gasto público en algunos estados miembros que tuvieron más *dificultades a la hora de asignar fondos suficientes a las infraestructuras básicas que necesitan en ámbitos como el transporte y la energía, no solo para desarrollar sus propias economías, sino también para que puedan participar plenamente en el mercado interior.*

Fue en el Consejo Europeo de 17 de junio del año 2010 en Bruselas, cuando la UE adoptó una nueva estrategia denominada **"Europa 2020: Una estrategia para un crecimiento inteligente, sostenible e integrador"** (EE 2020). Esta estrategia plantea una economía basada en el conocimiento y la innovación (crecimiento inteligente), en la promoción de una economía que haga un uso más eficaz de los recursos, que sea más verde y competitiva (crecimiento sostenible) y en el fomento de una economía con alto nivel de empleo que tenga cohesión social y territorial (crecimiento integrador).

Con esta nueva estrategia conjunta se fijaron nuevos objetivos y herramientas como las iniciativas emblemáticas, "flagships", y nuevas directrices integradas de empleo que se alineaban con los objetivos acordados.

Cuadro 4.1. EE 2020: objetivos principales

<table>
<tr><td colspan="3">• Tasa de empleo de la población de entre 20 y 64 años debería pasar del actual 69 % a, como mínimo al 75 %.
• Alcanzar el objetivo de invertir el 3 % del PIB en I+D, mejorando las condiciones para la inversión en I+D por parte del sector privado y desarrollando un nuevo indicador que haga un seguimiento de la innovación.
• Reducir las emisiones de gases de efecto invernadero en un 20 % en comparación con los niveles de 1990, incrementar el porcentaje de las energías renovables en nuestro consumo final de energía al 20 % y aumentar un 20 % la eficacia en el uso de la energía.
• Reducir el porcentaje de abandono escolar al 10 % desde el actual 15 % e incrementar el porcentaje de personas de entre 30 y 34 años con estudios superiores completos del 31 % a, como mínimo, un 40 %.
• Reducir el número de europeos que viven por debajo del umbral nacional de pobreza en un 25 %, liberando de la pobreza a 20 millones de personas.</td></tr>
<tr><th>CRECIMIENTO INTELIGENTE</th><th>CRECIMIENTO SOSTENIBLE</th><th>CRECIMIENTO INTEGRADOR</th></tr>
<tr><td>INNOVACIÓN
Iniciativa emblemática (IE) de la UE: «Unión por la innovación». Mejorar las condiciones generales y de acceso a la financiación destinada a investigación e innovación con el fin de reforzar la cadena de innovación e impulsar los niveles de inversión en toda la Unión.</td><td rowspan="2">CLIMA, ENERGÍA Y MOVILIDAD
IE: «Una Europa que aproveche eficazmente los recursos». Ayudar a desligar crecimiento económico y uso de recursos, reduciendo las emisiones de carbono de nuestra economía, incrementando el uso de energías renovables, modernizando nuestro sector del transporte y promoviendo un uso eficaz de la energía.</td><td rowspan="2">EMPLEO Y CUALIFICACIONES
IE: «Una agenda para nuevas cualificaciones y empleos». Modernizar los mercados laborales facilitando la movilidad de los trabajadores y el desarrollo de cualificaciones a lo largo de la vida, con el fin de incrementar la participación en el empleo y de adecuar mejor la oferta a la demanda.</td></tr>
<tr><td>EDUCACIÓN
IE: "Juventud en movimiento". Reforzar los resultados de los sistemas educativos y consolidar el atractivo internacional de la educación superior europea.</td></tr>
<tr><td>SOCIEDAD DIGITAL
IE: "Una agenda digital para Europa". Acelerar la implantación de internet de alta velocidad y beneficiarse de un mercado único digital para familias y empresas.</td><td>COMPETITIVIDAD
IE: "Una política industrial para la era de la mundialización". Mejorar el entorno empresarial, especialmente para las PYME, y apoyar el desarrollo de una base industrial fuerte y sostenible que pueda competir mundialmente.</td><td>LUCHA CONTRA LA POBREZA
IE: «Plataforma europea contra la pobreza». Garantizar la cohesión social y territorial de tal forma que los beneficios del crecimiento y del empleo lleguen a todos y de que las personas afectadas por la pobreza y la exclusión social puedan vivir con dignidad y participar activamente en la sociedad.</td></tr>
</table>

Fuente: Anexo-Europa 2020: resumen. (COM. (2010), Bruselas, 03.03.2010).

Para asegurar el avance de la EE 2020 la UE realiza informes nacionales que ayudan a los Estados a desarrollar sus estrategias, a través de recomendaciones específicas a los Estados y, en su caso, realizando advertencias políticas en caso de respuestas inadecuadas. Para ello, cada Estado miembro debe preparar un programa anual de estabilidad o de convergencia, un programa nacional de reformas (PNR) para establecer medidas que informen sobre los avances hacia sus objetivos, y reformas estructurales clave para identificar los problemas que obstaculizan el crecimiento. Dichos programas se remiten a la Comisión Europea que, a su vez, los remite al Consejo Europeo con la correspondiente evaluación de los mismos.

Junto a estos instrumentos la Comisión Europea estableció en 2011 el "Semestre Europeo", un ciclo anual en el que se diseñan y coordinan las políticas económicas y que incluye el análisis de la situación económica de los Estados miembros, así como de sus planes de reformas presupuestarias, macroeconómicas y estructurales. Por su parte, España ha desarrollado un Observatorio para el seguimiento del cumplimiento de la EE 2020, dependiente del Ministerio de Trabajo, Migraciones y Seguridad Social, con el objetivo de evaluar permanentemente el estado de consecución de los objetivos de la Estrategia poniéndola en contexto con el análisis de los aspectos más relevantes de la coyuntura económica y del mercado de trabajo en el período de referencia.

Así, a modo de ejemplo, el seguimiento realizado en España de los objetivos de la Estrategia Europa 2020 en materia de empleo para el tercer trimestre del ejercicio 2018, arrojó un aumento de medio punto en la tasa de empleo para la población de 20 a 64 años, según la encuesta de población activa (EPA), hasta el 67,6%, 1,4 puntos superior a la de hace un año. Respecto al objetivo de tasa de empleo para el año 2020, fijado por España en el 74%, se sitúa más de 6 puntos por debajo. Otro ejemplo asociado al seguimiento que realiza el Observatorio del Ministerio respecto de la EE 2020, lo encontramos en el análisis de la tasa de abandono escolar prematuro. Para 2017 España siguió reduciendo la tasa con descensos tanto en hombres como en mujeres: la tasa global descendió ocho décimas, al 18,3%, a solo 3 puntos del objetivo del 15% fijado para España para 2020.

Cuadro 4.2. Recomendaciones y orientaciones del consejo europeo a los estados miembros

RECOMENDACIONES A LA ZONA EURO (2019/2020)	ORIENTACIONES PARA EL ESTADO ESPAÑOL (2018/2019) *
• Profundizar en el mercado único, mejorar el entorno empresarial, elevar la inversión y la productividad. • Desarrollar una política fiscal contenida a nivel agregado de la eurozona, reducir la deuda pública y mejorar la calidad y composición de los ingresos públicos. • Invertir en educación, mejorar la eficacia de las políticas activas de empleo, corregir la segmentación del mercado de trabajo y asegurar un nivel de protección social adecuado. • Establecer un sistema europeo de garantía de depósitos y reforzar el marco regulatorio y supervisor. • Avanzar hacia la Unión Económica y Monetaria, garantizando la unidad de mercado dentro de la UE.	• Aplicar medidas que garanticen el cumplimiento de los objetivos de déficit público y de reducción de la deuda pública. • Mejorar la capacidad de los servicios de empleo y sociales, en cooperación con las empresas, en el apoyo a los demandantes de empleo; reforzar el tránsito hacia el empleo indefinido; mejorar los sistemas de apoyo a la familia y corregir las disparidades regionales en los sistemas de garantía de rentas; reducir el abandono escolar temprano y las disparidades regionales en materia educativa. • Incrementar el gasto público en I+D y la evaluación de las políticas desarrolladas para asegurar su eficacia; la aplicación efectiva de la ley de unidad de mercado.

Nota: * A incorporar en su PNR y Plan de Estabilidad (2018/2019).

Fuente: Elaboración propia a partir del dictamen del Consejo Europeo (2018/C 320/08).

3. RESPUESTAS COORDINADAS DESDE LA UE EN MATERIA DE EMPLEO: MEDIAS CON IMPACTO EN EL EMPLEO DERIVADAS DE LA PANDEMIA

En pleno desarrollo de los objetivos asociados a la Estrategia Europa 2020, irrumpe una pandemia sanitaria que bloquea y condiciona su desarrollo y exige de medidas excepcionales como respuesta a una parálisis mundial de la economía. El día 11 de marzo del año 2020, la Organización Mundial de la Salud (OMS) declara una pandemia sanitaria mundial con un impacto negativo muy significativo en la sociedad y la economía provocada por el virus SARS-CoV-2, inicialmente localizado en China.

Ante la emergencia sanitaría, con el objetivo de reducir la pérdida de vidas humanas y de evitar la saturación de nuestro sistema sanitario, se desplegaron medidas de diversa índole para garantizar la protección de la vida de las personas. Entre ellas, se generalizaron las declaraciones de "estado de alarma" en los países de la eurozona por razones de salud pública, con el consiguiente confinamiento de la población y la paralización de una gran parte de las actividades económicas, excepto las que fueron declaradas como esenciales.

Con esta situación de inestabilidad e incertidumbre en el mundo de la economía y del empleo se produjo una caída en el PIB del orden del 3,3% a nivel mundial y del 6,7% en la zona euro, destacándose caídas del 5% en Alemania, del 8% en Francia, del 9% en Italia y del 10,8% en España (según datos del Banco de España). Para el caso de España la especialización productiva asociada a la actividad turística (alojamiento, restauración, actividades artísticas y de ocio, y otros servicios), que representaba en torno al 12% del PIB para el ejercicio 2019 cayendo al 5,5% en el año 2020, ha sido una de las razones por las que el impacto de la pandemia ha sido tan acentuado, a pesar de las medidas desplegadas por los gobiernos estatales, autonómicos e incluso locales para atemperar el impacto de la pandemia.

En términos de empleo, ante una caída de la actividad económica sin precedentes, la pandemia ocasionó para el ejercicio 2020 una disminución de la ocupación a escala mundial de 114 millones de empleos con respecto a 2019 (según la Organización internacional del Trabajo, OIT), de 3.9 millones en Europa (Eurostat) y de 527.000 empleos en España (Encuesta de Población Activa, INE) para el mismo período, con especial destrucción de empleo, en todos los casos, entre las mujeres y las personas jóvenes.

Para hacer frente a la reconstrucción de la UE después de la pandemia y apoyar la inversión en las transiciones ecológica y digital, en reunión extraordinaria del Consejo Europeo de julio de 2020, la UE alcanzó un acuerdo por el que puso en marcha el mayor despliegue de recursos económicos en Europa con más de 1,82 billones de euros entre el marco financiero plurianual (MFP 2021-2027, con más de 1 billón de euros) y las medidas extraordinarias de recuperación en el marco del instrumento denominado "*Next Generation EU*" dotadas con 750.000 millones de euros (360.000 en préstamos) repartidos en siete programas. El mecanismo de Recuperación y Resiliencia contemplaba: 672.500 millones € -en préstamos: 360.000 millones de euros y en subvenciones: 312.500 millones de euros, Fondos REACT-EU: 47.500 millones de euros, Horizonte Europa: 5.000 millones de euros, InvestEU:

5.600 millones de euros, Desarrollo rural: 7.500 millones de euros, Fondo de Transición Justa (FTJ): 10.000 millones de euros, RescEU: 1.900 millones de euros.

Además, se implementaron medidas de política monetaria, regulación financiera y se aplicó, por primera vez, la cláusula general de salvaguardia del Pacto de Estabilidad y Crecimiento, para que los Estados miembros pudieron adoptar todo tipo de medidas sin tener en consideración los requisitos presupuestarios asociados al nivel de gasto en el marco europeo.

El proceso de negociación y reparto de estos instrumentos supuso un hito de gran relevancia en la historia de la Unión Europea en un ejercicio de solidaridad, fundamentalmente, en favor de los países más dañados por la pandemia (por ejemplo, para España se preveía 72.700 millones de euros en subsidios y transferencias a fondo perdido y 67.300 millones de euros en préstamos hasta el año 2026). La disposición de estos recursos también supuso un reto significativo en términos de rapidez en la puesta en marcha de los fondos, cuyo nivel de ejecución tendrá que ser evaluado.

Para la implementación de dichos fondos se impusieron a los Estados un conjunto de requisitos que se debían sustanciar en la elaboración de planes de recuperación y resiliencia. Para el caso de España, su Plan de Recuperación y Resiliencia (aprobado por Acuerdo del Consejo de Ministros en abril de 2021) incorporaba 4 ejes fundamentales (transición ecológica, transformación digital, cohesión social y territorial e igualdad de género) con 10 políticas palanca, alineadas con las recomendaciones del Consejo Europeo, y 30 componentes. Como buen ejemplo del **impacto de las políticas europeas en las políticas de los estados miembros**, en este caso en materia de empleo, se estableció la obligatoriedad para España de reformar el mercado de trabajo español en sentido de reducir la temporalidad (llevada a término por el Real Decreto-ley 32/2021, de 28 de diciembre, de medidas urgentes para la reforma laboral, la garantía de la estabilidad en el empleo y la transformación del mercado de trabajo), establecer una ley del trabajo a distancia o modificar la propia ley de empleo.

Por su parte, también el Gobierno de España desplegó diferentes medidas, como la puesta en marcha de avales públicos del Instituto de Crédito Oficial (ICO) o los Expediente de Regulación Temporal de Empleo (ERTE), con el objetivo de reducir el impacto de la pandemia sanitaria. En relación a los ERTE, es necesario indicar que este instrumento supuso el mantenimiento de empresas y personas trabajadoras, pues más de 3,5 millones de personas trabajadoras se encontraron afectadas por un ERTE en abril de 2020. Esta medida fue una de las medidas más potentes, y de mayor reconocimiento social a través de la negociación del gobierno con los agentes sociales, que se adoptó para atemperar los impactos negativos de la pandemia sanitaria en el empleo garantizando rentas y liquidez. También la UE, a través del Banco Central Europeo, desplegó un Instrumento Europeo de Apoyo Temporal para Mitigar los Riesgos de Desempleo en una Emergencia (SURE), con cerca de 100.000 millones de euros, dirigido a financiar los ERTEs y así proteger a los ciudadanos y paliar las consecuencias socioeconómicas extremadamente negativas de la pandemia de coronavirus.

BIBLIOGRAFÍA

Consejo Europeo Extraordinario de Luxemburgo (1997). "El desafío del empleo: un nuevo planteamiento". (DOC/97/23).

Resolución del Parlamento Europeo. Ámsterdam (1997). "Tratado de Ámsterdam". (97/C 340/01)

Consejo Europeo Extraordinario de Lisboa (2000). "Hacia la Europa de la innovación y el conocimiento" Nota de la presidencia. (5256 /00 + ADD 1 COR 1 (en)).

Consejo Europeo de Niza (2000). "Agenda social Europea". (2001/C 157/02).

Comunicación al Consejo Europeo. Bruselas (2005). "Trabajando juntos por el crecimiento y el empleo - Relanzamiento de la estrategia de Lisboa". (COM/2005/0024 final).

Resolución del Parlamento Europeo (2006) sobre la "Agenda Social para el período 2006-2010". (2004/2191 (INI)).

Consejo Europeo (2010). "Europa 2020: una estrategia para un crecimiento inteligente, sostenible e integrador". (COM/2010/2020 final).

Consejo Europeo (2018). "Recomendación del Consejo relativa al Programa Nacional de Reformas de 2018 de España y por la que se emite un dictamen del Consejo sobre el Programa de Estabilidad de 2018 de España". (2018/C 320/08).

Consejo Europeo (2020). "Next Generation EU y Marco Financiero Plurianual". (EUCO 10/20 CO EUR 8, CONCL 4).

Ministerio de Asuntos Económicos y Transformación digital (2021). "Plan de Recuperación, Transformación y Resiliencia" (BOE n.103. 30/04/2021).

Ministerio de Trabajo y Economía social (2021). "Seguimiento de indicadores de empleo de la Estrategia Europa 2020". Observatorio Europa 2020. Web de consulta: http://www.mites.gob.es

Palabras clave

Unión Europea
Políticas de empleo
Tratado de Maastricht
Tratado de Ámsterdam
Acción por el Empleo
Directrices de Empleo
Estrategia 2020
Next Generation EU

Capítulo 5

Las políticas de crecimiento económico, competitividad e innovación

RAÚL ABELEDO SANCHIS
Departamento de Economía Aplicada
Universidad de Valencia

1. PRINCIPALES PROBLEMAS EN EL ÁMBITO DE LAS POLÍTICAS DE CRECIMIENTO, COMPETITIVIDAD E INNOVACIÓN

Las políticas de empleo no se circunscriben únicamente a las del mercado de trabajo. En un sentido más amplio, integran todas aquellas políticas con capacidad de incidir de manera más intensa sobre la demanda de trabajo. Resulta más o menos aceptado, que el crecimiento de la demanda de trabajo está relacionado con el crecimiento de la producción. Conceptos como el de la elasticidad del empleo con respecto al crecimiento económico o la diferencia entre economía productiva y especulativa, nos van a permitir analizar con mayor detalle más adelante.

Históricamente, y pese a su evidente interrelación, las políticas de empleo y las de crecimiento económico han estado descoordinadas. Es desde el ámbito de la Unión Europea donde comienza a plantearse la necesidad de coordinar ambas políticas, incidiendo en la importancia de este nexo de unión para la generación de un empleo de calidad, siendo la Cumbre de Luxemburgo (1997) uno de los primeros hitos destacables.

Como se ha visto en el capítulo anterior, en España, cuestiones tan relevantes para el buen funcionamiento de nuestro mercado laboral como son el elevado desempleo, la alta estacionalidad y temporalidad del empleo, su baja calidad y productividad, su elevada sensibilidad ante las variaciones del ciclo económico o la misma brecha de género se encuentran estrechamente vinculadas al modelo productivo y las características de nuestra estructura productiva. En este sentido, vale la pena analizar las relaciones de nuestro modelo de desarrollo y su estructura productiva con datos como los del segundo trimestre de 2022, donde el desempleo total alcanzaba el 12,5%, mientras que los datos para mujeres y menores de 25 años se disparaban hasta el: 14,15% y el 28,52% respectivamente.

Gráfico 5.1. Tasa de desempleo (%), segundo trimestre de 2022

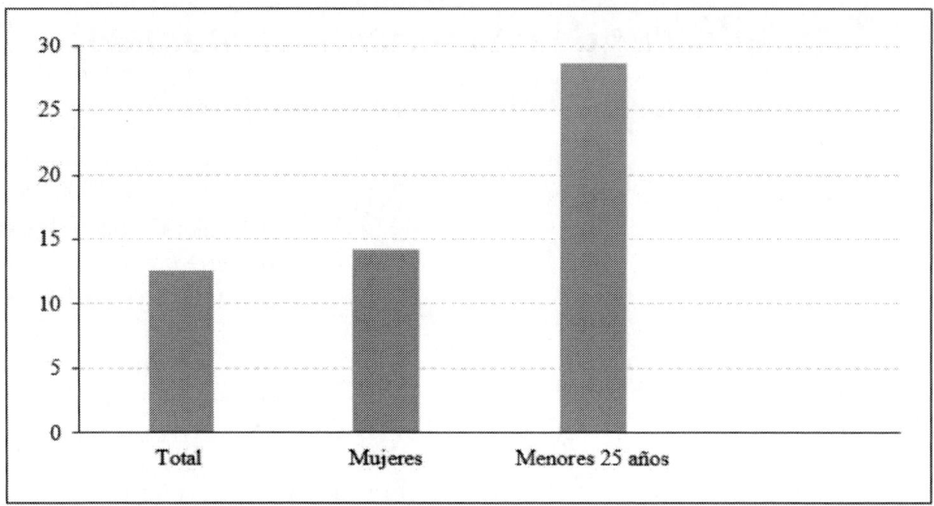

Fuente: Elaboración propia a partir de los datos del INE.

Otros datos de interés señalaban una temporalidad que en 2021 afectaba al 25% de los trabajadores del país. Por su parte, los datos de productividad aportados por el Barómetro de Adecco Outsourcing valoraban el nivel de productividad y eficiencia medio de la empresa en España en 58,78 puntos sobre 100. Esta relativamente baja productividad se ve condicionada por el tamaño de las empresas y el tipo de sectores productivos dominantes en las economías.

Independientemente de las repercusiones en un sentido estricto del mercado laboral, el funcionamiento del mercado laboral y las características de nuestra estructura productiva, impactan más allá en términos de desigualdades sociales, de riesgo de pobreza y de exclusión social, afectando a determinados grupos de población especialmente (jóvenes, mujeres, migrantes y parados de larga duración). De ahí la importancia de definir con criterio social las políticas de desarrollo y empleo. A ello debemos añadir además la urgente necesidad de sostenibilidad ecológica, tal y como veremos en el último apartado.

La dependencia de nuestra economía respecto de sectores como el turismo, la hostelería y la construcción condicionan el funcionamiento del mercado laboral y definen las características en términos de estacionalidad y la baja calidad del empleo generado.

Un ejemplo lo aportan las estadísticas de la Cuenta satélite del turismo en España (CSTE, 2019) del Instituto Nacional de Estadística (INE), indicaba que la ocupación en las ramas económicas características del turismo alcanzó los 2,72 millones de puestos de trabajo, que representa el 12,9% del empleo total de la economía. Las condiciones de trabajo, tipos de contrato, nivel de salarios, estacionalidad, débil productividad, etc. Todo ello se conecta a las características productivas estructurales del sector.

En teoría, las políticas de crecimiento, competitividad e innovación tienen como objetivo declarado promover la demanda de fuerza de trabajo, apostando por el empleo de calidad a través de la mejora de la oferta productiva, su diversificación y modernización. Desde una perspectiva dinámica y evolutiva, se trata de invertir en los nuevos yacimientos de empleo, es decir, aquellos sectores productivos con mejores perspectivas de futuro para crear empleo en el marco de los retos actuales de transformación socioeconómica a escala global (Agenda 2030). En este sentido, la reciente crisis de la COVID-19 ha supuesto la aceleración de estas tendencias, especialmente en relación con factores como el teletrabajo y la digitalización productiva o la internacionalización de mercados.

¿Qué claves nos señala el análisis económico en relación con las teorías clásicas del crecimiento? Tradicionalmente se señalan como factores determinantes del crecimiento económico:

- **La naturaleza**: sus recursos y ecosistemas: energía, materias primas, agua, suelo, aire y otros factores más o menos imprescindibles para la vida. Resulta de interés diferenciar entre su naturaleza renovable o no, dada su trascendencia en términos de la sostenibilidad del desarrollo. Por ejemplo, los combustibles fósiles son una fuente energética no renovable, mientras que la energía eólica o la solar sí lo son. Por otra parte, también solemos hacer un uso insostenible de los recursos renovables (como es el caso de los bancos de peces).
- **La fuerza de trabajo**: este factor depende de variables como la evolución demográfica, los procesos migratorios, el acceso al mercado de trabajo, el grado explotación y precariedad o el nivel formativo de la población.
- El capital, que se va acumulando a través de los procesos de inversión pública y privada. Los misterios de su acumulación abarcan desde mitos liberales como el del hombre hecho a sí mismo ("*Self-made man*") a historias más críticas de expolio y dinastías familiares.

- **El desarrollo tecnológico**: En relación con este factor nos interesa destacar como su análisis puede abarcar diferentes lecturas, desde interpretaciones más "tecno-optimistas", de fe ciega en el progreso de la tecnología, cuya evolución nos salvará de cualquier problema futuro o actual o planteamientos más críticos que se cuestionan la supuesta "neutralidad" de la inversión en tecnología y denuncian los intereses que orientan ésta (por ejemplo, en los casos de la inteligencia artificial o los algoritmos de búsqueda en internet)

El concepto de frontera de posibilidades de producción es útil para ilustrar las cantidades máximas de bienes y servicios que una sociedad es capaz de producir en un determinado periodo y a partir de unos factores de producción y conocimientos dados. A partir de este concepto podemos introducir los conceptos de producción potencial y producción efectiva de un sistema económico. La diferencia entre ambos radica según la estructura productiva esté utilizando a pleno rendimiento de sus factores o existan factores sin utilizar al máximo o en desuso. Por ejemplo, la mano de obra. De manera simplificada, que la economía funcione de uno u otro modo va a depender de las expectativas de beneficio de la clase empresarial, dada la evolución del mercado, es decir, de cómo se prevea la evolución futura de la demanda efectiva, tanto interna como externa.

Por otra parte, el crecimiento económico depende no sólo del uso de los factores, sino también de su forma de uso. Es decir, depende de la eficiencia, lo que nos conduce al concepto de productividad de los factores. La productividad del trabajo se define como la producción por trabajador (valor añadido / ocupados), mientras que la del capital se refiere al valor añadido /stock de capital. Hemos de prestar atención frente a esta variable, ya que su significado puede ser muy ambivalente. Por ejemplo, tras las recientes crisis se dio un incremento de productividad como resultado de una caída proporcionalmente más alta del número de ocupados que de la producción. Por otra parte, resulta evidente que la productividad del sector y su esencialidad para la sociedad no tienen por qué coincidir.

En relación con los factores que inciden sobre la productividad podemos señalar diversas cuestiones como los avances tecnológicos, las mejoras organizativas y de mercadotecnia, el desarrollo de conocimiento y la cualificación de los trabajadores o la capacidad de liderazgo y gerencial empresarial. La innovación requiere de todos estos factores, visión de futuro, confianza, disponibilidad de recursos (información, equipo de proyecto), búsqueda y acceso a la financiación, procesos de inversión en el tiempo

Al inicio del capítulo hemos aceptado la importancia del crecimiento económico para la creación de empleo. No obstante, la relación es más compleja y matizada. ¿Puede generarse crecimiento económico sin creación de empleo? La respuesta es afirmativa. Por ejemplo, puede incrementarse la productividad del trabajo, a causa de la automatización de la producción, e incrementarse la producción, pero no la contratación de empleados. Pero para ilustrar esta cuestión, nos interesa destacar especialmente la diferencia entre economía productiva y financiera. Un crecimiento de la economía financiera no tiene porqué trascender en términos de generación de empleo. Veamos por qué. La economía real estudia la producción, distribución y consumo de bienes físicos y servicios en el territorio, así como los factores que influyen en la misma. En cambio, la economía financiera se basa en los mercados financieros y de capitales, estudia el intercambio de distintos bienes de capital (acciones, obligaciones, preferentes, créditos, bonos, etc.) Su funcionamiento depende enormemente de las expectativas y de los procesos especulativos, siendo muy volátil tanto en sus alzas como en sus caídas. La globalización financiera ha supuesto un crecimiento exponencial del peso y relevancia de la economía financiera sobre la real.

Cuadro 5.1. Evolución de la financiarización de la economía global

Año	Activos financieros a escala mundial (en billones de €)	Activos financieros a escala mundial (en % del PIB)
1980	12	120
1990	56	263
2000	119	310
2010	219	316

Fuente: Dutta y Thomson (2018).

La expansión de los mercados financieros no solo está relacionada con el volumen de las transacciones financieras, sino también con la diversidad creciente de operaciones y actores en el mercado financiero y su interconexión con todos los ámbitos de la economía y la sociedad. En síntesis, la financiarización debe entenderse como una transformación radical del sector financiero que ha alterado economías enteras, desde los hogares y las empresas hasta el funcionamiento de los sistemas monetarios y los mercados de productos básicos. La crisis financiera de 2008 sería una muestra de ello.

2. DISEÑO DE LA POLÍTICA DE CRECIMIENTO

Las políticas de crecimiento económico actúan sobre los factores determinantes del crecimiento anteriormente identificados. El diseño de estas políticas abarca diversas líneas de actuación orientadas por objetivos diversos (Torrejón, 2002):

- **Políticas de entorno**: van dirigidas a favorecer un escenario favorable para el desarrollo de la iniciativa empresarial a través de una mejora en la dotación de infraestructuras (transporte, energía, comunicación, dotación de polígonos industriales), redes de servicios a empresas (asesoramiento, información) o la cualificación de la fuerza de trabajo. Favorecer una buena atmósfera empresarial y promover el espíritu emprendedor son claves en este discurso.
- **Sectores prioritarios**: a partir de la identificación de los sectores estratégicos (emergentes, competitivos, innovadores o con especial incidencia en la creación de empleo) se potencia la promoción de los mismos, por ejemplo, a través de programas de ayudas financieras, inversiones productivas y subvenciones a la actividad.
- **Políticas macroeconómicas expansivas**: se encuentran dirigidas a incrementar la demanda agregada y, a través de ésta, la creación de empleo. Tienen sentido desde una perspectiva keynesiana del desempleo, esto es, cuando la producción efectiva se encuentra muy alejada de la potencial (por ejemplo, en una situación de crisis o recesión, donde la mano de obra se encuentra desempleada).
- Se pueden articular a través de la política fiscal y de la política monetaria. En el primer caso, la política fiscal puede orientarse a una reducción de los impuestos (facilitando el incremento del consumo privado) o a un incremento del gasto público (potenciando la inversión y el gasto público). En el caso de la política monetaria, esta se puede orientar a través de un incremento de la oferta de dinero y de una reducción de sus tipos de interés. No obstante, desde la desaparición de la peseta y la introducción del euro (2002), el gobierno español no tiene posibilidad de ejercer la política monetaria, que es competencia exclusiva del Banco Central Europeo. También la reciente limitación al gasto público del Estado español por parte de la Unión europea afecta a esta pérdida de soberanía económica nacional.
- De otro lado, las políticas macroeconómicas expansivas nacionales presentan diversas limitaciones (Torrejón, 2020) desde el punto de

vista de su eficacia, ya que pueden generar tensiones inflacionistas, así como competir con la demanda privada por la financiación (efecto *crowding out*). Además, en un mundo crecientemente globalizado e interconectado, el impacto a escala nacional de estas políticas se ve cada vez limitado debido a la existencia de fugas hacia el exterior (en un sistema de economías abiertas) y a afectar a la credibilidad en los mercados financieros. De todo ello se deriva la importancia y creciente necesidad de coordinación desde el conjunto de la Unión Europea a la hora de abordar este tipo de actuaciones.

- **Políticas de competitividad, innovación tecnológica y empleo.** A grandes rasgos, los factores determinantes de la competitividad pueden provenir de ventajas derivadas de costes de producción inferiores (por ejemplo, mano de obra barata) o de una mayor productividad y capacidad de innovación de las empresas y sectores. Esta última vía es la denominada competitividad estructural y permite combinar la competitividad empresarial con unas mejores condiciones laborales y la calidad de vida de la población. Para ello resulta imprescindible desarrollar políticas de entorno orientadas tanto a la innovación tecnológica (de producto, de proceso, de mercado y organizativa) como a la formación del capital humano.

¿Cuál es la situación en España en materia de inversión en I+D+I? Según los últimos datos disponibles del INE (2022), el gasto en I+D interna aumentó un 1,3% en 2020 con respecto al año anterior y alcanzó los 15.768 millones de euros, el 1,41% del PIB. Poniendo estas cifras en contexto, podemos señalar que después de recuperar en 2018 los niveles previos a la crisis económica, la inversión española en conocimiento alcanza en 2019 su máximo histórico, superando por primera vez los 15.000 millones de euros. A pesar de las apariencias, estos datos no son ni mucho menos favorables.

En primer lugar, debemos considerar el esfuerzo inversor no en términos absolutos, sino en relación con el PIB del país. Tal y como refleja el siguiente cuadro, si consideramos estos valores relativos observamos que hasta el año 2020 la inversión no se recuperó respecto de los valores previos a la crisis financiera de 2008. Por otra parte, los valores de 2020 (1,41%) se encuentran muy alejados del reto establecido por el Plan Estatal de Investigación Científica, Técnica y de Innovación 2017-2020, que establecía alcanzar un 2% para ese año.

Cuadro 5.2. Evolución de la inversión en I+D+I (% de gasto respecto del PIB)

AÑO	2009	2010	2011	2012	2013	2014	2015	2016	2017	2018	2019	2020
Unión Europea–27	1,97	1,97	2,02	2,08	2,10	2,11	2,12	2,12	2,15	2,19	2,23	2,31
Bélgica	2,00	2,06	2,17	2,28	2,33	2,37	2,43	2,52	2,67	2,86	3,16	3,38
República Checa	1,29	1,33	1,54	1,77	1,88	1,96	1,92	1,67	1,77	1,90	1,93	1,99
Dinamarca	3,06	2,92	2,94	2,98	2,97	2,91	3,06	3,09	2,93	2,97	2,93	2,96
Alemania	2,74	2,73	2,81	2,88	2,84	2,88	2,93	2,94	3,05	3,11	3,17	3,13
Irlanda	1,61	1,59	1,55	1,56	1,57	1,52	1,18	1,18	1,25	1,17	1,23	1,08
Grecia	0,63	0,6	0,68	0,71	0,81	0,84	0,97	1,01	1,15	1,21	1,28	1,51
España	1,36	1,36	1,33	1,30	1,28	1,24	1,22	1,19	1,21	1,24	1,25	1,41
Francia	2,21	2,18	2,19	2,23	2,24	2,23	2,23	2,22	2,2	2,2	2,19	2,3
Italia	1,22	1,22	1,20	1,26	1,30	1,34	1,34	1,37	1,37	1,42	1,46	1,51
Holanda	1,67	1,70	1,88	1,92	2,16	2,17	2,15	2,15	2,18	2,14	2,18	2,31
Austria	2,6	2,73	2,67	2,91	2,95	3,08	3,05	3,12	3,06	3,09	3,13	3,22
Polonia	0,66	0,72	0,75	0,88	0,88	0,94	1,00	0,96	1,03	1,21	1,32	1,39
Portugal	1,58	1,54	1,46	1,38	1,32	1,29	1,24	1,28	1,32	1,35	1,40	1,62
Eslovenia	1,81	2,05	2,41	2,56	2,56	2,37	2,20	2,01	1,87	1,95	2,05	2,15
Finlandia	3,73	3,71	3,62	3,40	3,27	3,15	2,87	2,72	2,73	2,76	2,80	2,91
Suecia	3,40	3,17	3,19	3,23	3,26	3,10	3,22	3,25	3,36	3,32	3,39	3,49
Noruega	1,72	1,65	1,63	1,62	1,65	1,72	1,94	2,04	2,10	2,05	2,16	2,28

Fuente: Eurostat (2022).

Por otra parte, si analizamos el cuadro anterior observamos que la inversión en I+D+I de España se encuentra muy alejada de los valores medios del conjunto de la UE-27 así como con los principales países de nuestro entorno como Francia.

Brevemente, señalaremos otros datos de interés aportados por el informe de la Fundación COTEC (2019) a partir de las fuentes estadísticas de Eurostat y del INE:

- La inversión en I+D por habitante en España es de 332 euros anuales, frente a los 683 de media en la UE-28.
- El sector público no ha recuperado los niveles de empleo previos a la crisis de 2008: sus centros de investigación y universidades cuenta con 4.900 efectivos menos que en 2010.
- La inversión en I+D+I del sector privado se concentra en menos empresas. A pesar de que el nivel de inversión privada en I+D ha alcanzado un máximo histórico en España, el número de empresas que realizan actividades de I+D es muy inferior al que había antes de la crisis económica, lo que supone una mayor concentración de la oferta de mercado en las grandes empresas frente a las PYMES.
- En términos de género, se observa paridad en el empleo en actividades de I+D en el sector público (49% mujeres, frente a 51% hombres), mientras que en el sector privado la presencia de los hombres está claramente sobrerrepresentada (32% mujeres, frente a 68% hombres). Estos porcentajes no se han visto alterados de manera significativa a lo largo de la última década.

Los datos aportados no permiten diagnósticos muy favorables: un ecosistema de innovación y conocimiento en condiciones laborales muy precarias (Ley del Becario de Investigación) y de financiación más bien escasa. Unas bases estructurales no muy sólidas frente a los retos de futuro planteados.

3. EJECUCIÓN DE LAS POLÍTICAS Y RESULTADOS

Para ilustrar la ejecución formal de una política de I+D+I vamos a tomar como referencia las estrategias de especialización inteligente RIS3 (*Research and Innovation Smart Specialisation Strategy*). Este ejemplo nos resulta útil para analizar los objetivos, instrumentos e impactos de una política de crecimiento, así como destacar algunas de las características principales de su puesta en marcha.

La Estrategia de Especialización Inteligente en Investigación e Innovación es un término que se refiere a la focalización productiva/empresarial de una región europea en ámbitos potencialmente competitivos y generadores de desarrollo en un mercado globalizado.

La RIS·3 tiene su origen en la estrategia Europa 2020 de la Unión Europea. Como veremos más adelante en detalle, esta estrategia tiene como objetivo mejorar las debilidades estructurales de la economía europea a través de tres prioridades que se refuerzan mutuamente:

- El crecimiento inteligente, basado en la economía del conocimiento, la creatividad y la innovación.
- El crecimiento sostenible, promoviendo una economía más eficiente en el uso de recursos, más verde y competitiva.
- El crecimiento inclusivo socialmente, fomentando una economía generadora de empleo que promueva la cohesión económica, social y territorial.

De este modo, el concepto de especialización inteligente es promovido por la Unión Europea para ser desarrollado por las políticas regionales en coordinación con los Estados. Este concepto se integra además con toda una serie de políticas sectoriales fundamentales como son las de investigación e innovación, crecimiento económico, sociedad de la información o energía y transporte. Observamos así la necesidad de una doble coordinación institucional para la puesta en marcha de estas políticas. La primera es una integración multinivel entre los diferentes niveles territoriales de gobierno, desde la UE a las diferentes regiones, pasando por los Estados. La segunda es una integración transversal entre las diferentes políticas sectoriales implicadas con el objeto de maximizar su coherencia y generar sinergias favorables entre ellas.

Otra característica de interés de las políticas de especialización inteligente es su naturaleza de condición previa (condicionalidad ex-ante) para acceder a los Fondos Estructurales y de Inversión Europeos. Ello implica que cada Estado miembro y cada región europea deben disponer de una estrategia de especialización bien diseñada en detalle antes de poder recibir los recursos europeos para sus medidas de promoción de la innovación.

En el caso de España, la Administración General del Estado ha reflejado estas premisas en la actual Estrategia Española de Ciencia y Tecnología y de la Innovación, 2021-2027, el documento de especialización inteligente de referencia a escala estatal. La estrategia promueve la máxima coordinación entre la planificación y programación europea, estatal y autonómica. Las líneas estratégicas nacionales se enmarcan en los grupos temáticos definidos por la estrategia de la Unión Europea:

- Salud.
- Cultura, creatividad y sociedad inclusiva.
- Seguridad para la sociedad.
- Mundo digital, industria, espacio y defensa.
- Clima, energía y movilidad.
- Alimentación, bioeconomía, recursos naturales y medio ambiente.

A partir de un sólido sistema de generación de conocimiento, el objetivo es potenciar la innovación y el dinamismo del tejido productivo español. Se busca así incrementar la competitividad de nuestra economía y, con ello, la generación de empleo de calidad, el Estado del Bienestar y la calidad de vida de las generaciones futuras.

En la Comunidad Valenciana, la Generalitat ha contado, a través de un proceso de participación pública, con la participación de diferentes agentes económicos y sociales en el diseño de su propia RIS3-Comunitat Valenciana. Este proceso de participación puede ser caracterizado como limitado y formal, sujeto a la lógica tecno-administrativa del proceso de configuración del documento. Más adelante profundizaremos en esta cuestión. De momento, podemos señalar cómo este plan estratégico regional para el desarrollo se caracteriza por:

- Concentrar el apoyo político y las inversiones regionales en prioridades clave, retos y necesidades para el desarrollo basado en el conocimiento.
- Construir sobre los puntos fuertes de cada región ventajas competitivas y potencial para la excelencia.
- Apoyar tanto la innovación tecnológica como la innovación centrada en la práctica, y señalar como objetivo el estímulo de la inversión privada.
- Involucrar completamente a todos los grupos de interés y estimular la innovación y la experimentación.

- Estar basada en la evidencia, e incluir sistemas robustos de seguimiento y evaluación.

El siguiente cuadro sintetiza el diagnóstico estratégico elaborado por la RIS3-CV a partir del cual se definen las líneas estratégicas y los programas y proyectos que desarrollan las mismas.

Cuadro 5.3. Debilidades, Amenazas, Fortalezas y Oportunidades del modelo económico de la Comunidad Valenciana

DEBILIDADES	AMENAZAS
Especialización productiva poco intensiva en productos sofisticados y de alto contenido tecnológico	Estancamiento de la mejora del PIB per cápita regional, impulsor de la especialización inteligente
Problemas de productividad en niveles y ritmos de mejora: pérdida de competitividad exterior	Sistema de financiación autonómica que no permite estimular la economía del conocimiento
Industria intensiva en mano de obra y nivel tecnológico medio y bajo: desindustrialización	Restricciones de crédito y liquidez en empresas e instituciones que no permiten financiar la I+D+I
Fuerte sensibilidad al ciclo económico (consumo, turismo, construcción...): consecuencias sobre el paro	Economía expuesta al ciclo y a la competencia de países emergentes con rápidos avances de productividad
Turismo: alta dependencia del turismo nacional y gasto medio reducido	Dificultad creciente para competir en actividades basadas en la ventaja en costes: riesgo de deslocalización
Escasez de empresas de grandes dimensiones. Consecuencias: débil acceso a los mercados globales, exportación, innovación, financiación.	Aparición de nuevos destinos internacionales turísticos de bajo coste
Bajo aprovechamiento del capital humano, elevada sobre cualificación y bajo nivel de gasto en I+D+I	Perspectivas de crecimiento débil de las actividades tradicionales por su escaso contenido tecnológico
Bajo nivel de gasto en I+D+I en comparación con las regiones más avanzadas	Limitación de la expansión productiva y comercial de las empresas por su escaso tamaño y baja cooperación
Insuficientes vocaciones empresariales con formación científico-técnica	Fuerte emigración del capital humano de excelencia: fuga de cerebros y escaso nivel de retornos

Dificultades en el acceso a los nuevos mercados: pérdida de cuota dentro y fuera de España	Problemas de reciclaje de mano de obra no cualificada procedente de ramas en declive: construcción, etc.
Bajas dotaciones de capital productivo por trabajador: exceso de inversión residencial	Dificultad para atraer inversión extranjera (competencia creciente)
Baja dotación de infraestructuras logísticas por habitante y PIB: Corredor Mediterráneo	Difícil absorción del exceso de capacidad instalada: naves, oficinas, plantas, fábricas, infraestructuras, logística...
Fuerte endeudamiento del sector público valenciano: poco crédito al sector privado y problemas de liquidez	Consumo energético excesivo, sobreexplotación del territorio, incendios, erosión, emisiones, biodiversidad...
Fuerte crecimiento de las emisiones de Gases de Efecto Invernadero: dependencia del petróleo y bajo uso de energías renovables	

FORTALEZAS	OPORTUNIDADES
Fuerte dinamismo económico 1995-2008: en particular en servicios de mercado. Tradición de adaptación al cambio	Grandes áreas urbanas a escala europea: Valencia-Castellón y Alicante-Elche (Servicios avanzados, *smart cities*)
Gran tradición industrial: tejido industrial valenciano consolidado, clústeres	Industria y servicios intensivos en conocimiento como nuevos motores de la economía: aprovechamiento de la capacidad existente. Profundización de la relación Universidad/empresa/centros de I+D+I
Sector turístico potente: calidad y diversidad de productos turísticos	Incorporación de nuevas tecnologías en sectores maduros y fuertes: I+D+I bajo contrato.
Fuerte dinamismo empresarial con experiencia en mercados exteriores (diversificación)	Aprovechamiento de nuevas tecnologías horizontales por concentración de actividad en distritos industriales
Existencia de una base de empresas en sectores de alta y media-alta tecnología	Potencial de crecimiento del turismo nacional e internacional: AVE, aeropuertos y conexiones marítimas
Crecimiento del nivel de estudios de los emprendedores: elevada formación de los mandos directivos	Corredor Mediterráneo: Comunidad Valenciana centro logístico

Existencia de empresas muy productivas en la práctica totalidad de los sectores.	Estructuración de la oferta conjunta de institutos y centros tecnológicos, parques científicos y empresariales orientados a la industria y al terciario avanzado
Amplia red de centros de I+D+I: institutos tecnológicos, centros de investigación y parques científicos	Incorporación de I+D+I y capital humano al tejido empresarial: mejoras de productividad
Abundante oferta de capital humano	Impulso de la gran empresa (Ford, Mercadona...) sobre la dimensión, profesionalidad y capacidades comerciales y exportadoras de la PYME valenciana
Presencia de instituciones de enseñanza superior con creciente sensibilidad por el impacto de su actividad docente, investigadora y dinamizadora del territorio	Campus de excelencia internacional: proyección del sistema universitario, atracción de talento y orientación de mercado
Territorio vertebrado por dos ejes logísticos: norte-sur (A7 y Euromed) e interior-costa (A3 y AVE)	Medio ambiente: factor clave para la generación de nuevas actividades de alto valor añadido
Capacidad logística intermodal: carretera, ferrocarril, marítimo y aeroportuario	Tecnologías con potencial de desarrollo industrial en agroalimentación, energía (renovables) y agua, hábitat, indumentaria, logística, domótica, salud y calidad de vida
Existencia de políticas regionales para la sostenibilidad medioambiental: suelo, agua, energía y biodiversidad	Atracción de inversión extranjera hacia sectores estratégicos

Fuente: RIS3-CV (2022).

A partir del anterior diagnóstico estratégico, las actuaciones se articulan en tres ejes de actuación prioritarios y siete áreas clave de especialización tecnológica. El siguiente esquema sintetiza los contenidos de actuación.

Esquema 5.1. Matriz de prioridades de las RIS3 de la Comunidad Valenciana

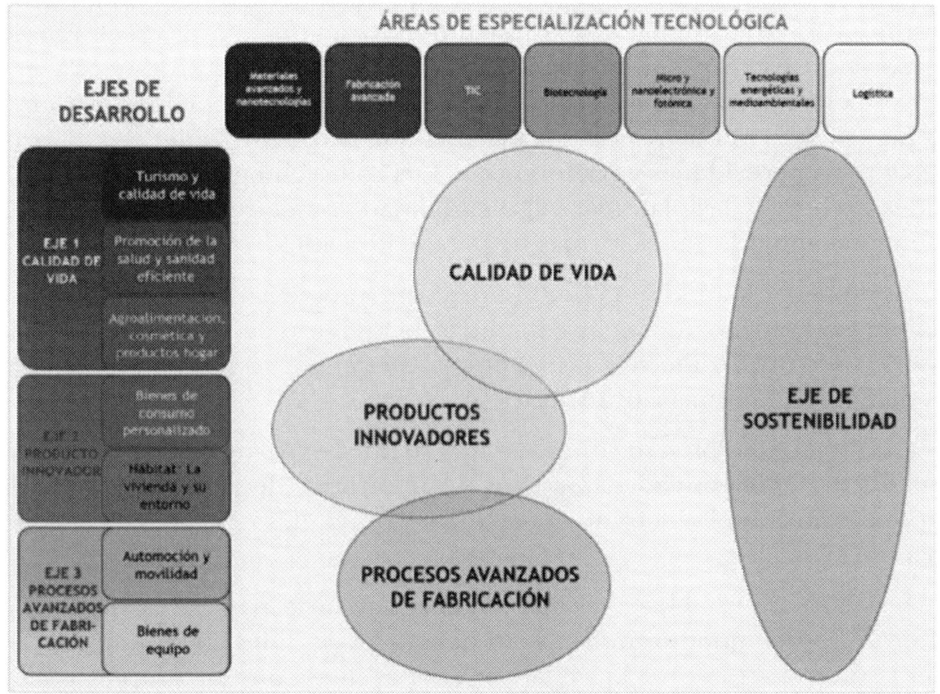

Fuente: RIS3-CV (2022).

Entre los tres principales ejes de desarrollo se encuentran:

1. Eje calidad de vida, integrada por acciones en materia de excelencia turística, promoción de la salud y sanidad eficiente y agroalimentación.
2. Eje producto innovador, formado por bienes de consumo personalizado y vivienda.
3. Eje procesos avanzados, que comprende la industria del automóvil, la movilidad sostenible y los bienes de equipo.

Todos estos ejes potencian siete áreas clave de especialización tecnológica para el tejido productivo valenciano: nanotecnologías, nuevas tecnologías de la información y la comunicación (NTIC), biotecnología, microelectrónica, tecnologías energéticas y logística.

Para acoplarse a las prioridades RIS3-CV, la Generalitat propone un Plan de Ejecución con medidas agrupadas en programas y políticas más específicos. Entre las políticas podemos destacar tres prioridades. La primera es una política sectorial de **Calidad de Vida**, que incluye los programas de actuación en alimentación mediterránea de calidad; sanidad y vida activa; destinos turísticos inteligentes. En segundo lugar, una política sectorial de **Nueva industria Sostenible** integrada por programas de productos y entornos personalizados, fabricación avanzada y nuevos sistemas industriales. La personalización de productos **permite que los clientes adecuen un producto a sus necesidades y preferencias**. Los complementos, las funcionalidades exclusivas, las plantillas y la flexibilidad con el diseño del producto cuentan como diferentes formas de personalización.

Además, se establece una política de corte transversal, la de **Gestión Sostenible del Entorno** que incluye medidas de fomento de la investigación en diversos sectores como son las tecnologías energéticas, las ambientales o las de gestión logística y transporte.

Por último, también se considera una política experimental y abierta de **Viveros de Oportunidades**, espacios y laboratorios de acción de carácter exploratorio con el objeto de detectar oportunidades temáticas o tecnológicas de actuación.

A la hora de establecer el marco presupuestario para la ejecución de RIS3-CV, el documento únicamente detalla las partidas correspondientes con la intervención directa de la Generalitat mediante sus propios recursos. A estos debería añadirse los potencialmente provenientes de los diferentes niveles de la Administración pública a través de los programas operativos regionales. Por ejemplo, los de la Administración General del Estado (Crecimiento Inteligente e Iniciativa PYME) y los de la Unión Europea (programas Horizonte 2020, Interreg)

Destacan especialmente los Programas Operativos de la política regional comunitaria gestionados por los Fondos Europeos de Inversiones y del Programa Marco *Horizonte 2020*, cuyos recursos suponen importantísimas cantidades adicionales. El acceso a estos fondos competitivos resulta todo un reto para los diferentes niveles territoriales de la administración pública. Cuestiones como las capacidades de gestión, acceso a las convocatorias, sistema de incentivos, carga de trabajo diarias son fundamentales para acometer este reto, siendo necesario tanto recursos como la máxima voluntad y liderazgo político para impulsar una actuación coordinada e integral del sistema público.

La distribución prevista del marco presupuestario por líneas estratégicas se recoge en el siguiente cuadro:

Cuadro 5.4. Distribución presupuestaria de la RIS 3 en la Comunidad Valenciana

Política	Programa	Total en miles de € (2014-20)	% (2014-20)
Calidad de Vida	Sin programa específico	69.042	4,26
	Alimentación Mediterránea	78.392	4,84
	Sanidad Inteligente	205.291	12,68
	Destinos Turísticos	26.296	1,62
Total Calidad de Vida		*379.021*	*23,41*
Nueva Industria Sostenible	Productos y entornos	101.066	6,24
	Fabricación avanzada	591.286	36,52
Total Nueva Industria Sostenible		*692.352*	*42,76*
Gestión Sostenible del Entorno		65.689	4,06
Viveros de Oportunidades		482.031	29,77
Total		**1.619.092**	**100**

Fuente: RIS3-CV (2022).

Vamos a considerar los presupuestos de la Generalitat Valenciana de 2022 para analizar desde una perspectiva más amplia los valores del cuadro anterior. De un presupuesto total de 27.800 millones de euros, la Conselleria de Innovación, Universidades, Ciencia y Sociedad Digital dispone de 1.255,7 millones de euros. Esto supone apenas un 4,4% del total. Un presupuesto de dimensiones muy modestas para el reto de transformación productiva a acometer.

De los comentarios anteriores podemos reseñar el carácter eminentemente técnico del documento y administrativo del proceso. Nuestra propia experiencia como investigadores en estos procesos de planificación participativa con la Administración nos hace señalar una serie de dificultades cuando se trata de combinar en tiempo real los procesos administrativos y los participativos. La participación en los procesos estratégicos no es sencilla, requiere dedicación en tiempo y recursos. Otra cosa es que se trate de una pura formalidad técnica, entonces resulta más sencillo. Pero si queremos que tenga pleno sentido debe dedicarse tiempo, recursos y atención al proceso. Resulta imprescindible el apoyo al máximo nivel institucional si queremos evitar la departamentalización y el reduccionismo de la acción política. Es necesario flexibilizar la lógica de gestión administrativa de los procesos técnicos y formales frente a una realidad en evolución y conflicto constante (ahí tenemos al cambio climático para recordárnoslo). La actualización y modernización de la Administración pública resulta todo un reto, dadas sus dinámicas internas de funcionamiento: la sobrecarga de trabajo, la excesiva burocracia o la lentitud en la gestión de los procesos. También es preciso favorecer el diálogo entre lo técnico-administrativo y lo social, integrando lenguajes y lógicas diversas (vecinales, científico-técnicas, políticas, administrativas, activistas, etc) para avanzar en el debate democrático y los procesos de toma de decisiones a través de una participación ciudadana amplia. La metodología de los presupuestos participativos aporta experiencias de interés en este sentido.

De otro lado, para el desarrollo de una estrategia de este tipo se requiere de la coordinación entre los diferentes niveles territoriales de gobierno, generando marcos de competencias, inversión y financiación coherentes para la transformación estructural de las regiones españolas. Las debilidades que en términos de inversión y acceso a la financiación presenta la ciencia y la investigación no favorecen precisamente las dinámicas de innovación. El impacto de las políticas de austeridad y recortes, la escasa prioridad política concedida tradicionalmente a la ciencia y la innovación, la vía especulativa del "milagro económico español", también conocido como la cultura del pelotazo, desde una perspectiva más amplia la precariedad laboral del sector o la infrafinanciación regional son algunas cuestiones posibles para un debate.

4. MÁS ALLÁ DE LOS LÍMITES DEL CRECIMIENTO

¿Se puede crecer hasta el infinito? Si paramos de consumir, ¿se cae el sistema? ¿Es posible parar el capitalismo? ¿Es el metaverso una solución a los límites de la realidad física? Hablamos de políticas de crecimiento, así que para finalizar este capítulo abordaremos una aproximación más crítica y radical con la idea de un crecimiento sin límites y las políticas más o menos ortodoxas que en esta materia hemos venido estudiando. Se trata de un análisis con una dilatada trayectoria histórica, tradicionalmente alejado del discurso oficial pero cuya trascendencia ha venido ganando fuerza en las últimas décadas, especialmente a partir de la actual crisis climática (Bordera, Turiel, 2022).

Desde hace ya medio siglo, han surgido diferentes informes internacionales críticos con la insostenibilidad del modelo de desarrollo dominante. Vamos a destacar tres: el Informe Meadows (1972), el Informe Brundtland (1984) y el Informe del Panel Intergubernamental del Cambio Climático (2022).

El Informe Meadows, también conocido como "Los Límites del Crecimiento", es un informe encargado por el Club de Roma en 1972, poco antes de la primera crisis del petróleo. La autora principal del informe, coordinadora de un equipo formado por 17 especialistas, fue Donella Meadows, biofísica y científica ambiental, especializada en dinámica de sistemas.

El informe se basaba en una simulación informática que permitía proyectar diversos escenarios de futuro probables y posibles. La principal conclusión del informe señalaba que de mantenerse el incremento de la población mundial, la industrialización, la contaminación, la producción de alimentos y la explotación de los recursos naturales, para el año 2072 se habrían alcanzado los límites absolutos de crecimiento en la Tierra durante los próximos cien años (Zapiain, 2022).

La tesis principal del Informe era que, *«en un planeta limitado, las dinámicas de crecimiento exponencial (población y producto per cápita) no son sostenibles»*. El planeta presenta unos límites concretos al crecimiento global, como son los recursos naturales no renovables, como los combustibles fósiles; la tierra cultivable finita; o la misma capacidad de los ecosistemas para absorber la contaminación.

Quince años más tarde, el Informe Brundtland "Nuestro Futuro Común" (1987) volvía a reincidir en las mismas conclusiones. Se trata de un informe publicado para las Naciones Unidas, que enfrentaba y contrastaba la postura del desarrollo económico con la sostenibilidad ambiental. Liderado por la ex primera ministra noruega Gro Harlem Brundtland, el documento tenía el objetivo de analizar críticamente e identificar alternativas para las políticas de crecimiento económico globalizador. Nuestro Futuro Común (*Our Common Future*, en inglés). En este informe, se utilizó por primera vez el término desarrollo sostenible, definido como aquel que satisface las necesidades del presente sin comprometer las necesidades de las futuras generaciones. Implica un cambio muy importante en cuanto a la idea de sustentabilidad, principalmente ecológica, y a un marco que da también énfasis al contexto económico y social del desarrollo. El informe es una constante crítica al modelo económico internacional, al estilo de vida consumista y el predominio de la lógica de mercado (oferta y demanda). No obstante, también pecaba de ambigüedad conceptual (Bermejo, 2022) e indefinición por ejemplo en relación con cuestiones como las necesidades a cubrir o la equidad dentro de la misma generación.

En tercer lugar, debemos señalar los distintos informes realizados por el Panel Intergubernamental del Cambio Climático (IPCC) de Naciones Unidas. Este es el grupo científico reunido por las Naciones Unidas para monitorear y evaluar toda la ciencia global relacionada con el cambio climático. Cada informe del IPCC se centra en diferentes aspectos del cambio climático como sus impactos, nuestras posibilidades de adaptación y vulnerabilidad al mismo como sociedades humanas.

El sexto informe del IPCC muestra que las emisiones de gases de efecto invernadero siguen aumentando y los planes actuales para abordar el cambio climático no son lo suficientemente ambiciosos para limitar el calentamiento a 1,5 °C por encima de los niveles preindustriales, un umbral que los científicos consideran necesario para evitar impactos aún más catastróficos.

Particularmente preocupante es que estas emisiones no se distribuyen de manera uniforme: los países más ricos son responsables de una cantidad desproporcionadamente mayor de emisiones que los países en desarrollo, a pesar de que los países en desarrollo están sintiendo impactos climáticos más severos.

Para nuestra desgracia, las previsiones del Informe Meadows (1972) están viéndose cumplidas. Su modelo matemático pronosticó en 1972 que se produciría un declive del modelo social y económico a partir del 2020. Las contradicciones del sistema de producción y consumo se están haciendo evidentes en la destrucción de los ecosistemas, la pérdida de biodiversidad, la crisis energética y las guerras y crisis humanitarias asociadas a las mismas.

Cada vez se hace más evidente la contradicción intrínseca que presenta el sistema capitalista, en tanto que modelo que requiere de un crecimiento infinito en un mundo finito y de recursos limitados. En una escala ya planetaria, la lógica de extracción y acumulación ilimitada del sistema capitalista resulta a todas luces insostenible.

La actual crisis ecológica y social reclama replantearse de raíz los valores dominantes en nuestra sociedad (antropocentrismo, individualismo, egoísmo, consumismo materialista, crematística) y la necesidad urgente de alternativas (como la cooperación, la solidaridad, el ecologismo y el feminismo). Es imprescindible replantear nuestros actuales estilos de vida; nuestras formas de producir, consumir y trabajar; el tipo de necesidades a las que damos cobertura y prioridad y la necesidad de redistribución de la riqueza frente a las crecientes desigualdades sociales y las dinámicas de exclusión social a las que nos enfrentamos como sociedad global.

BIBLIOGRAFÍA

Alós, R. (2018). El empleo en España, espejo de su estructura productiva. En F. Miguélez (coord.) *La revolución digital en España. Impacto y Retos sobre el Mercado de Trabajo y el Bienestar.* Bellaterra: Universitat Autònoma de Barcelona. Disponible en: https://ddd.uab.cat/record/190319

Bermejo, R. (2000). *Del desarrollo sostenible según Brudtland a la biomímesis.* Disponible en: https://www.upv.es/contenidos/CAMUNISO/info/U0686956.pdf

Bordera, J. y Turiel A. (2021). *El otoño de la civilización.* Escritos Contextatarios.

Dutta, S. J y Thomson, F. (2018). *Financierización Guía Básica: FUHEM Ecosocial.* ATTAC España & TNI. Disponible en: https://attac.es/que-es-la-financierizacion-y-porque-es-importante/

Fundación COTEC (2019). *Informe de Evolución de la I+D en España (2019).* Disponible en: https://cotec.es/observacion/evolucion-de-la-i-d-2019/169d9768-f54d-821f-7c172bae4afff56e#:~:text=La%20inversi%C3%B3n%20en%20I%2BD%20de%20Espa%C3%B1a%20se%20situ%C3%B3%20en,2019%20se%20hab%C3%ADan%20perdido%2014.

Generalitat Valenciana (2022). *Estrategia de Especialización Inteligente (RIS3) de la Comunitat Valenciana.* Disponible en: https://ris3cv.gva.es/es/

Generalitat Valenciana (2022). *Análisis de los Presupuestos de 2022.* Disponible en: https://hisenda.gva.es/auto/presupuestos/2022/T6/EUR/PUNTO3.pdf\

INEBase (2022). *Estadísticas.* Disponibles en: https://www.ine.es/dyngs/INEbase/listaoperaciones.htm

Naciones Unidas (2022). *Agenda 2030.* Disponible en: https://www.un.org/sustainabledevelopment/es/development-agenda/

Ministerio de Derechos Sociales y Agenda 2030, Gobierno de España (2022): https://www.mdsocialesa2030.gob.es/agenda2030/index.htm

Torrejón Velárdez, M. (2020). *Análisis Económico de las Políticas Sociolaborales.* Valencia: REPROEXPRES.

Zapiain, M. (2002). *Comentarios al Informe Meadows.* Disponible en: http://habitat.aq.upm.es/gi/mve/daee/tmzapiain.pdf

Palabras clave

Innovación
Inversión
Financiación
Financiarización
Competitividad
Productividad
Sostenibilidad
Precariedad
Temporalidad
Decrecimiento
Gobernanza
Globalización
Especulación

Capítulo 6

Políticas de seguridad social: Pensiones

CARLOS OCHANDO CLARAMUNT
Departamento de Economía Aplicada
-Política Económica-
Universidad de Valencia

El sistema público de pensiones es el pilar más importante del Estado de bienestar. Por lo menos, el pilar básico con más recursos presupuestarios. Sin embargo, casi desde su nacimiento, ha estado sometido a permanente debate y discusión. Una de las razones de este hecho es que el sistema público debe adaptarse a los continuos cambios demográficos, económicos y sociales que se producen en cualquier sociedad moderna. Pero ¿qué tipo de adaptabilidad?, ¿qué flexibilidad necesitamos? y, en definitiva, ¿qué tipo de reformas son necesarias para afrontar esos cambios y retos? Algunos de estos retos derivan de una envidiable realidad alcanzada por las sociedades desarrolladas: las personas viven más años y con mayor calidad de vida. En definitiva, la buena noticia es que las personas que alcanzan la edad de jubilación van a tener una esperanza de vida mayor y más saludable. En realidad, la longevidad es todo un éxito del progreso económico y social.

Sin duda, la sostenibilidad ha sido el argumento más recurrido para fundamentar las reformas de los sistemas públicos de pensiones. Se argumenta que las tendencias económicas y demográficas parecen someter a los sistemas públicos a un estrés financiero difícilmente solucionable (si no se acometen las reformas pertinentes). La tendencia futura será, pues, a un fuerte incremento del gasto público social, no sólo en las prestaciones monetarias como las pensiones, sino también en el gasto sanitario y de la dependencia. A partir del momento presente, los factores estructurales adquirirán mayor peso que los de carácter coyuntural debido a las presiones demográficas que tensionarán financieramente los sistemas de pensiones en la mayoría de los países desarrollados y, con especial intensidad, en el sistema español. La razón es la jubilación inminente de los llamados *"baby boomers"*.

Sin embrago, y a pesar de todos estos fenómenos que juegan en contra de la sostenibilidad, creemos que hay que afrontar el incremento del gasto público resultado del envejecimiento de la población no desde la perspectiva de crisis y enfrentamiento intergeneracional o de un mero desequilibrio financiero insostenible, sino como un desafío del progreso social que hemos alcanzado como sociedades desarrolladas.

1. VISIÓN DE CONJUNTO DEL ESTADO DE BIENESTAR

La mayoría de los estudiosos del tema defienden que el Estado de bienestar es una realidad política e institucional que se construye después de la II Guerra Mundial. Sin duda el Informe Beveridge de 1942 sirvió de fundamento teórico para diseñar un tipo de intervención estatal más intensa (en relación con el llamado Estado liberal), tanto en los problemas económicos como en las necesidades sociales. En definitiva, a partir de ese momento de inflexión histórico, el Estado de bienestar interviene en la economía con un conjunto de herramientas como la prestación de servicios públicos, la reglamentación y el pago de transferencias monetarias que son ejercidos por el poder público para aumentar el bienestar de la colectividad y para modificar la distribución de ese bienestar. De la caridad del Estado liberal se pasa a los derechos sociales de ciudadanía que representa el Estado de bienestar.

La configuración político-institucional que denominamos Estado de bienestar se refiere, pues, a aquel conjunto de decisiones y acciones llevadas a cabo por un Estado, tomadas con el fin de satisfacer las necesidades de la población a través de la redistribución de la renta y la riqueza y la inversión del gasto público en la mejora de los aspectos sociales y económicos de la sociedad. En esta misma línea argumentativa Muñoz de Bustillo (1989, p.25) define el Estado de bienestar como *"aquel conjunto de actuaciones públicas tendentes a garantizar a todo ciudadano de una nación, por el hecho de serlo, el acceso a un mínimo de servicios que garanticen su supervivencia (entendida en términos sociales y no estrictamente biológicos)"*.

Podríamos resumir que el Estado de bienestar es el modelo institucional que más lejos ha llegado en el proceso de "*desmercantilización*" de las vidas de los ciudadanos. La "*desmercantilización*" se refiere al proceso o política que busca reducir la influencia o el alcance del mercado en ciertas áreas de la vida o de la sociedad. Implica la disminución de la lógica comercial o del intercambio basado en el valor monetario en favor de otros valores o principios, como la solidaridad, la equidad o el bienestar social.

Partiendo de estas definiciones podríamos decir que el Estado de bienestar tiene dos pilares básicos: la Seguridad Social (transferencias monetarias) y la prestación de servicios públicos en especie (educación, sanidad, servicios sociales, vivienda, etc.).

También existe un consenso entre los estudiosos en sintetizar los objetivos principales que persigue el Estado de bienestar en los tres siguientes:

- la seguridad económica,
- la mayor igualdad en la distribución de la renta o reducir la desigualdad económico-social y
- la eliminación o reducción de la pobreza (integración social de los excluidos).

A partir de esta estructura general, cada país ha transitado por regímenes o modelos muy diferentes en función de sus tradiciones sociales, políticas, históricas e institucionales. Una primera tipología de regímenes distingue entre el "*modelo residual*" y el "*modelo institucional*" (Cuadro 6.1).

Los países que adoptan un régimen del bienestar "*residual o marginal*" -que correspondería a los países anglosajones de mayor tradición política liberal- basan la satisfacción de las necesidades en el mercado y la familia. En este modelo el Estado juega un papel mínimo y subsidiario en la satisfacción de las necesidades. Las instituciones públicas de bienestar intervienen cuando los mecanismos "naturales" o tradicionales de satisfacción de las necesidades o las estructuras "normales" de oferta de bienestar (es decir, la familia y el mercado, básicamente) fallan o son insuficientes. Además, la forma de intervención estatal se realiza mediante la garantía de un nivel de subsistencia mínimo en la prestación de determinados servicios. Se caracteriza, por tanto, por bajos niveles de protección social (principalmente asistencial), bajos niveles de gasto público social, bajos niveles de "*desmercantilización*" y predominio de las transferencias monetarias. Las ayudas sociales públicas se dirigen a la población en edad de trabajar y van condicionadas a la empleabilidad. También estaría caracterizado por programas de asistencia social "*means tested*". Este tipo de programas de ayudas o beneficios se otorgan en función de los recursos económicos de una persona o familia. En este tipo de programas, se evalúa el nivel de ingresos y activos de los solicitantes para determinar su elegibilidad y la cantidad de ayuda que recibirán. La asistencia se brinda, principalmente, a aquellos cuyos ingresos y recursos caen por debajo de ciertos umbrales establecidos por el programa.

Los efectos de esta política social suelen ser una elevada desigualdad y una progresiva polarización social. No obstante, consiguen una cierta reducción de la pobreza debido a las prestaciones basadas en la comprobación de medios económicos de los perceptores ("*means test*"). Por otro lado, el mercado de trabajo se caracteriza por ser muy flexible, una tasa sindical media o baja (sindicatos débiles), una negociación colectiva fragmentada, una escasa regulación del mercado de trabajo y alta dispersión salarial.

En el extremo opuesto de esta tipología, el "*modelo institucional*" (correspondiente a los países escandinavos) se caracteriza por la provisión de bienes públicos o beneficios para todos los ciudadanos. Es decir, por la institucionalización de unos programas de bienestar que reconocen el derecho a un mínimo de seguridad y bienestar social a cada ciudadano y por la cobertura de una amplia gama de situaciones vitales (con independencia de las cotizaciones previas). Dos principios guían la provisión pública de los servicios públicos de bienestar y las transferencias monetarias: el principio de ciudadanía y la universalidad. El modelo está caracterizado por programas públicos que afectan la distribución del poder de compra (provisión de bienes y servicios públicos universales y seguros sociales para la fuerza de trabajo) y por programas que afectan la tasa de participación de la fuerza de trabajo y la distribución de la renta y los salarios.

El modelo institucional muestra buenos indicadores en cuanto a la extensión y universalización del Estado de bienestar: altos niveles de gasto público social, elevada y equitativa carga fiscal y altos niveles de "*desmercantilización*". Por otro lado, tradicionalmente, los países nórdicos se fundamentan en un régimen laboral caracterizado por una alta tasa de afiliación sindical, una negociación colectiva centralizada y alta compresión salarial. También existe un cierto compromiso institucionalizado con el pleno empleo (que se alcanza por medio de políticas activas de reinserción laboral y empleo público y con políticas de rentas y pactos sociales que institucionalizan la cooperación entre los sindicatos y el gobierno).

Cuadro 6.1. principales características del modelo de estado del bienestar residual e institucional

Caracterнsticas principales	Residual	Institucional
Responsabilidad del Estado en la satisfacciуn de las necesidades (ideologнa de la intervenciуn estatal)	Mнnima	Mбxima
Importancia del principio de la necesidad como criterio para asignar los recursos (ideologнa de la distribuciуn)	Marginal (pura subsistencia)	Secundaria (nivel modesto, aunque adecuado)
Radio de extensiуn de los servicios pъblicos (Estado, entes locales)	Limitado	Extenso
Poblaciуn cubierta por los servicios pъblicos	Minorнa	Mayorнa
Nivel (asegurado) de los beneficios o providencias de bienestar	Bajo	Medio
Proporciуn del ingreso nacional gastado en los servicios pъblicos	Baja	Media
Utilizaciуn de la investigaciуn de recursos (*"means test"*)	Primaria	Secundaria
Caracterнstica de los usuarios	Pobres	Ciudadanos
Estatuto de los usuarios; posiciуn en su relaciуn con los administradores y el aparato del Estado de bienestar	Bajo	Medio
Orientaciуn de valor del servicio (hacia el usuario)	Coercitiva Asistencia Reparadora	Utilitaria
Papel de las entidades no pъblicas	Primario	Secundario

Fuente: Mishra, R. (1981): Society and Social Policy: Theories and Practice of Welfare. MacMillan, 2ª Ed., London.

A estos dos regímenes "polares" hay que añadir dos modelos más por los que han transitado la mayoría de los países: el *modelo conservador o continental* y el *modelo católico o mediterráneo* (Cuadro 6.2).

Cuadro 6.2. Características de los diferentes regímenes del bienestar

	Catylico	**Conservador**	**Liberal**	**Socialdemycrata**
Йnfasis institucional	Sociedad civil	Mercado	Estado	Estado
Unidad central	Familia	Mercado de trabajo local	Gobierno central	Gobierno local
Nivel de compensaciyn del bienestar	Bajo	Alto	Bajo	Alto
Compromiso con el pleno empleo	Bajo	Bajo	Bajo	Alto
Sector pъblico como proveedor de servicios	-	-	+	+
Principal fuente de financiaciyn	Mercado y redes	Mercado	Estado	Estado
Йnfasis en los seguros del mercado	+	+	-	-
Йnfasis en el voluntariado	+	+	+	-

Fuente: Abrahamson, P. (1995): "Regímenes europeos del bienestar y políticas sociales europeas: ¿convergencia de solidaridades?" en Sarasa, S. y Moreno, L (Comp.): El Estado del bienestar en la Europa del Sur. Consejo Superior de Investigaciones Científicas/Ministerio de Asuntos Sociales. Madrid, p. 120.

El modelo "*conservador, contributivo o continental*" se apoya en un sistema público de Seguridad Social, basado en transferencias contributivas (conectadas con los niveles salariales) y subsidios al consumo privado. En este modelo, el mérito y la productividad laboral son la base para la satisfacción de las necesidades sociales. El mercado laboral y su regulación es el mecanismo principal de asignación inicial de los recursos. Está basado en prestaciones sociales orientadas a compensar la existencia de desempleo y otras situaciones de inactividad (como la jubilación), es decir, en el aseguramiento para el mantenimiento de rentas de sustitución salarial ante determinadas situaciones de riesgo y necesidad. Por tanto, suele alcanzar niveles altos de protección social contributiva, altos niveles de gasto público social, pero con niveles medios de "desmercantilización" y con un fuerte predominio de las transferencias monetarias.

Este régimen de bienestar continental no provee cobertura a todo el mundo, sino a aquellos trabajadores que han realizado las contribuciones o cotizaciones necesarias en el pasado. Los beneficios, prestaciones y servicios guardan una relación con las contribuciones realizadas. La cobertura no está en función de criterios de necesidad. Por esta razón, algunas personas pueden beneficiarse sin estar en una situación extrema de necesidad y otras, que sí lo estén, queden al margen del sistema público de cobertura social.

Este modelo no está diseñado para provocar un importante efecto redistributivo entre diferentes grupos sociales, sino para redistribuir la renta y el ahorro a lo largo del ciclo vital de los individuos y familias, cubriendo las situaciones de necesidad ante situaciones de riesgos (accidentes, enfermedad, desempleo...) o cuando se ha entrado en un periodo permanente de inactividad laboral (jubilación). Por tanto, el impacto de la política social suele ser moderado en término de reducción de la desigualdad.

Estos países se caracterizan por un régimen laboral con una tasa sindical media, una negociación centralizada y una alta densidad regulativa. El mercado de trabajo muestra una mayor rigidez y las políticas que inciden en el mismo están basadas en prestaciones y subsidios por desempleo y menos en políticas activas de reinserción laboral.

Finalmente, el modelo de bienestar "*mediterráneo, católico o post-autoritario*" engloba a aquellos países que han desarrollado tardíamente su Estado del bienestar, normalmente, después de largos periodos de gobiernos autoritarios y que están ubicados en el Sur de Europa (España, Italia, Grecia y Portugal). Estos países también comparten unos rasgos esenciales comunes. En cuanto al tipo de intervención estatal son países que se caracterizan por un acceso muy condicionado a las prestaciones. Además, el gasto público está muy centrado en pensiones y en prestaciones de la Seguridad Social de baja intensidad.

El régimen de transferencias suele ser contributivo conectado al nivel salarial. Los niveles de gasto público y de "*desmercantilización*" suelen ser bajos y el efecto de la política social suele ser la reproducción del status y una elevada desigualdad. Comparten con los países del modelo corporativo-continental un importante peso de los programas de aseguramiento de rentas, aunque con una menor cuantía, cobertura e intensidad protectora de las prestaciones sociales. En ausencia del Estado, son otras instituciones características de la sociedad civil las que tienen un peso mayor. Especialmente, el modelo de familia juega un papel fundamental como fuente proveedora de bienestar.

En lo que respecta al mercado de trabajo, el modelo mediterráneo se fundamenta en una tasa sindical baja, una alta densidad regulativa y una negociación colectiva centralizada (aunque ha ido evolucionando, progresivamente, a mayores grados de descentralización). El mercado de trabajo se comporta con ciertas rigideces (sobre todo, si lo comparamos con otros modelos de bienestar) y con altos niveles de precarización de la fuerza laboral. En general, los gobiernos muestran un bajo compromiso por el pleno empleo.

2. SEGURIDAD SOCIAL: OBJETIVOS, INSTRUMENTOS Y MODELOS

Todo sistema de Seguridad Social es un acuerdo institucional -normalmente de naturaleza pública- para cubrir los riesgos y contingencias a los que está sometido el ser humano (desempleo, enfermedad, jubilación, accidentes, pobreza, etc.). Es, por tanto, un contrato institucional (intra e intergeneracional) que permite asegurar a los individuos frente a determinados riesgos y reducir, de esta manera, la incertidumbre que provocan esos acontecimientos (esperados o no esperados). El mercado privado también puede cubrir algunos de estos riesgos (Recuadro 6.1).

Recuadro 6.1. El mercado, los riesgos y los seguros privados

¿Podría el mercado privado aportar soluciones a algunos de estos riesgos? Probablemente sí, pero con un coste importante en términos de eficiencia y equidad. Es lo que en la ciencia económica se denomina "*fallos del mercado*". La provisión privada de la seguridad económica tiene fallos de eficiencia (selección de riesgos, selección adversa, riesgo moral, cobertura incompleta de los riesgos, incapacidad de aportar rentas vitalicias que tengan en cuenta la inflación, etc.) que aconsejan una intervención pública. Sólo la intervención pública nos permite corregir algunos de estos fallos derivados del mercado. Por otro lado, el mercado aporta soluciones que, a la postre, nos pueden parecer injustas. Por ejemplo, en los seguros privados los aportes suelen ser mayores para aquellos ciudadanos que sufren mayores riesgos o mayores carencias de recursos. Es decir, los que están peor en la sociedad tienen que soportar contribuciones o primas mayores, lo cual podría parecer injusto para una mayoría de ciudadanos. Por tanto, ante los fallos de eficiencia y equidad del mercado, la solución más eficiente y justa es la intervención pública en Seguridad Social. Si bien, no resuelve todos los fallos, sí la mayoría.

El sistema público de Seguridad Social tiene dos principios rectores: 1) la seguridad y 2) la solidaridad. Acorde con estos principios, el sistema público de pensiones siempre combina dos tipos de programas: a) los programas de seguros obligatorios o de sustitución de rentas individuales y b) los programas universales de transferencias monetarias.

Los programas de seguros equiparan, a nivel individual, las prestaciones con las cotizaciones realizadas, existiendo una cierta relación o equivalencia financiera-actuarial entre ellas. De ahí, que se financien con cotizaciones. En el diseño concreto, este tipo de programas pueden ser: a) *de prestación definida*: el gasto fija el ingreso por cotizaciones y son las cotizaciones las que se ajustan o b) *de aportación definida*: la recaudación por cotizaciones determina el gasto y son las pensiones las que se ajustan.

En los programas de seguros, los beneficiarios son los trabajadores –que hayan cotizado- y la justificación de la intervención pública está basada en la pérdida de la fuente habitual de renta que se produce en determinadas contingencias (desempleo, enfermedad, accidente, invalidez, jubilación, etc.). El objetivo de la intervención, como hemos apuntado, es el mantenimiento del mismo nivel de renta (o aproximado) al que el trabajador tenía previo a la contingencia padecida.

En cambio, en los programas de transferencias el objetivo se extiende a la seguridad económica de toda la población (pensiones no contributivas, pensiones mínimas, rentas complementarias mínimas, rentas básicas, ingreso mínimo vital, etc.), incorporando algún criterio de equidad y/o solidaridad diferente a la estricta equidad contributiva individual. Los beneficiarios, en este caso, son todos los ciudadanos y el objetivo es la garantía de la protección frente a cualquier necesidad, garantizando un nivel de vida digna y suficiente. Este tipo de programas proporcionan una prestación no contributiva suficiente para adquirir un mínimo de bienes y servicios que permitan llevar un nivel de vida digno o decoroso. Dicha naturaleza redistributiva -y no contributiva- exige una financiación diferente. Este tipo de prestaciones se suelen financiar con impuestos (finalistas o no finalistas).

Existen dos modelos posibles para diseñar un sistema público de pensiones (Cuadro 6.3):

1. Modelo universal ("*Modelo de Beveridge*"): Es lo que algunos autores denominan "modelo británico o anglosajón", basado en prestaciones universales, que amplían al conjunto de la población el derecho a percibir o acceder a las prestaciones -normalmente por el mero hecho de poseer la

condición de ciudadanía-. En la medida que el sistema proporciona cobertura de las necesidades básicas a todos los ciudadanos, el sistema de financiación apropiado es el sistema tributario.

Modelo contributivo, profesional o continental (“*Modelo de Bismarck*”): Este modelo “alemán” está fundamentado en el seguro social obligatorio y emplea las cotizaciones (de trabajadores y empresarios) como vía de obtención de ingresos. Por tanto, debe existir una relación directa -proporcional o lineal- entre las cotizaciones y las prestaciones sociales. La cotización permite el acceso a una prestación económica, relacionada con el periodo de cotización y la cuantía de la misma.

Cuadro 6.3. Caracterización teórica de los modelos básicos de Seguridad Social

	Modelo profesional (principio contributivo)	**Modelo universal (principio de ciudadanнa)**
1) Бmbito subjetivo	Inicialmente restringe la cobertura a los trabajadores industriales, identificados como miembros necesitados de la sociedad	Prestaciones universales
2) Бmbito objetivo	Protecciyn frente a determinadas contingencias	Prestaciyn de carбcter general en caso de necesidad (un ъnico riesgo)
3) Finalidad	Provisiyn de rentas sustitutivas del trabajo	Liberar del estado de necesidad a toda la sociedad, proporcionando prestaciones uniformes
4) Financiaciyn	Fundamentalmente, cotizaciones obligatorias de empresarios y trabajadores, y, en menor medida, subvenciones estatales	A travйs del Presupuesto del Estado

Fuente: Salvador, C. (2016): Economía de la Seguridad Social Parte I y Parte II. Tirant Lo Blanch Apuntes, Valencia.

3. LAS TÉCNICAS FINANCIERAS DE LA SEGURIDAD SOCIAL

3.1. El sistema de reparto o PAYG ("Pay-As-You-Go").

El sistema de reparto -también conocido como "*Régimen de pagos con cargo a los ingresos corrientes*"- se basa en que los ingresos y aportaciones de los cotizantes actuales permitan sostener las pensiones y prestaciones de las generaciones anteriores, sin que se produzca efecto de capitalización, habitual en los sistemas privados de acumulación de capital o de capitalización.

A su vez este modelo puede ser sin reserva o con un fondo de reserva de contingencia. Cuando diseñamos un *modelo de reparto sin reserva* las contribuciones de la presente generación de asegurados financian las actuales pensiones, mientras que las futuras generaciones de asegurados financiarán las pensiones de los actuales asegurados. Este sistema está basado en la solidaridad intergeneracional. Puede incorporar, también, la solidaridad intrageneracional -siempre que existan transferencias de ingresos de los asegurados de altos ingresos a los de bajos ingresos-. A medida que el sistema madura y la población envejece hay necesidad de aumentar las contribuciones o/y que el Estado financie los déficits.

En cambio, podemos tener un *sistema de reparto con fondo de reserva de contingencia.* En este caso, la reserva puede permitir soportar mejor las fluctuaciones cíclicas recesivas de la economía, ya que con la reserva –ante un descenso de la actividad económica- no es necesario acudir a aportaciones del Estado o a subir las cotizaciones. No obstante, un sistema PAYG con fondo de reserva puede resolver los desequilibrios de corto plazo, pero no de medio y largo plazo.

Los sistemas públicos de pensiones de la Seguridad Social suelen adoptar el régimen financiero de reparto. Tienen una cobertura universal, las cuentas son colectivas, se financian en su mayoría con contribuciones y los beneficios que proporcionan están unidos a las aportaciones. La gestión es pública o compartida entre la Administración y los sindicatos (pero siempre con control público).

Entre las principales ventajas del sistema de reparto se suelen destacar las siguientes:

- la mayor protección de las pensiones contra la inflación;
- la posibilidad de alinear el crecimiento del valor real de las pensiones al mismo ritmo de crecimiento de la economía;

- el aprovechamiento de economías de escala en la gestión y la ausencia de costes de comercialización y
- la mayor solidaridad inter e intrageneracional.

Sin embargo, el sistema de reparto también ha recibido numerosas críticas que han servido de fundamento para las reformas estructurales en algunos países. Algunas de estas críticas no son ineludibles en un sistema de reparto (depende del diseño que realicemos), ni tampoco son exclusivas del mismo (el sistema de capitalización también puede carecer de las mismas deficiencias). Las principales críticas que se han realizado a este sistema de reparto son las siguientes:

1. provoca un aumento excesivo de la cotización (calculada sobre el salario) que encarece el coste de la mano de obra, provocando, finalmente, desempleo;
2. incentiva la evasión y la fuga a la economía sumergida;
3. se abusa de la jubilación anticipada o del retiro precoz por invalidez (aunque, en realidad no es un defecto intrínseco del sistema PAYG);
4. no fomenta el ahorro ni la inversión (aunque, para algunos autores, no menos que el sistema de capitalización);
5. garantiza una menor proporcionalidad entre las contribuciones y las prestaciones percibidas (aunque, por supuesto el sistema PAYG puede hacer perfectamente compatible la proporcionalidad entre las cotizaciones y las pensiones);
6. provoca transferencias intergeneracionales redistributivas no deseadas, en ocasiones, hacia grupos de mayores rentas;
7. es muy sensible a los cambios en la estructura de la población, es decir, a la ratio del número de pensionistas en relación a los trabajadores en activo (tasa de dependencia) lo cual provocará un gasto público creciente en relación al PIB y
8. mayor dependencia de las decisiones políticas.

3.2. El sistema de capitalización o "fully funded"

En el "*régimen de pagos totalmente financiados*" (FF) cada individuo o contribuyente cotiza para sí mismo, por lo que en este caso las prestaciones guardan una relación directa con las aportaciones que se han ido realizando, además de con la evolución financiera y temporal de las mismas (cómo y cuándo se hayan invertido). Este sistema puede ser individual o colectivo. Es también denominado por algunos como "*sistema chileno*", porque fue en Chile en 1981 donde se experimentó por primera vez.

El sistema de capitalización puede ser individual o colectivo. En el *sistema FF individual*, se acumula un fondo o reserva individual para cubrir prestaciones futuras. Es un sistema autosuficiente, ya que no hace falta la incorporación de nuevas personas para cubrir las prestaciones. En un *sistema FF colectivo* se acumula un fondo –como en el modelo anterior- pero existe una socialización del riesgo dentro del colectivo, ya que las aportaciones pueden ser independientes de la edad. Es decir, se calcula una aportación media para todos los miembros, con independencia de la edad. Por tanto, existe una cierta combinación entre la capitalización y la solidaridad intergeneracional.

Los sistemas de administración y gestión privada adoptan esta técnica financiera de capitalización individual ("*funding*"), con cotizaciones o contribuciones definidas y prestaciones no definida. La financiación también se basa en contribuciones en relación al salario, como en el sistema de reparto, pero las cuentas están individualizadas y la gestión de las mismas corre a cargo de administradoras de pensiones privadas. Los sistemas de capitalización de gestión privada tienen muchos defectos y han recibido bastantes críticas, que han fundamentado, en muchos casos, sus reformas (Recuadro 6.2).

Recuadro 6.2. Límites y riesgos de las reformas privatizadoras de la Seguridad Social

La filosofía de estas nuevas reformas estructurales se basaba en tres supuestos implícitos: 1) que la introducción de un sistema privado de capitalización incrementará la cobertura y el ahorro privado; 2) que la introducción de las reformas contribuye a aumentar el crecimiento económico, la eficiencia y la productividad y 3) que el rendimiento obtenido del ahorro privado es mayor que el obtenido en el sistema público. Ninguno de estos tres pronósticos ha sido demostrado de forma concluyente. Más aún, encontramos más evidencia empírica en contra que a favor de los mismos. En aquellos países latinoamericanos y de la Europa del Este que han experimentado con este tipo de reformas estructurales se han podido detectar ciertos límites, riesgos o disfuncionalidades. Cinco son los principales riesgos de este tipo de reformas: 1) la limitada cobertura en términos de población cotizante; 2) el aumento del riesgo y la incertidumbre para los trabajadores (crisis financieras, shocks bursátiles, aumento de la inflación no anticipada, etc.); 3) los efectos redistributivos regresivos; 4) los efectos inciertos (o nulos) sobre el ahorro de la economía y 5) el aumento de los costes de administración y gestión.

4. EL DEBATE SOBRE LA REFORMA DEL SISTEMA PÚBLICO DE PENSIONES

A lo largo de las últimas décadas -y, sobre todo, desde la década de los ochenta y noventa del siglo pasado- se han producido innumerables experiencias de reformas del sistema público de pensiones en diferentes países. Dos evidencias parecen claras:

1. *no existen recetas de reformas universales*, es decir, las reformas no son automáticamente exportables de un país a otro. Las reformas que son válidas para un país no necesariamente lo serán para otro, ya que factores sociales, políticos e institucionales son determinantes para que una reforma tenga éxito en un determinado país y

2. *existen una gran variedad de combinaciones posibles en un sistema de pensiones* (reparto/capitalización; público/privado; mixto, cuentas nocionales, etc…).

A partir de estas premisas o evidencias, podemos señalar que, fundamentalmente, existen dos tipos de reformas del sistema de pensiones:

- **Las reformas no estructurales o paramétricas:** son reformas parciales de los "parámetros" del sistema público para mejorar su equidad, eficiencia o gestión. Las modificaciones y cambios alteran los parámetros del sistema (eliminación de efectos perversos, mal diseño, garantía de la sostenibilidad, etc.), pero sin cuestionar la naturaleza propia del sistema público.

- **Las reformas estructurales:** normalmente, en este tipo de reformas se produce una sustitución completa o parcial del sistema público de reparto por un sistema privado de capitalización o un sistema mixto en el que se trasvase parcelas de la Seguridad Social pública hacia sistemas de capitalización de gestión privada.

4.1. Los argumentos de las reformas del sistema público de pensiones

Existen tres criterios para evaluar los resultados del sistema de pensiones (y de las políticas económicas y sociales, en general): a) la eficiencia, b) la (re)distribución y c) la sostenibilidad. En el caso del sistema público de pensiones, tanto la eficiencia como la sostenibilidad han tenido un peso mayor en las reformas acometidas en las últimas décadas. La ciencia económica ha tenido buena parte de culpa en que los argumentos económicos (basados en la eficiencia) tuviesen una influencia enorme en las últimas reformas (Recuadro 6.3).

Recuadro 6.3. La ciencia económica y la Seguridad Social

La influencia de la ciencia económica en las últimas reformas de pensiones ha sido notable. Uno de los objetivos tradicionales de las reformas del sistema público de pensiones se ha enfocado en corregir o desincentivar los comportamientos adversos o de planificación personal que perjudican la eficiencia económica. La corriente de pensamiento económico "dominante" se ha centrado en destacar los efectos asignativos perversos que tienen tanto el gasto público de la Seguridad Social como sus fuentes de financiación (cotizaciones e impuestos). Los posibles efectos de la Seguridad Social sobre la asignación de los recursos se explican por la modificación del comportamiento de los agentes económicos (como ahorradores, inversores, trabajadores, consumidores, etc.) que tiene el aseguramiento público. De todos ellos, la Economía Neoclásica se ha centrado, básicamente, en dos: a) los efectos sobre el ahorro y b) los efectos sobre la oferta de trabajo. Respecto al primero de los efectos, la idea intuitiva -no contrastada empíricamente de manera definitiva- es que la Seguridad Social pública disminuye el ahorro y, por tanto, reduce la formación de capital. Respecto al segundo, parece más que evidente que la Seguridad Social puede afectar las decisiones de jubilación anticipada de los trabajadores más mayores y también a la oferta de los trabajadores más jóvenes. En el caso de los primeros, la existencia de una pensión futura puede incentivar a abandonar antes el empleo, provocando, así, una reducción de la oferta de trabajo. Por tanto, la ciencia económica se ha encargado de destacar, especialmente, los efectos negativos sobre la eficiencia y el crecimiento económico que tienen los sistemas públicos. Bien es cierto que no todos los economistas comparten estas ideas.

La importancia de garantizar la sostenibilidad ha sido, especialmente, defendido por demógrafos y actuarios. Y como puede percibir el lector, la redistribución muchas veces ha quedado relegada a un segundo plano (no obstante, algunas medidas como la revalorización de las pensiones mínimas o la reducción de la brecha de género sí que han perseguido de manera explícita y prioritaria este objetivo).

En este apartado, resumiremos los argumentos que han influido en la sostenibilidad financiera y económica de los sistemas públicos de pensiones en dos: demográficos y económicos.

4.1.1. El argumento demográfico

El argumento más utilizado para explicar la insostenibilidad del sistema público de pensiones se fundamenta en los profundos cambios demográficos que se están produciendo en nuestras sociedades desarrolladas: degradación de la relación cotizantes/pensionistas, aumento de la esperanza de vida, envejecimiento de la población, disminución de la tasa de natalidad, aumento de la tasa de dependencia, etc.

El Gráfico 6.1 muestra el proceso de envejecimiento que se está produciendo en España y que aumentará sustancialmente las tasas de dependencia en las próximas décadas. Paralelamente, se está produciendo un incremento de la esperanza de vida a partir de los 65 años (Gráfico 6.2). Ambos fenómenos demográficos tensionan financieramente los sistemas públicos de pensiones. Es decir, en número de pasivos (jubilados) crecerá en los próximos años y además, esos jubilados vivirán, como media, más años percibiendo la pensión.

Es cierto que, especialmente a partir del momento presente debido a la jubilación de la generación del "*baby boom*", estos argumentos adquirirán más peso en el debate público. Sin duda, una desfavorable evolución demográfica perjudica el equilibrio contable-financiero del sistema público de pensiones.

Gráfico 6.1. Distribución población en España (1990-2020)

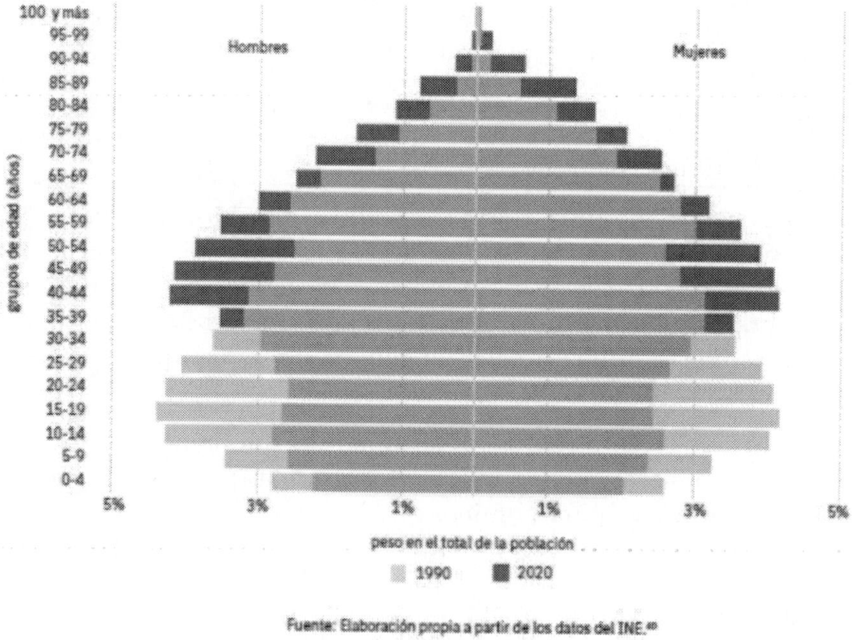

Fuente: España 2050: Fundamentos y propuestas para una Estrategia Nacional de largo plazo. Oficina Nacional de prospectiva y estrategia. Gobierno de España.

Gráfico 6.2. Esperanza de vida a los 65 años en España

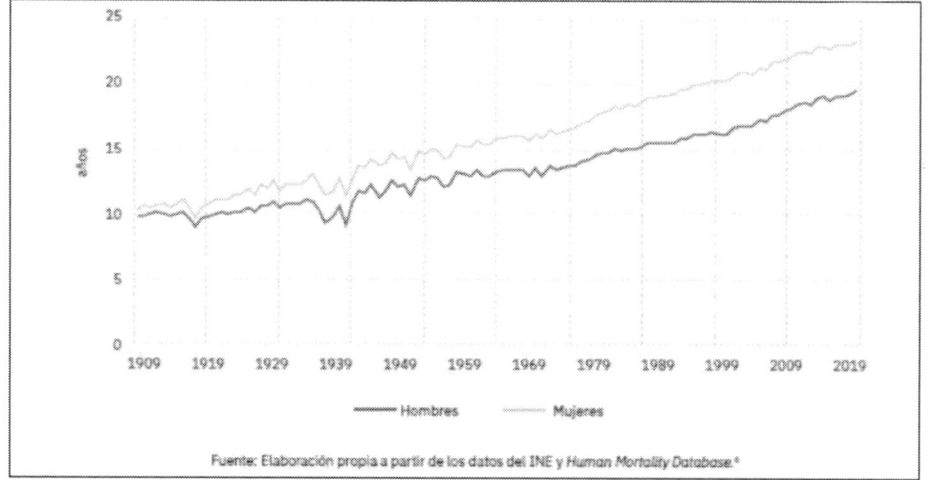

Fuente: España 2050: Fundamentos y propuestas para una Estrategia Nacional de largo plazo. Oficina Nacional de prospectiva y estrategia. Gobierno de España.

4.1.2. El argumento económico

Básicamente, este argumento se fundamenta en las negativas consecuencias que tienen las crisis económicas sobre las bases financieras del sistema público. Entre ellas: la disminución del empleo, la disminución de la tasa de actividad, la disminución del número de cotizantes, la disminución de la tasa de crecimiento de los ingresos, la expansión de los gastos sociales, el aumento de las jubilaciones anticipadas, la reducción de los salarios nominales y de las bases de cotización, la aparición de nuevas formas de marginación y pobreza, etc. El deterioro de las bases económicas imponibles sobre las que se sostiene el sistema público explicaría, desde esta perspectiva, la insuficiencia de financiación y, por consiguiente, su insostenibilidad.

Este argumento es casi más potente que el demográfico. A la postre la viabilidad económica-financiera de un sistema público de pensiones no depende tanto de variables demográficas (tasa de dependencia), como de variables económicas (tasa de crecimiento del empleo, tasa de actividad, tasa de crecimiento de la productividad, crecimiento de los salarios, distribución de la renta, crecimiento económico, extensión de la economía sumergida, etc.). Pero eso lejos de ser una mala noticia, puede ser una buena noticia para los gobiernos. Si el sistema público depende de la evolución de la economía, las políticas económicas pueden contribuir a la sostenibilidad del sistema público de protección social. Por ejemplo, con incentivos a un cambio de modelo productivo, con políticas de reactivación económica (creación de empleo de calidad), con incentivos al incremento de las tasas de actividad (mujeres, mayores de 55 años, jóvenes, inmigrantes), con la lucha contra el empleo informal y la economía sumergida, etc.

4.2. Las reformas en los países de la Unión Europea

Las reformas en la UE han estado influidas por dos documentos importantes de la Comisión Europea: Libro Verde (2010): *En pos de unos sistemas de pensiones europeos adecuados, sostenibles y seguros* (Bruselas, SEC (2010)830) y el Libro Blanco (2012): *Agenda para unas pensiones adecuadas, seguras y sostenibles* (Bruselas, COM (2012)55). Estos documentos planteaban los objetivos globales de la política de pensiones en la UE: la "*adecuación*" y la "*sostenibilidad*". En ellos se argumenta sobre la necesidad de unas pensiones "*adecuadas, seguras y sostenibles*" en un triple sentido:

- mejor reequilibrio entre el tiempo del trabajo y el tiempo de jubilación (retraso en la edad de jubilación, nuevas fórmulas de cálculo de la pensión; mayores restricciones y penalizaciones a las jubilaciones en edades tempranas, una adaptación automática de la edad de jubilación a la esperanza de vida, etc.);
- suprimir los obstáculos a la movilidad de los trabajadores y del capital que puedan derivar de las regulaciones internas de los sistemas de pensiones (incluidos los planes complementarios de pensiones) y
- la necesidad de garantizar la seguridad y adecuación de las pensiones del presente y del futuro.

Además, la recomendación de la gobernanza económica europea es extender y potenciar los sistemas complementarios de pensiones. Estas recomendaciones han tenido una influencia muy potente en las reformas realizadas en los últimos años en los países de la Unión Europea. No obstante, cada país europeo ha seguido un camino diferente para afrontar el reto del envejecimiento demográfico. Los Cuadros 6.4 y 6.5 así lo atestiguan. En general, como podemos observar en los cuadros, las medidas para garantizar la viabilidad financiera se han basado en el endurecimiento de los requisitos de acceso a la pensión.

Cuadro 6.4. Reformas paramétricas y estructurales en los países europeos

REFORMAS PARAMЙTRICAS							REFORMAS ESTRUCTURALES	
	Edad de jubila-ciyn	Incenti-vos prolonga-ciyn actividad	Cõlculo de la pensiyn		Actua-liza-ciyn de la pen-siyn	Factor de soste-nibili-dad	Contri-buciyn definida	Contri-buciones nociona-les
			Media	Actuali-zaciyn de las bases				
Alemania	X	X			X	X	Sistema de puntos	
Austria	X	X	X	X				
Bйlgica	X	X		X				
Dinamarca	X	X				X		
Espaca	X	X	X			X		
Finlandia		X	X	X	X	X		
Francia		X	X	X		X		
Grecia	X		X					
Holanda								
Irlanda		X						
Italia	X	X	X		X	X		X
Luxemburgo			X					
Portugal	X	X	X	X	X	X		
Reino Unido	X	X			X			
Suecia			X			X	X	X

Fuente: Elaborado a partir de Banco de España (2010): La reforma del sistema de pensiones en España. Dirección General del Servicios de Estudios, pag. 22 y García, D., Gordo, E. y Manrique, M. (2011): "Reformas de los sistemas de pensiones en algunos países de la UEM" Boletín Económico del Banco de España, Julio-Agosto, pag.127

Cuadro 6.5. Mecanismos automáticos de ajuste en distintos países europeos

MECANISMOS AUTOMÁTICOS DE AJUSTE EN DISTINTOS PAÍSES — CUADRO 3

País	Factor de sostenibilidad	Mecanismo automático de ajuste	Prestaciones ligadas a la esperanza de vida	Edad de jubilación ligada a la esperanza de vida
Dinamarca	X			X
Alemania	X	X		
Grecia	X			X
España	X	X	X	
Francia	X		X	
Italia	X		X	X
Chipre	X			X
Letonia	X		X	
Países Bajos	X			X
Polonia	X		X	
Portugal	X		X	X
Eslovaquia	X			X
Finlandia	X		X	
Suecia	X	X	X	
Noruega	X		X	

FUENTE: *2015 Ageing Report.*

Fuente: Hernández de Cos, P., Jimeno, J.F. y Ramos, R. (2017): El sistema público de pensiones en España: situación actual, retos y alternativas de reforma. Documentos Ocasionales Banco de España nº 1701, pag.: 18.

4.3. Las últimas reformas de pensiones en España

Toda reforma pública se encuentra condicionada y restringida por limitaciones de naturaleza política e institucional. Las reformas del sistema de pensiones español no han sido menos (y, si cabe, más que otras). Desde los años ochenta del siglo pasado hasta la actualidad, las reformas del sistema público de pensiones han estado condicionadas por restricciones (políticas, sociales, económicas e institucionales) que han condicionado su diseño y resultados. Podemos diferenciar estas "*restricciones*" entre las que tienen un carácter "*externo*" y las "*internas*".

En España, las "*restricciones externas*" vienen de fuera de nuestro país y condicionan las decisiones internas tomadas por nuestros gestores públicos. En cierta medida, el camino lo marcaron aquellos países que, ya en los años ochenta del siglo XX, acometieron reformas –bastante restrictivas- en sus sistemas públicos de pensiones. Entre las "restricciones externas" para nuestro país destacamos, como más importantes, las siguientes:

- la pertenencia a la Unión Económica y Monetaria;

- las proyecciones “alarmistas” de la Comisión Europea respecto a la evolución demográfica española;
- la publicación por parte de la Comisión Europea del Libro Verde (2010) y el Libro Blanco (2012);
- la Estrategia Europea 2020 y
- las proyecciones y recomendaciones de los organismos internacionales (por ejemplo, la OECD y FMI).

Señalemos ahora algunas de las “*restricciones internas*” de las reformas en España:

1. un contexto económico de crisis económica profunda y duradera (2008-2015), que conllevó una importante destrucción de empleo junto con una devaluación interna salarial;
2. la adopción de políticas de austeridad y consolidación fiscal (2010-2015) cuyo objetivo primordial fue la reducción del déficit público y que utilizó el sistema público de pensiones como variable de ajuste para reducir el déficit público;
3. la existencia de un pacto político desde 1995 (“*Pacto de Toledo*”) que debe de servir de “paraguas” para posteriores reformas y
4. las adversas proyecciones demográficas del INE.

A este contexto político y económico, se suma la aparición de multitud de estudios y trabajos de expertos, fundaciones, equipos de investigación, “*think-thanks*” (FEDEA, Círculo de Empresarios, etc.) con propuestas reformadoras más profundas, algunas incluso defendiendo un sistema mixto de capitalización y con la participación creciente de la gestión privada en el sistema.

Con este tipo de restricciones, en los últimos años se han producido en España tres reformas importantes del sistema público de pensiones: a) la reforma del gobierno Zapatero (2011); b) la reforma del gobierno Rajoy (2013) y c) la reforma del gobierno Sánchez (2021) (Cuadro 6.6).

Cuadro 6.6. Principales reformas del sistema de pensiones en España (2010-2021)

Principales Reformas	Principales medidas
Reforma Zapatero (2011)	El retraso de la edad legal de jubilaciyn hasta los 67 acos (entre 2013 y 2027); la modificaciyn del procedimiento de cбlculo del porcentaje de pensiyn (aumento en dos acos el periodo de la cotizaciyn para alcanzar el 100% de la pensiyn); la ampliaciyn del periodo de cбlculo de la Base Reguladora (hasta 25 acos); el endurecimiento de los requisitos para acceder a la jubilaciyn anticipada y la introducciyn del factor de sostenibilidad -sin concretarlo- en el aco 2027.
Reforma Rajoy (2013)	El endurecimiento de la jubilaciyn anticipada y parcial; la concreciyn y definiciyn del Factor de revalorizaciyn; la concreciyn del Factor de sostenibilidad y una nueva regulaciyn y descapitalizaciyn del Fondo de Reserva.
Reforma Sбnchez (2021)	Derogaciyn del нndice de revalorizaciyn del PP del 2013 y revalorizaciyn de las pensiones conforme a los precios; derogaciyn del factor de sostenibilidad (sustituido por el Mecanismo de Equidad Intergeneracional); respaldo financiero del Estado (transferencia de la Ley de PGE al presupuesto de la Seguridad Social); mejorнa de las pensiones por jubilaciyn anticipada (voluntaria e involuntaria); nuevo sistema de cotizaciones para autynomos (cotizaciyn por los ingresos reales); incentivos al retraso de la edad de jubilaciyn; jubilaciyn activa (combinaciyn pensiyn/trabajo); equiparaciyn de la pensiyn de viudedad para las parejas de hecho; cotizaciyn de becarios/as (con una reducciyn del 75% en la cotizaciyn financiado desde los Presupuestos del Estado); mejora de la prestaciyn por incapacidad temporal de los trabajadores/as fijos-discontinuos; mejora en la prestaciyn para cuidadores/as de dependencia y compromiso para la creaciyn de la Agencia Estatal de Seguridad Social.

Fuente: Elaboración propia.

¿Qué valoración podemos hacer de las tres grandes reformas en España durante la última década? En primer lugar, la reforma del gobierno del PSOE del 2011 supone una pérdida de la pensión futura por varios motivos: a) endurece los requisitos de acceso a la pensión y b) retrasa la edad legal de jubilación. Además, tiene un impacto de género negativo, ya que perjudica a colectivos como las mujeres que tienen más lagunas de cotización en sus carreras laborales. Por tanto, fue una reforma claramente restrictiva (avalada por los sindicatos mayoritarios) que va a provocar (cuando esté finalizada) que cada vez más los pensionistas del sistema contributivo se situarán en los niveles mínimos de pensión.

La reforma del gobierno del PP de 2013 dio una nueva vuelta de tuerca restrictiva al sistema público de pensiones. Recordemos, en primer lugar, que la reforma no se aplicó con diálogo social, ni consenso político. La reforma se realizó al margen del Pacto de Toledo y con la oposición de todos los grupos políticos y la oposición de los sindicatos mayoritarios. En segundo lugar, esa reforma no estaba justificada por razones demográficas de urgencia. Y, en tercer lugar, la aplicación del Factor de revalorización (en el año 2014) implicaba una reducción sustancial del poder adquisitivo de las pensiones de los pensionistas actuales (no sólo de los futuros). Si se hubiese implantado el Factor de sostenibilidad (que estaba previsto para 2019) todavía hubiera tenido efectos más negativos sobre el bienestar de los pensionistas actuales y futuros. La aplicación del Factor de sostenibilidad hubiera transformado el actual modelo de pensiones español de aportación y prestación definida en un futuro modelo de (sólo) aportación o cotización definida (ya que la cuantía de la pensión deja de depender únicamente del historial laboral del trabajador y estaría en función de la esperanza de vida en el momento de la jubilación). Es decir, hubiera significado la ruptura de la solidaridad intergeneracional.

Ambas reformas (2011 y 2013) tienen cuatro características comunes:

1. plantean muy pocas medidas y, además, insuficientes, por el lado de los ingresos del sistema;
2. un efecto indirecto de las reformas es que favorecen los planes privados de capitalización, ya que deterioran la cobertura del sistema público y mantienen los incentivos a las pensiones privadas complementarias;
3. se han realizado en un contexto económico coyuntural desfavorable (crisis económica, deterioro del mercado de trabajo, precariedad laboral, fuerte aumento del desempleo, bajada de los salarios, etc.). Por tanto, para buena parte de los trabajadores/as les será imposible alcanzar las nuevas exigencias que imponen las reformas, lo que agravará los problemas de pobreza y exclusión social de buena parte de la población española y

4. las reformas ignoraron o dejaron en un segundo plano los efectos sobre la equidad o la justicia, que debe incorporar cualquier reforma del sistema de Seguridad Social.

Recuadro 6.4. La financiación de la Seguridad Social: pero, ¿qué fuentes son necesarias?

Uno de los temas de debate actual sobre las reformas del sistema público de pensiones ha sido los mecanismos de financiación. Las sucesivas crisis económicas agravan la viabilidad económica o financiera del sistema público de pensiones. Ante este desafío algunos autores plantean la necesidad de buscar nuevos mecanismos de financiación (diferentes a las tradicionales cotizaciones sociales). Es cierto que, como principio general, el diseño de la financiación de un sistema de pensiones debe realizarse teniendo en cuenta la naturaleza del sistema público que se pretende financiar. Un sistema público de reparto "no estricto" necesita incorporar otras fuentes de financiación distintas a las cotizaciones. Por otro lado, si nuestro objetivo es mantener o aumentar (no reducir) la cuantía de las pensiones a medio y largo plazo, debemos incrementar los ingresos del sistema en un porcentaje alrededor de las estimaciones del gasto público.

Por tanto, es inevitable abordar el debate sobre las fuentes de financiación del sistema público de pensiones. Pero, ¿cuáles son esas fuentes de financiación?, ¿sobre quién recaerá la carga fiscal de las mismas? Los expertos sólo ven tres soluciones: a) la reforma del sistema actual de cotizaciones; b) aumentar la financiación finalista del Estado y/o c) aumentar la financiación fiscal (aumentando los impuestos actuales o creando nuevas figuras impositivas).

Finalmente, la reforma de Sánchez (Ley 21/2021, de 28 de diciembre, de garantía del poder adquisitivo de las pensiones y de otras medidas de refuerzo de la sostenibilidad financiera y social del sistema público de pensiones) tiene unos objetivos diferentes. Los objetivos han sido reequilibrar el sistema, reforzar su sostenibilidad y la garantía del poder adquisitivo de los pensionistas. Sin duda, las medidas más importantes -y aplicadas a corto plazo- han sido la derogación del índice de revalorización del PP del 2013 y la revalorización de las pensiones conforme a los precios (incremento porcentual igual al valor medio de los incrementos porcentuales del IPC). También la derogación del factor de sostenibilidad, que se sustituye por un "*Mecanismo de Equidad Intergeneracional*" (MEI) y que entrará en vigor a partir del 2027. Este MEI consistirá en un incremento temporal de las cotizaciones sociales (de 0,6 puntos porcentuales) con destino al Fondo de Reserva y que, a partir del año 2032, si fuera necesario, podrá hacer frente al gasto en pensiones.

Uno de los principales retos que trata de afrontar la última reforma de Sánchez es el de la financiación, proporcionando más recursos fiscales y financieros que garanticen su viabilidad futura (véase el Recuadro 6.4). Con este objetivo la reforma establece el respaldo financiero del Estado a la Seguridad Social (garantía del pago de pensiones, pensiones no contributivas, carga de los "gastos indebidos", etc.) que se plasmará en una transferencia todos los años de los Presupuestos Generales del Estado de aproximadamente el 2% PIB.

Finalmente, el nuevo sistema de cotizaciones para autónomos/as (acercamiento de las bases de cotización a los ingresos reales) será implantado, de manera gradual, desde 2023 durante 9 años. La filosofía de la reforma es que los trabajadores autónomos con menores ingresos reducirán la cuota de la Seguridad Social a cambio de que se incremente la de quienes tienen más ingresos y que la base mínima se vaya equiparando progresivamente al Régimen General.

BIBLIOGRAFÍA

Barr, N. y Diamond, P. (2012). *La reforma necesaria. El futuro de las pensiones.* Madrid: El Hombre del Tres.

Conde-Ruiz, J. I. (2014). *¿Qué será de mi pensión? Cómo hacer sostenible nuestro futuro como jubilados.* Barcelona: Península.

Ochando, C. (2017). Política económica y pensiones: una relación bidireccional. En E. Bono, y A. Sánchez (Coords.): *Política Económica frente al Neoliberalismo: ensayos en homenaje a Juan Antonio Tomás Carpi.* Valencia: Tirant Lo Blanch.

Ochando, C. (2021). Seguridad Social y equidad, *Revista de Derecho Social, 94*, 63-78.

OECD (2021). *Pensions at a Glance.* París: OECD Publishing.

Ruesga, S. M., Suárez, B. y Gómez, V. (Coords.) (2017). *¿Cobraremos la pensión?* Madrid: Pirámide.

Salvador, C. (2018). *Economía de la Seguridad Social (Parte I y Parte II).* Valencia: Tirant Lo Blanch, Apuntes.

Suárez, B. (2014*). El sistema público de pensiones: crisis, reforma y sostenibilidad.* Valladolid: Lex Nova, Thomson Reuters.

Zubiri, I. (2014). Capitalización o reparto: un análisis comparativo, *Ekonomiaz, 85*, 207-232.

Zubiri, I. (2016). Las pensiones en España: situación y alternativas de reforma, *Papeles de Economía Española, 147*, 167-187.

Palabras clave

Estado del bienestar

Modelo residual de Estado del bienestar

Modelo institucional de Estado del bienestar

Modelo mediterráneo de Estado del bienestar

Modelo de Seguridad Social contributivo

Modelo de Seguridad Social universal
Pensiones de jubilación
Cotizaciones
Sistema de reparto
Sistema de capitalización
Técnicas financieras
Cotización definida
Prestación definida
Fondo de reserva
Sostenibilidad
Redistribución
Eficiencia
Pacto de Toledo
Índice de revalorización
Mecanismo de equidad intergeneracional

Capítulo 7

Política sanitaria

ISABEL PARDO GARCÍA
Economía Aplicada
Universidad de Castilla-La Mancha

FRANCISCO ESCRIBANO SOTOS
Análisis Económico y Finanzas
Universidad de Castilla-La Mancha

ROBERTO MARTÍNEZ LACOBA
Análisis Económico y Finanzas
Universidad de Castilla-La Mancha

La política sanitaria no puede comprenderse de forma independiente al desarrollo del Estado de Bienestar, pues este es un elemento clave en la determinación de la salud. La salud es una cuestión pública, que no depende solamente de las decisiones que toman los individuos. Por esta razón, este capítulo sobre política sanitaria se desarrollará de la siguiente forma. En este primer epígrafe, se presentará un breve resumen de la historia del Estado de Bienestar desde la segunda mitad del siglo XX —una visión más exhaustiva puede encontrarse en el libro editado por Béland et al. (2021)—, los pilares en los que se apoya, los diferentes regímenes de bienestar y su relación con la salud y la política sanitaria. En el segundo epígrafe, se expondrán cuáles son los motivos que justifican la provisión pública en la salud desde diferentes perspectivas. En el tercer y cuarto epígrafe se mostrarán, respectivamente, las diferentes estrategias de política sanitaria y los resultados obtenidos. Por último, en el quinto epígrafe se reflexionará sobre los retos que afrontarán los países en política sanitaria en las próximas décadas.

1. BREVE HISTORIA DEL ESTADO DE BIENESTAR DESDE LA SEGUNDA MITAD DEL SIGLO XX HASTA NUESTROS DÍAS

El desarrollo del Estado de Bienestar en Europa a partir de la segunda mitad del siglo XX ha contribuido a mejorar la calidad vida de las personas de gran parte del continente. Desde, aproximadamente, 1945 hasta la mitad de la década de 1970, tuvo lugar la época dorada del capitalismo de bienestar. El desarrollo de las políticas de bienestar durante esos años se explica porque, tras la catástrofe producida por la Segunda Guerra Mundial, hubo un compromiso, aceptado internacionalmente, para establecer un nuevo orden que garantizase la paz y la seguridad: las nuevas formas de solidaridad social, la intervención estatal y su financiación parecían más aceptables si se perseguían esos fines.

Sin embargo, a partir de la crisis del petróleo de 1973 la confianza en la intervención estatal sobre la economía y las instituciones públicas y privadas empezó a ser cuestionada. Las políticas económicas aplicadas hasta el momento —de corte eminentemente keynesiano— no daban solución a la estanflación —combinación de estancamiento económico con altas tasas de desempleo e inflación— y recibieron críticas desde las diferentes corrientes de pensamiento económico y político. La crítica neoliberal obtuvo más relevancia, con la consecuencia de remorar el avance de las políticas sociales, ya que el neoliberalismo defiende una intervención mínima del estado en los asuntos sociales y económicos. Con todo, el Estado de Bienestar ha sobrevivido al ataque neoliberal, muchas veces gracias a movilizaciones sociales y a los partidos políticos socialdemócratas y comunistas, y, pese a ciertos retrocesos y recortes, ha ido adaptándose para intentar salvaguardar, con más o menos éxito, un nivel mínimo de protección social. Por ejemplo, en muchos países tras la crisis financiera de 2008 las políticas de austeridad fueron sinónimo de recortes en las políticas sociales ampliando la desigualdad, disminuyendo los niveles de protección social y socavando la cohesión social y el compromiso europeo de la ciudadanía, siendo esta consecuencia más grave en los países con menos recursos. Por esa razón, la crisis ocasionada por la pandemia de COVID-19 ha sido gestionada de forma completamente diferente: si durante la crisis financiera la prioridad de las autoridades fue salvar el sistema financiero, en la actual crisis económica la prioridad fue garantizar el bienestar y la seguridad social y sanitaria de las personas —en Europa, un ejemplo de esto serían los fondos *Next Generation*—.

Esto puede interpretarse de varias formas, pero una de ellas es que los decisores políticos a nivel europeo han aceptado que mantener el Estado de Bienestar, sin entrar en las particularidades de cada estado, en un nivel adecuado es importante no solo para garantizar el propio bienestar social, sino para mejorar también las relaciones económicas, políticas y sociales subyacentes que permiten que nuestras sociedades funcionen adecuadamente y en paz.

1.1. Los pilares del Estado de Bienestar y sus regímenes

En general, se considera que el Estado de Bienestar se sostiene mediante cuatro pilares: la educación, la sanidad, la seguridad social y, más recientemente, en términos temporalmente relativos, la atención a la dependencia. El grado de desarrollo, el nivel de protección social y la forma de financiar estos pilares son distintos entre los países europeos y estas diferencias, junto con otras, a veces culturales e incluso filosóficas, sirven para esbozar los principales rasgos definitorios de los modelos de Estado de Bienestar en el continente —y fuera de él—: la interacción entre el estado, el mercado, la familia y el tercer sector forman los diferentes arquetipos de los regímenes de bienestar.

Así, y siguiendo la clasificación de Esping-Andersen (Esping-Andersen, 1990) ampliada al sur de Europa, existen a grandes rasgos cuatro regímenes de bienestar: liberal, socialdemócrata, conservador y mediterráneo. El liberal se da en países como Reino Unido, Estados Unidos o Australia; el socialdemócrata en los países del norte de Europa y Países Bajos, en cierta medida, pues comparte rasgos con el continental; el conservador en Austria, Alemania, Francia; y el mediterráneo en países del sur de Europa como Italia, España o Portugal. A estos cuatro regímenes se les podría sumar un quinto que incluiría a los países del este postsoviéticos. De forma sucinta, y con diversas excepciones, estos regímenes se caracterizan por desarrollar más un aspecto de uno o varios de los elementos de la interacción que de otros: el liberal presenta una visión asistencial sobre la protección social con poca intervención estatal y un mayor peso del mercado—una excepción sería el *National Health Service* (NHS) en Reino Unido—; el socialdemócrata tiene una visión universalista y el estado tiene un peso importante en la redistribución; el conservador cuenta con un estado desarrollado, pero las ayudas se basan en la contribución aportada y el rol de familia es significativo; y el mediterráneo comparte algunas similitudes con el conservador —incluso con el liberal—, pero con la familia y el tercer sector como un elemento mucho más importante en comparación con los otros regímenes.

En la base teórica de cada uno de estos regímenes se encuentran, en definitiva, diferentes formas de entender de qué depende el bienestar de las sociedades humanas. Es decir, supone asumir de alguna manera si el bienestar de las personas es una cuestión individual o más bien colectiva; o, en otras palabras, si el máximo de bienestar social es una simple suma del bienestar individual atomizado o si, de manera diferente, el máximo de bienestar social es mucho más —o menos— que esa suma de bienestar individual, porque las interacciones entre individuos afectan positiva —o negativamente— al bienestar social.

1.2. Estado de bienestar, políticas sanitarias y salud

Como se ha indicado, los estados de bienestar son muy importantes para la salud: las políticas sanitarias son dependientes de qué régimen de bienestar está presente en un estado y de qué orientación se adopte al desarrollarlas. Las políticas sanitarias, junto a otras políticas de bienestar social, son un elemento protagonista en la determinación de la salud ya que ayudan a producir —y reproducir— las condiciones materiales que forman la salud de la población y, por tanto, también las desigualdades sociales en salud.

Esto se observa en el Esquema 7.1, que puede interpretarse como sigue (Ministerio de Sanidad Servicios Sociales e Igualdad y Comisión para reducir las desigualdades sociales en salud en España, 2015; *World Health Organization*, 2010): 1) las políticas sanitarias, como parte de las políticas del estado de bienestar, junto a las políticas macroeconómicas y al mercado de trabajo se situarían dentro de los determinantes estructurales, y dependen tanto del gobierno y la tradición política, como de los actores económicos y sociales; 2) a su vez, estas tres afectan —y son afectadas por— los ejes de desigualdad estructurales—como la clase social o el género—; 3) el conjunto de determinantes estructurales forjan los determinantes intermedios —desde las condiciones de empleo y trabajo, el trabajo doméstico y de cuidados, la situación económica, factores psicosociales, conductuales, biológicos hasta los propios servicios de salud— que 4) terminan generando desigualdad social en la salud.

Esquema 7.1. Estado de Bienestar, determinantes de la salud y desigualdad en la salud

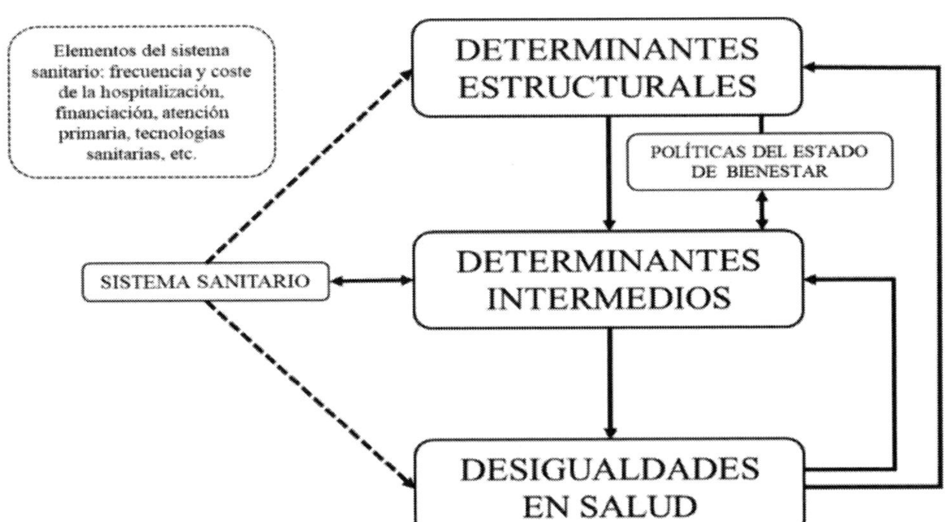

Fuente: Elaboración propia y adaptación a partir de World Health Organization (2010) y Ministerio de Sanidad Servicios Sociales e Igualdad y Comisión para reducir las desigualdades sociales en salud en España (2015).

Lo que en ocasiones no aparece en estos esquemas es el efecto que pueden generar a través de distintos mecanismos causales las propias desigualdades en salud, pues al igual que son receptoras del efecto de los determinantes, poseen poder de determinación, formando un bucle: la ausencia de unas políticas sanitarias adecuadas, pueden afectar al funcionamiento de la estructura. A modo de ejemplo: sin una política sanitaria adecuada, como la ausencia de una atención primaria efectiva —estructural—, un individuo podría tener problemas para incorporarse al mercado de trabajo —intermedio—, que podría generar un problema de salud más grave —problemas de salud mental— y sobrecargar el sistema sanitario —intermedio—, empeorando la desigualdad en salud y esto, al final repercute de nuevo a la estructura porque aumenta el uso de los servicios sanitarios y, por tanto, el gasto sanitario. Así, un problema de salud —a priori— individual termina repercutiendo en lo estructural y lo colectivo a través de un mecanismo causal; el bienestar colectivo no es solamente la suma del bienestar individual atomizado, pues existen interacciones.

Por esta razón, las declaraciones de Adelaida (I y II) y Helsinki de la Organización Mundial de la Salud destacan la importancia de incorporar la salud a todas las políticas de cualquier nivel de gobierno —local, regional, nacional o internacional—. Este enfoque denominado "salud en todas las políticas" —*Health in All Policies,* en inglés, y abreviado *HiAP*— incide, en su versión más actual publicada en 2019, en la interacción existente entre los elementos socioeconómicos materiales de la sociedad y la salud, y, además considera la importancia de esta interacción en la consecución de los Objetivos de Desarrollo Sostenible.

2. LA INTERVENCIÓN DEL ESTADO Y LA ATENCIÓN SANITARIA

Tener salud y una buena calidad de vida son la base de la participación en la sociedad y en la economía. Según la Organización Mundial de la Salud «la salud es un estado completo de bienestar físico, mental y social y no solamente la ausencia de afecciones o enfermedades». Por tanto, tener salud excede el ámbito privado y tiene implicaciones en el conjunto de la sociedad. Como hemos visto, desde el punto de vista del individuo, un buen estado de salud incide en su bienestar individual, pero también afecta al conjunto de la sociedad en la medida que la salud condiciona el desarrollo de las capacidades individuales y la aportación a la sociedad: por tener mala salud —por ejemplo, un trastorno mental—, un individuo puede quedar excluido del mercado de trabajo y aumentar el riesgo de incurrir en pobreza y, a su vez, la pobreza está relacionada con una mayor incidencia de problemas mentales y de salud.

La salud —buena— de los individuos favorece al conjunto de la sociedad, pero, como hemos señalado, la salud no depende únicamente de la genética o del comportamiento individual, sino que existen componentes sociales y económicos que determinan el estado de salud de las personas. En la medida en que existe una producción —reproducción— y distribución de la salud y una atención sanitaria determinadas estructuralmente, la salud deja de ser un problema netamente individual: la salud está determinada socialmente y requiere de estrategias globales. Por ello, en la mayoría de los países avanzados la intervención de los estados y los gobiernos en los sistemas sanitarios es crucial y tienen un rol central en el desarrollo de la política y la planificación sanitarias. La participación de los estados y gobiernos en la salud se da a través de diferentes vías, como la producción, la financiación y la regulación de la salud.

La intervención del estado en el sector de la salud se puede justificar a partir de diferentes razonamientos. Habitualmente, se utilizan razonamientos de dos índoles, los relacionados con la eficiencia y los relacionados con la equidad–se pueden examinar con más detalle estos razonamientos en Davis y McMaster (2017), Folland et al. (2017), Glied y Smith (2013) y Oliva et al. (2018) -. Los primeros suelen recibir el sobrenombre de económicos y están relacionados con los fallos de mercado y los otros se centran en las cuestiones relacionadas con la redistribución y la justicia social. Además, la incertidumbre es un elemento transversal en todos los elementos de la salud pública: los individuos pueden conocer un estado de salud en un momento determinado del tiempo, pero se desconoce cuándo puede surgir la enfermedad. El Esquema 7.2 muestra un resumen gráfico de estos dos enfoques.

Esquema 7.2. La intervención del estado en la salud: enfoques basados en la eficiencia y en la equidad

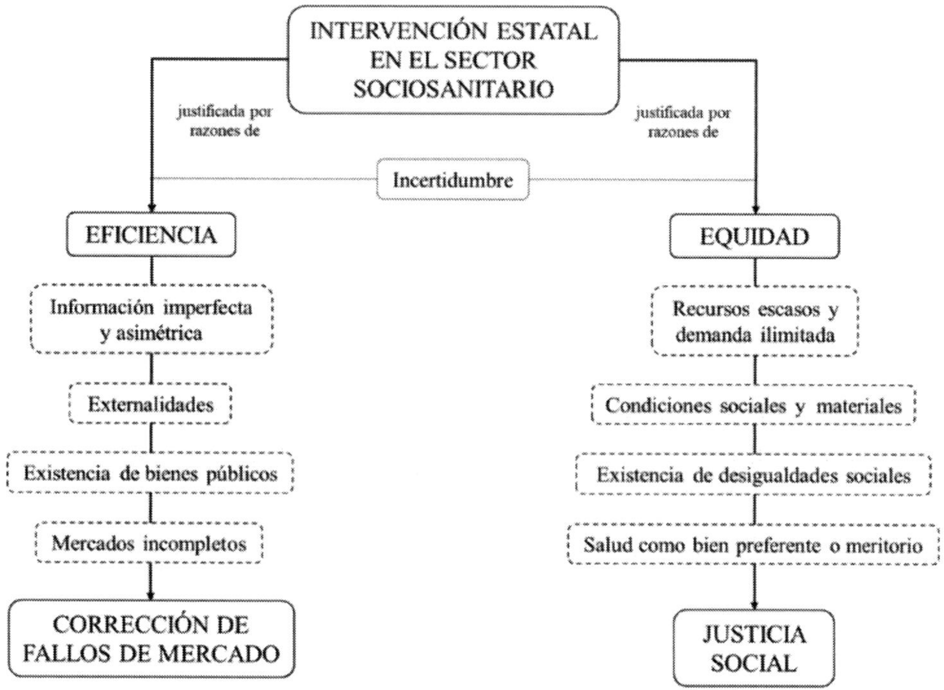

Fuente: Elaboración propia.

2.1. Enfoque basado en la eficiencia

Un mercado es un lugar en el que un conjunto de agentes —demandantes y ofertantes— intercambian bienes y servicios bajo unas ciertas normas sin que exista la necesidad de estar juntos físicamente. En el mercado sanitario se intercambiaría salud entre quienes necesitan atención sanitaria —usuario y paciente— y quien la ofrece —servicios sanitarios, en general—. Según la visión económica ortodoxa, cuando los mercados funcionan bajo las condiciones de competencia perfecta —hay ausencia de externalidades y de bienes públicos, existe información perfecta y simétrica con coste nulo, no hay barreras de entrada/salida y existe movilidad de los factores de producción—, la asignación de los bienes por el mercado se supone eficiente. Así, en estas transacciones los individuos se comportarían racionalmente y tomarían decisiones de forma que pudiesen maximizar su utilidad individual de acuerdo con sus dotaciones presupuestarias, los precios de mercado y sus preferencias.

Sin embargo, en el ámbito de la salud las condiciones de funcionamiento de la competencia perfecta rara vez se cumplen y, por el contrario, surgen diferentes fallos de mercado. A continuación, se enumeran algunos de los fallos de mercado que justifican la intervención del gobierno en la atención sanitaria:

- **Información imperfecta y asimétrica**: existe una brecha de información entre quien proporciona la atención sanitaria y quien la recibe. Esto genera una relación de agencia —conflicto principal-agente— y puede tener diversas implicaciones. Existen varios ejemplos sencillos que permiten ilustrar esta situación desde ambas perspectivas. Desde la perspectiva del demandante de atención, cuando un individuo acude a la consulta de algún especialista de atención sanitaria por alguna dolencia, desconoce, a priori, qué es lo que le ocurre, mientras que el especialista médico, en base a su formación y la tecnología disponible, puede conocer mediante ciertas pruebas —o recomendar qué pruebas hacer— cuál es el diagnóstico. Desde la perspectiva del ofertante, el especialista médico desconoce, a priori, parte de la historia médica del paciente, pues el paciente a priori puede ocultar información importante por diferentes sesgos —por ejemplo, deseabilidad social—. El primer caso puede generar una situación selección adversa y el segundo una de riesgo moral.
- **Presencia de externalidades**: se dan cuando debido a una transacción entre dos partes se genera un efecto indirecto —positivo o negativo—, una repercusión, sobre una tercera parte ajena a la transacción. Un ejemplo de externalidad positiva en salud sería el de un individuo que recibe atención sanitaria por una neumonía aguda y que, finalmente, supera la enfermedad; superar cualquier enferme-

dad genera una repercusión positiva con enorme valor económico y social en la sociedad. Es decir, siendo la relación principal la del demandante-ofertante, se genera una repercusión positiva en la sociedad entendida como tercera parte. Otro ejemplo de externalidad positiva sería el de la inmunidad colectiva a través de campañas de vacunación. Por el contrario, el ejemplo clásico de externalidad negativa sería el de los fumadores pasivos: personas que sin margen de decisión se ven afectadas negativamente por la acción del fumador.

- **Existencia de bienes públicos**: los bienes públicos son aquellos en los que se da la no rivalidad —el consumo de un individuo no afecta a la disponibilidad del bien— y la no exclusión —no se puede evitar que otra persona lo consuma—. Dentro de los sistemas sanitarios, algunos elementos pueden ser considerados como bienes públicos, como, por ejemplo, las inversiones en salud pública: construcción de infraestructuras de agua y alcantarillado, formación de personal médico, construcción de centros de salud y hospitales, tecnologías sanitarias más costo-efectivas o investigación en salud.
- **Mercados incompletos**: esta situación ocurre cuando el mercado privado no satisface la demanda. Esto puede deberse a varias razones, pero en ocasiones el mercado privado considera que satisfacer una determinada necesidad no es su función. Un ejemplo de este tipo de situación se daría en ciertos mercados de seguros, cuando se niegan a dar asistencia a ciertas enfermedades crónicas como cáncer o enfermedades raras.

2.2. Enfoque basado en la equidad

Como hemos estudiado, el estado de salud individual es el resultado de un amplio conjunto de factores y no todos son controlables por el individuo. La incertidumbre, la existencia de información imperfecta y asimétrica, la presencia de externalidades y bienes públicos sirven para justificar la intervención del estado. Pero, más allá de la búsqueda de eficiencia, otra de las razones de la intervención pública es la búsqueda de la equidad.

Dado un escenario con recursos sociosanitarios escasos y una demanda ilimitada, se hace necesario tomar las decisiones de asignación con una base de equidad. La equidad en la salud es una cuestión de justicia social porque, independientemente de las circunstancias sociales y materiales, cualquier individuo debe poder desarrollar su potencial de salud. Además, para poder participar como ciudadano en la vida económica y social, es necesario tener garantizado un nivel adecuado de salud y un entorno saludable, y para ello hace falta que los servicios sanitarios se adapten a las necesidades individuales o grupales y sean accesibles. Sin la intervención del gobierno en este aspecto, las desigualdades sociales podrían aumentar y, por eso, se hace necesaria.

Por otro lado, si consideramos la salud como un bien preferente —social o meritorio (*merit good*)—, la intervención del gobierno es también necesaria. El consumo de estos bienes se considera positivo para la población en general, independientemente de las preferencias individuales. En el sector sanitario, los planes para reducir el consumo de alcohol, el tabaco u otras drogas podrían servir como ejemplo. Este razonamiento se podría considerar desde la perspectiva de la eficiencia —genera externalidades positivas—, pero también tiene un cariz de equidad y redistribución, pues la atención puede proporcionarse entre aquellas personas o grupos que más lo necesiten.

3. ESTRATEGIAS DE POLÍTICA SANITARIA: CARACTERÍSTICAS DE LOS SISTEMAS SANITARIOS

Las características del bien salud, los fallos del mercado sanitario y la consideración de la equidad, buscando garantizar la salud de toda la ciudadanía, justifican la intervención gubernamental en materia sanitaria. La intervención pública plantea el uso de diferentes instrumentos para garantizar la eficiencia y la equidad en los servicios de salud. El uso de instrumentos como la financiación —aseguramiento—, la provisión y el establecimiento de copagos configura las características de los sistemas sanitarios y las diferencias entre ellos.

Una forma sencilla de clasificar y conocer el funcionamiento de los sistemas sanitarios es a través del análisis de las fuentes de financiación:

- **Financiación pública**. La ciudadanía accede a los servicios sanitarios que se financian públicamente. La financiación pública suele garantizar cotas superiores de equidad, aunque pueden aparecer algunas ineficiencias. En Europa son comunes dos modelos (Cuadro 7.1):
  - financiación a través de los impuestos o modelo *Beverigde*.
  - financiación a través de los seguros sociales o modelo *Bismarck*.
- **Financiación privada**. Los individuos asumen de manera íntegra el pago de los servicios sanitarios solicitados. La financiación privada,

considerando las asunciones clásicas, permitiría alcanzar un nivel superior de eficiencia —óptimos basados en la maximización de la utilidad—, pero la equidad queda comprometida, así como la accesibilidad a los servicios.

El modelo *Beveridge* —Servicio Nacional de Salud— supone la financiación a través de los impuestos en el marco de los presupuestos generales del Estado, el acceso es universal para los ciudadanos por el mero hecho de serlo y existe control y regulación por parte del gobierno tanto en la cartera de servicios públicos como en la oferta del sector privado, ya que, mayoritariamente, la provisión de servicios es pública. A partir del siglo XXI ha sido común establecer algunos copagos por parte de los usuarios en el marco de las reformas de los sistemas sanitarios —y los Estados de Bienestar— y las restricciones presupuestarias.

El modelo *Bismarck* —Sistema de Seguros Sociales— supone la financiación a través de cuotas pagadas por los empresarios y trabajadores y, en caso, de ser necesario, con impuestos. Los recursos financieros obtenidos de esta manera se destinan a entidades no gubernamentales que están reguladas y gestionan estos recursos, por tanto, aunque la financiación es pública, la provisión del servicio es privada. Las entidades contratan hospitales y médicos para que presten el servicio, bien estableciendo un presupuesto o pagando por servicio. También en este modelo se han establecido algunos copagos por parte de los usuarios.

Cuadro 7.1. Clasificación de sistemas sanitarios según la fuente de financiación pública

	Financiación pública	
	Beveridge	**Bismarck**
Financiación	Impuestos	Seguros sociales
Acceso	Universal	Condicionada y/o limitada
Implicación del estado en la gestión	Alta	Baja
Copagos	Bajos o nulos	Sí
Provisión	Eminentemente pública	Privada

Fuente: Elaboración propia a partir del informe del Ministerio de Sanidad, Servicios Sociales e Igualdad (2019) titulado Los sistemas sanitarios en los países de la Unión Europea (disponible en https://www.sanidad.gob.es/estadEstudios/estadisticas/docs/presentacion_es.pdf).

Sobre estas formas de organizar los sistemas sanitarios se deben realizar diferentes consideraciones. Una de las consideraciones es que ningún sistema es público o privado *per se* completamente. Tanto en el Servicio Nacional de Salud como en el Sistema de Seguros Sociales, aunque la financiación es pública, existe participación del sector privado, bien porque la provisión es privada para acceder a determinados servicios, o bien porque algunos ciudadanos adquieren de manera privada los servicios. Igualmente, en los sistemas privados, como el de Estados Unidos, donde predomina la financiación y la provisión privada, una parte de sus ciudadanos —personas mayores y personas sin recursos— acceden a determinadas prestaciones —a través de *Medicare y Medicaid*— financiadas públicamente.

Otra consideración reside en que junto con la financiación hay otros aspectos que son objeto de regulación, como, por ejemplo, la cartera de servicios, el modelo de provisión, si se puede elegir médico libremente o la existencia de determinados filtros para acceder a servicios especializados. Adicionalmente, en sistemas en los que rige la financiación pública y el acceso universal, pueden surgir situaciones de riesgo moral, y este tipo de sistemas optan por establecer —o no— copago por el uso y acceso a determinados servicios.

Respecto a las características del sistema, tanto en uno como en otro modelo, la cartera de servicios puede estar definida a nivel central —estatal—, puede definirse de forma descentralizada —atendiendo a las características particulares de los niveles inferiores de gobierno— o una combinación de ambas —por ejemplo, a nivel central se ofrece una cartera de servicios comunes y en niveles inferiores se adapta en función de la necesidad territorial—. Por otro lado, también hay que considerar que, aunque la financiación sea pública, esto no significa que la provisión también lo sea siempre. En el caso de Estados Unidos, la prestación siempre es privada, pero entre los países europeos, como se observa en el Gráfico 7.1, es posible encontrar países donde la provisión de la asistencia sanitaria se realiza de manera privada pese a ser financiada públicamente. Por ejemplo, en los sistemas con servicios nacionales de salud, la provisión de atención primaria es pública en todos los casos excepto en Dinamarca, Reino Unido e Irlanda. Para los sistemas de seguros sociales es privada excepto para Grecia.

Finalmente, en ocasiones, los países también optan por establecer pagos de bolsillo, copagos o cofinanciación en determinados servicios, como la atención primaria o la especializada, el ingreso en el hospital, el servicio de urgencias y los fármacos con receta —este copago, por ejemplo, está establecido en todos los países—. La política de copagos se puede dar en ambos modelos de financiación. En general, el argumento utilizado para introducir copagos en ciertos servicios de los sistemas sanitarios es para evitar o paliar el riesgo moral y generar un desincentivo ante el uso inadecuado de estos.

Gráfico 7.1. Sistema de financiación y provisión de la atención primaria en los países de la UE-15 (incluyendo Reino Unido)

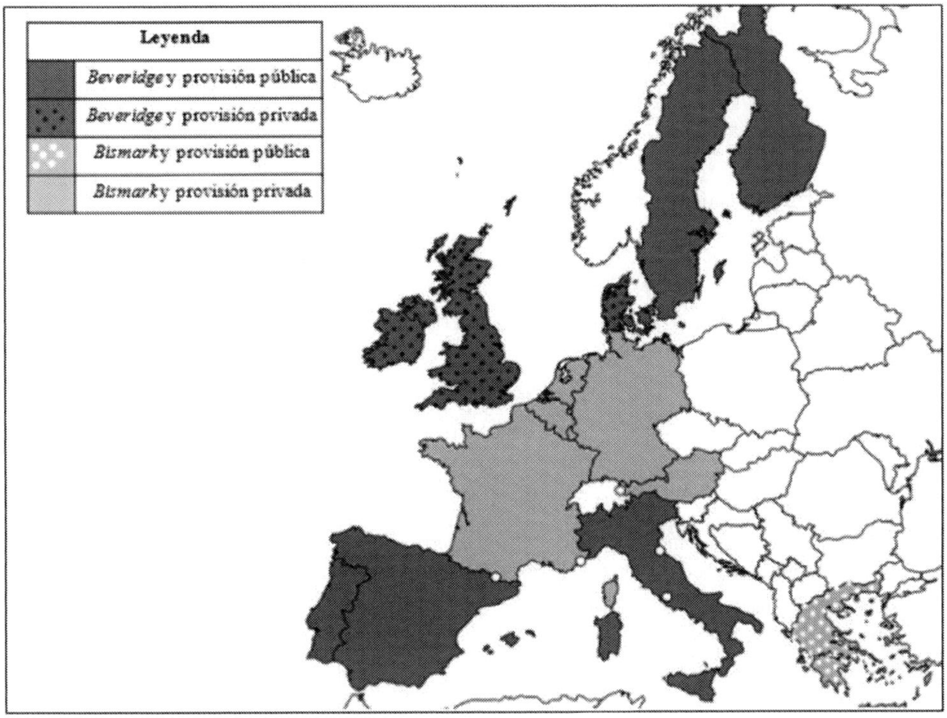

Fuente: Elaboración propia.

4. LOS RESULTADOS EN SALUD: UN ANÁLISIS COMPARADO EUROPEO A TRAVÉS DE INDICADORES

Los sistemas de salud en Europa no tienen un desempeño homogéneo y existen diferencias entre los países. Estas diferencias se deben a múltiples factores como el nivel de desarrollo económico, la tipología, gobernanza y organización de los sistemas sanitarios y sus recursos, el esquema de financiación o las preferencias sociales entre otras. Sin embargo, también existen algunas similitudes y destacan el crecimiento de la población y el envejecimiento, la extensión de la cobertura de los servicios sanitarios, el aumento de la preferencia social hacia el bien salud, un uso más intensivo de nuevas tecnologías más costosas y la aparición de nuevas enfermedades y el cambio en el patrón de la morbilidad de las existentes (Oliva et al., 2018).

Este epígrafe analiza algunos indicadores elementales de los sistemas sanitarios de los países de la UE-15 (incluyendo al Reino Unido). Seleccionar indicadores para analizar el estado de la salud y de un sistema sanitario no es fácil, pero algunos de los más relevantes para presentar a grandes rasgos un sistema sanitario y sus resultados, son: la esperanza de vida al nacer, el gasto en salud como porcentaje del PIB —podría considerarse inversión en salud, pues dedicar recursos a la salud genera, normalmente, retornos positivos— y los años de vida saludables a partir de 65 años.

4.1. Esperanza de vida al nacer

El Gráfico 7.2 muestra la esperanza de vida al nacer en los países de la UE-15 para el año 2020 —o dato más reciente—. El país con el peor dato en esperanza de vida del conglomerado es Bélgica, con 80,8 años, la media se sitúa en 81,75 años y el país con la mayor esperanza de vida es Irlanda con 82,6 años. Las diferencias entre los países son bajas y el dato en sí es un logro, más teniendo en cuenta que la media de la esperanza de vida en la UE en 1970 se situaba en 71 años. Por otro lado, existen diferencias de género en este indicador y las mujeres tienen en media aproximadamente 5 años más de esperanza de vida que los hombres.

Gráfico 7.2. Esperanza de vida al nacer en la UE-15, año 2020 o más reciente

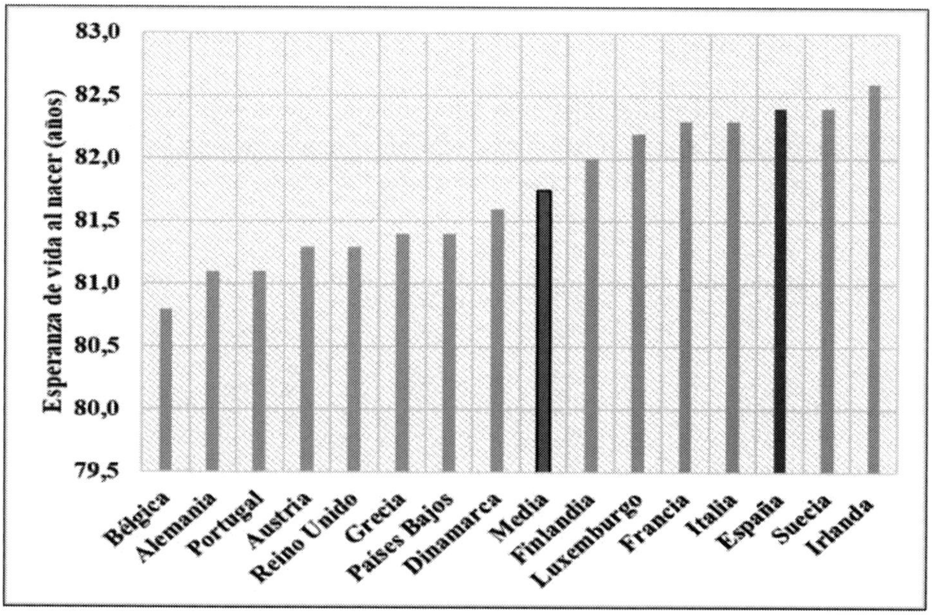

Fuente: Elaboración propia a partir de Eurostat (2020).

4.2. Gasto en salud como porcentaje del PIB

El Gráfico 7.3 muestra la evolución del gasto en salud expresado como porcentaje del PIB desde 1970 —o primer dato disponible— hasta 2020 para una selección de países de la UE-15 y la media de la UE-15. Los países seleccionados fueron Alemania (GE), España (ES), Finlandia (FI), Francia (FR), Grecia (EL), Italia (IT), Países Bajos (NL) y Reino Unido (UK). En los países seleccionados se observa en términos medios una tendencia creciente, pasando de un gasto en salud del 4,43% en 1970 —con los datos disponibles— hasta un 10,35% en 2020. Se podría considerar que el crecimiento ha sido constante, cercano a un 0,12% anual, pero en algunos periodos el peso del gasto en salud sobre el PIB ha crecido —y decrecido— más. Se podrían distinguir, por tanto, en términos medios estas fases: tendencia creciente desde inicios de los 70 hasta 1975 —crisis económica—, estancamiento hasta 1990, tendencia creciente hasta 2008-2009 —crisis económica—, tendencia decreciente hasta 2019 y crecimiento en 2020 —crisis del coronavirus—, alcanzando el valor máximo en términos medios en la serie temporal. Este análisis descriptivo por fases también muestra lo siguiente: excepto durante la crisis sanitaria y económica por la pandemia de COVID19, las crisis económicas iban seguidas de estancamiento e incluso disminuciones del gasto en salud como porcentaje del PIB.

Gráfico 7.3. Evolución del gasto en salud como porcentaje del PIB (1970-2020): Alemania, España, Finlandia, Francia, Grecia, Italia, Países Bajos, Reino Unido y media UE-15

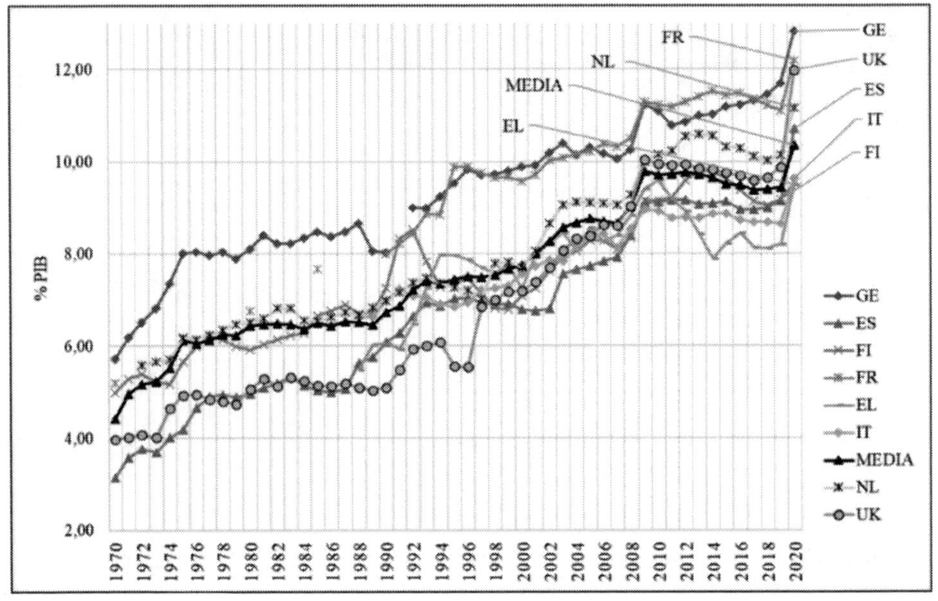

Fuente: Elaboración propia a partir de OCDE (2022).

4.3. Años de vida saludables y años de vida saludables a partir de los 65 años

Los años de vida saludables son un indicador interesante ya que relaciona la cantidad de vida —medida en años— con la calidad de esta. Si los años de vida que ganamos con el aumento de la longevidad son con buena o mala salud es relevante (Eurostat, 2022). La siguiente tabla (Cuadro 7.2) muestra este indicador para los países de la UE-14 —sin incluir al Reino Unido—. Como se observa, los años de vida saludables representan cerca del 80% de la esperanza de vida —se entiende, por tanto, que un 20% de la esperanza de vida irá ligada a algún tipo de dependencia, más o menos severa—. En la media de la UE-14 no existen prácticamente diferencias de género, pero sí que se dan en algunos países: por ejemplo, las mujeres tienen 2,1 años más de vida saludable que los hombres en Alemania, pero

2,8 menos en Países Bajos. Por otro lado, los años de vida saludables una vez que se han alcanzado los 65 años son, en términos medios, de 10,9 años para las mujeres y 10,3 para los hombres. España se sitúa en 0,6 años —mujeres— y 1,3 años —hombres— por encima de la media.

Cuadro 7.2. Años de vida saludables (2020) en UE-14

	Años de vida saludables al nacer			Años de vida saludables a partir de los 65 años		
	Mujeres	**Hombres**	**Diferencia**	**Mujeres**	**Hombres**	**Diferencia**
Alemania	66,8	64,7	2,1	11,7	10,4	1,3
Irlanda	66,8	65	1,8	7,6	7,6	0
Grecia	67,1	65,3	1,8	12,5	11,3	1,2
Italia	68,7	67,2	1,5	10,6	10,3	0,3
Francia	65,3	63,9	1,4	11,8	10,2	1,6
Austria	59,3	58,2	1,1	8,3	8	0,3
Bélgica	64	63,6	0,4	11	10,5	0,5
España	66,3	66,3	0	11,5	11,6	-0,1
Suecia	72,7	72,8	-0,1	16,4	15,4	1
Dinamarca	57,7	58,1	-0,4	11,9	10,4	1,5
Luxemburgo	62,4	64	-1,6	11,4	10,3	1,1
Finlandia	55,9	57,7	-1,8	10,3	9,4	0,9
Portugal	58,7	60,8	-2,1	7,1	8,4	-1,3
Países Bajos	59,6	62,4	-2,8	9,8	10	-0,2
Media UE-14	63,7	63,6	0,1	10,9	10,3	0,6

Fuente: Adaptado de Eurostat (2022).

4.3. Relación entre indicadores: mejoras en salud, pero no solo por aumentos de gasto

Los aumentos de la riqueza de un país van ligados a aumentos del gasto sanitario y los aumentos del gasto sanitario se asocian a mejoras en los estados de salud. Esto es así, pero como indican Oliva et al. (2018) ocurre hasta cierto punto. El siguiente gráfico (Gráfico 7.4) muestra en el mismo plano la esperanza de vida al nacer y el porcentaje de gasto sanitario como porcentaje del PIB —dos de los indicadores estudiados previamente— para el año 2020 en los países de la UE-15. Del gráfico hay que destacar lo siguiente. La variación entre la esperanza de vida máxima y mínima es de 2 años —no es muy elevada—. Sin embargo, la diferencia la horquilla de gasto sobre el PIB es del 8%, situándose la media en 10,35% sobre el PIB. No se detecta una clara tendencia que parezca indicar que a mayor gasto mayor esperanza de vida, porque países como Alemania, con un gasto en salud cercano al 13% sobre el PIB obtiene un resultado en esperanza de vida menor que países como, por ejemplo, España, Irlanda o Luxemburgo. Esto parece indicar, como se ha comentado previamente, que mayor gasto no tiene por qué ir asociado a mejores resultados de salud y que el uso eficiente y equitativo que se haga de los recursos, junto con otras características de los sistemas sanitarios y de los estilos de vida que adopta la población en los distintos países afectan a la salud: los determinantes sociales de la salud son importantes y hay que considerarlos, tal y como se explicaba en el primer epígrafe.

Gráfico 7.4. Esperanza de vida y gasto sanitario como porcentaje del PIB (2020)

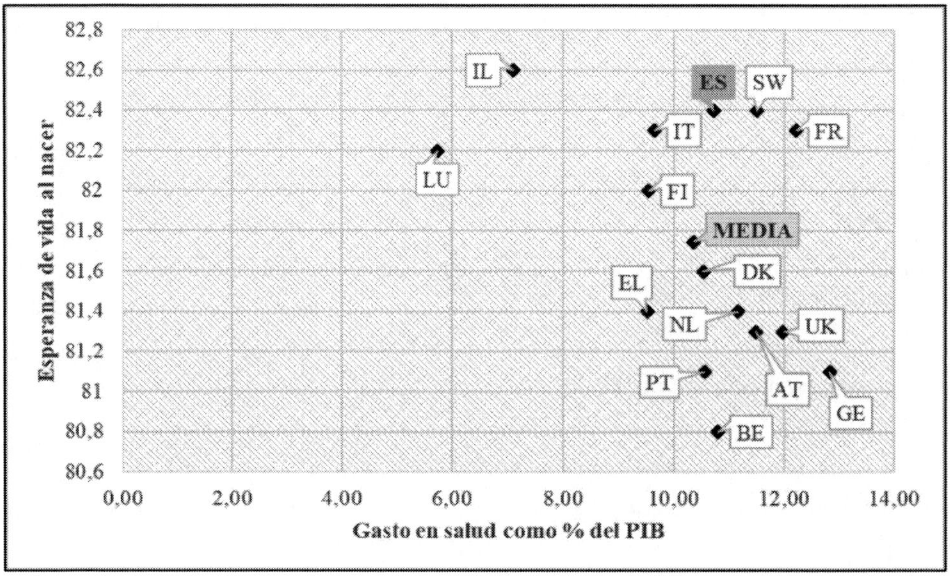

Fuente: Elaboración propia a partir de OCDE (2022) y Eurostat (2020).

Los resultados en salud presentados a través de los indicadores anteriores permiten destacar lo siguiente: 1) la salud de la población ha mejorado en las últimas décadas; 2) la importancia de la salud en la sociedad goza de un reconocimiento importante y creciente —el porcentaje del gasto en salud sobre el PIB ha aumentado con el paso de los años— y la tendencia parece que podría mantenerse tras la crisis de la pandemia —permitiendo desarrollar un enfoque político distinto al que se llevó a cabo en las crisis de los 70 y la financiera de 2008—; 3) el envejecimiento es una realidad ya materializada y condicionará las políticas sociales y de salud de los próximos años: la buena salud a partir de los 65 años será crucial; y 4) más gasto no tiene por qué ser equivalente a mejor estado de salud, es importante hacer una asignación eficiente y equitativa de los recursos. Algunas de las consecuencias de estos resultados se tratarán como retos en el siguiente epígrafe.

5. RETOS DE LA ATENCIÓN SANITARIA: PREVENCIÓN, ENVEJECIMIENTO Y ACCESIBILIDAD

La salud es una herramienta imprescindible para transformar y mejorar la sociedad. Los sistemas sanitarios cambian con el paso del tiempo, se adaptan a las necesidades sociales de épocas determinadas, pero también intentan anticiparse a los posibles cambios —algunos esperables— con el fin de dirigir las sociedades hacia estados de salud poblaciones más deseables.

Uno de los cambios más señalados por la literatura es el envejecimiento de la población. Según la Comisión Europea (2020), el proceso del envejecimiento en Europa va ligado a un aumento del gasto público en salud. Como se ha indicado en epígrafes anteriores, los recursos sanitarios son escasos y el envejecimiento de la población supondrá un aumento de la demanda de atención sociosanitaria. Ante ese reto deben considerarse dos elementos clave: las políticas de prevención de la enfermedad, el envejecimiento activo y la accesibilidad. Las estrategias de salud pública serán fundamentales para enfrentarse al reto del envejecimiento.

Entre los logros de los sistemas sanitarios destaca el aumento de la esperanza de vida y el aumento de la esperanza de vida en buena salud. Esta mayor longevidad se refleja en un incremento del número de personas mayores de 64 años. En 2050, 1 de cada 3 españoles tendrá 65 años o más y el gasto sanitario puede aumentar en más de 1 punto del PIB (Oficina Nacional de Prospectiva y Estrategia, 2021). Si bien las personas de más edad demandan más servicios sanitarios y la cercanía a la muerte lo aumenta, el estado de salud es más relevante y, en consecuencia, la prevención resultará determinante para afrontar el futuro.

La estrategia de salud pública del Ministerio de Sanidad (2022) define varias líneas estratégicas con diferentes acciones que permitirán —o deberían permitir— mejorar la salud y el bienestar de la población en el largo plazo y estas pasan por introducir mejoras en términos de gobernanza y vigilancia, pero también en términos de promoción de la salud y la equidad en la salud. Existen, por tanto, diferentes políticas de prevención de enfermedad desde la perspectiva de la salud pública y a continuación, se desarrollan tres medidas relevantes y alineadas con las estrategias del ministerio.

- **Favorecer la adopción de comportamientos y estilos de vida más saludables a lo largo de la vida**

La principal carga de la enfermedad en nuestras sociedades se debe a las enfermedades no transmisibles (ENT) —ictus, enfermedades cardiovasculares, diabetes o algunos tipos de cáncer—. Las ENT son enfermedades de larga duración y son una de las principales causas de mortalidad y morbilidad a nivel planetario. La prevalencia de estas enfermedades es superior, normalmente, en las cohortes de mayor edad porque una de las características de estas enfermedades es que su progresión es lenta. Una mala gestión de este riesgo conllevará aumentos del gasto en salud.

Una de las mejores formas para prevenir la aparición de las ENT es a través de hábitos y estilos de vida saludables. Dentro de estos se encuentran, principalmente, dos elementos clave: los hábitos alimentarios y la actividad física.

Los hábitos alimentarios están relacionados directamente con las ENT y, por ello, tener una buena alimentación es fundamental para evitar —o ralentizar— el desarrollo de estas enfermedades. Además, es importante adoptar patrones alimentarios que sean saludables y sostenibles desde la perspectiva de la salud individual y social, pero que respeten también el medio ambiente y los valores culturales. En ese sentido, la dieta mediterránea es un patrón alimentario idóneo porque la evidencia indica que la adhesión a esta se asocia con mejoras en los estados de salud a largo plazo —y la consecuente minoración de la carga presupuestaria del sector sanitario—. Además, tienen un menor impacto en el medio ambiente, mejora la cohesión de las relaciones familiares y beneficia las economías locales por estar basada en el consumo de productos frescos, de temporada y de cercanía.

La actividad física es fundamental para mantener un nivel adecuado de salud. La Organización Mundial de la salud indica que un nivel de actividad física puede considerarse saludable si se acumulan al menos 60 minutos de actividad física diaria de intensidad moderada y 30 minutos de actividad física intensa diaria o una combinación de ambos. La actividad física es beneficiosa para cualquier persona en cualquier momento de la vida y, si se realiza de forma rutinaria puede generar mejoras de salud y reducir el efecto no deseado de las ENT.

Ambos elementos combinados, si se evita el consumo de tabaco y alcohol, tienen un efecto en la salud superior. Aunque la promoción de un nivel adecuado de actividad física y una buena alimentación es importante en cualquier momento de la vida, estas políticas tienen efectos mayores cuando se aplican en la infancia, la adolescencia y el inicio de la etapa adulta, pues los hábitos y el estilo de vida se construyen, normalmente, en esa fase del ciclo vital.

Las políticas de salud pública que no incluyan estos elementos como eje central en la prevención se enfrentarán a la aparición de enfermedades en muchos casos evitables y también los gastos asociados a las mismas.

- **Envejecimiento activo**

Las políticas de prevención de salud son importantes para envejecer en buena salud y disminuir la carga del sistema sanitario, pero, a medida que se envejece, hay que considerar los beneficios derivados de que los ciudadanos sigan participando activamente en la vida económica y social. Según la Organización Mundial de la Salud, el envejecimiento activo es el proceso por el que se optimizan las oportunidades de salud, la participación y la seguridad con el fin de mejorar la calidad de vida de las personas a medida que envejecen. Europa celebró en 2012 el año europeo del envejecimiento activo y entre las recomendaciones en España 2050 se incluye la promoción de actividades para fomentar la autonomía de la población más envejecida.

Desde el punto de vista de la salud, las políticas de prevención siguen siendo fundamentales y, por ello, también es importante continuar con la promoción de buenos hábitos y estilos de vida saludables, desarrollados en el apartado anterior. En el ámbito laboral, el envejecimiento activo implica facilitar que las personas decidan jubilarse parcialmente y continúen desempeñando tareas concretas, manteniéndose activas durante más tiempo.

Desde el punto de vista social, la participación en la vida comunitaria y social, a través, por ejemplo, del voluntariado también, facilita mantenerse activo lo que incide positivamente en su grado de autonomía y su estado de salud. El contacto y las relaciones con otras personas favorece la sensación de bienestar individual y la salud, evitando los problemas de soledad.

Por otro lado, hay que considerar que estos cambios se reflejan en nuevos patrones de consumo y también suponen una aportación a la actividad económica. El estudio de Devesa et al. (2016) estimó que, en el gasto mensual medio para los mayores de 65 años, el mayor peso correspondía a las necesidades básicas —35%, en alimentación y ropa— y la vivienda —31% en luz, agua y teléfono—, pero que el tercer lugar, con un 18%, correspondía al ocio: viajes, excusiones, restaurantes o actividades caritativas entre otras. Esta información es importante, ya que las personas mayores de 65 años no solo son más, sino que tienen más años en salud y constituyen un grupo de consumo muy importante. Esta nueva economía se denomina economía plateada —*silver economy*— en ella se incluye cualquier actividad económica que sirva para satisfacer las necesidades de las personas mayores de 50 años.

- **Accesibilidad**

Como se ha estudiado, uno de los argumentos que justifican la intervención pública en materia sanitaria es garantizar la equidad y una de las maneras de definirla es que la posibilidad de acceder al servicio sea la misma para igual necesidad. Esta equidad también debe entenderse desde el punto de vista territorial. Sin embargo, el análisis de la situación urbana, rural y el fenómeno de la despoblación muestran la dificultad de cumplir este precepto por razones de coste y de eficiencia. De acuerdo con Alloza et al. (2021) el acceso a los servicios en las zonas rurales españolas en más difícil que en los países europeos. Este informe mide la facilidad en el acceso a través de los kilómetros que hay que recorrer para acceder a ellos y refleja que en las provincias españolas rurales sus ciudadanos tienen que recorrer 12, 4 kilómetros frente a los 2 kilómetros de las provincias urbanas. Esta situación se explica, entre otras razones, por la orografía y la importancia de las economías de escala, pero es obvio que hay decisiones que se deben de modular para mejorar el acceso a los servicios sanitarios en general. En la medida que algunos servicios básicos sanitarios para los ciudadanos no se oferten o no haya una fácil accesibilidad, es más complicado atajar el problema de la despoblación en numerosos municipios rurales de España.

En esta misma idea el informe de Goerlich et al. (2021) sobre la distribución de la población y accesibilidad a los servicios en España refleja cómo, en general, no hay problemas para acceder a servicios de atención primaria a través de los consultorios locales, pero que la accesibilidad se reduce cuando aumenta el nivel de especialización del servicio. En algunas provincias hay que recorrer más de 50 kilómetros y más de 40 minutos para acceder a un hospital.

En este reto, la telemedicina, entendida como la posibilidad de usar la tecnología para intercambiar información válida para el diagnóstico y prevención de enfermedades puede ser una oportunidad, pero, sin duda, las Comunidades Autónomas en el ámbito de sus competencias han de procurar una mejora en la accesibilidad con el fin de afrontar también el despoblamiento. Hay que tener en cuenta que los problemas de accesibilidad se presentan en municipios de pequeño tamaño y con un elevado porcentaje de personas mayores con dificultades en el uso de las nuevas tecnologías por lo que solo se pueden prestar estos servicios donde la presencialidad no sea condición previa, siendo necesario aumentar los recursos humanos en las zonas con peor acceso. Algunas de estas medidas se encuentran incluidas en el “Plan de Recuperación. 130 medidas para el reto demográfico”.

En definitiva, la política sanitaria busca mantener y mejorar la salud de sus ciudadanos. Su importancia se puede medir en función del gasto sanitario en términos del PIB y por sus resultados en salud. Entre los numerosos elementos que determinan el gasto sanitario, uno de ellos es el envejecimiento de la población. En este sentido, en las próximas décadas promover buenos hábitos de alimentación y de estilo de vida será fundamental para disminuir la carga de las enfermedades no transmisibles y alcanzar la vejez con buen estado de salud. El envejecimiento activo será también un elemento fundamental en el control del gasto sanitario a la vez que generará ingresos y beneficios para el conjunto de la sociedad. Finalmente, estas políticas deben de ser justas territorialmente y, en el caso de España, mejorar el acceso a determinados servicios sanitarios en los entornos rurales será un reto que considerar en el marco para frenar la despoblación de amplias zonas.

BIBLIOGRAFÍA

Alloza, M., González-Díez, V., Moral-Benito, E. y Tello-Casas, P. (2021). El acceso a servicios en la España rural. *Documentos Ocasionales, No 2122.* https://repositorio.bde.es/handle/123456789/17531

Béland, D., Morgan, K. J., Obinger, H. and Pierson, C. (2021). *The Oxford Handbook of the Welfare State* (2nd ed.). Oxford University Press. https://doi.org/10.1093/oxfordhb/9780198828389.001.0001

Davis, J. B., and McMaster, R. (2017). *Health Care Economics.* Routledge.

Devesa, J. E., Devesa, M., Meneu, R., Alonso, J. J., Domínguez, I., Encinas, B., Escribano, F., Moya, P., Pardo, I. y del Pozo, R. (2016). *La revolución de la longevidad y su influencia en las necesidades de financiación de los mayores.* Fundación Edad & Vida.

Esping-Andersen, G. (1990). *Three worlds of welfare state capitalism.*

European Commission. (2020). *Report on the Impact of Demographic Change.* https://ec.europa.eu/info/strategy/priorities-2019-2024/new-push-european-democracy/impact-demographic-change-europe_en

Eurostat. (2020). *Population and social conditions.* Eurostat.

Eurostat. (2022). *Healthy life years statistics.* Statisticas Explained. https://ec.europa.eu/eurostat/statistics-explained/index.php?title=Healthy_life_years_statistics#Healthy_life_years_at_age_65

Folland, S., Stano, M., and Goodman, A. C. (2017). *The Economics of Health and Health Care* (8th ed.). Routledge.

Glied, S. and Smith, P. C. (2013). *The Oxford Handbook of Health Economics* (Vol. 44, Issue 1). Oxford University Press. https://doi.org/10.1111/rsr.13396

Goerlich, F. J., Maudos, J. y Mollá, S. (2021). *Distribución de la población y accesibilidad a los servicios en España.* Fundación Ramón Areces.

Ministerio de Sanidad. (2022). *Estrategia de salud pública 2022. Mejorando la salud y el bienestar de la población*. Ministerio de Sanidad.

Ministerio de Sanidad Servicios Sociales e Igualdad, Comisión para reducir las desigualdades sociales en salud en España. (2015). *Avanzando hacia la equidad Propuesta de Políticas e desigualdades Sociales en salud en España*. Ministerio de Sanidad Servicios Sociales e Igualdad.

OCDE. (2022). *Health expenditure and financing: Health expenditure indicators*. OECD Health Statistics (Database). https://doi.org/10.1787/data-00349-en

Oficina Nacional de Prospectiva y Estrategia. (2021). *España 2050: Fundamentos y propuestas para una Estrategia Nacional de Largo Plazo*. https://www.lamoncloa.gob.es/presidente/actividades/Documents/2021/200521-Estrategia_Espana_2050.pdf

Oliva, J., González, B., Trapero, M., Hidalgo, Á. y del Llano, J. E. (2018). *Economía de la Salud*. Pirámide.

World Health Organization. (2010). *A conceptual framework for action on the social determinants of health*. World Health Organization. https://doi.org/10.1111/hsc.12840

Palabras clave

Política sanitaria
Estado de Bienestar
Salud
Salud pública
Gasto en salud
Población
Bienestar
Regímenes de bienestar
Resultados en salud
Fallos de mercado
Eficiencia
Equidad
Accesibilidad
Prevención
Hábitos alimentarios
Actividad física
Envejecimiento
Envejecimiento activo
Accesibilidad
Financiación

Capítulo 8

Las políticas educativas

ÁNGEL SOLER GUILLÉN
Departamento de Economía Aplicada
Universidad de Valencia

IVÁN VICENTE CARRIÓN
Departamento de Análisis Económico
Universidad de Valencia

1. PROBLEMAS EN EL SISTEMA EDUCATIVO

La educación es entendida como un elemento esencial y de primer orden en la mayoría de las sociedades actuales, especialmente en aquellas más avanzadas en términos económicos, políticos y sociales. Sin embargo, Adam Smith, considerado padre de la economía moderna, ya subrayó en *La riqueza de las naciones* (1776) la importancia de la educación como herramienta de aprendizaje y mejora de las habilidades, además de un potenciador de las capacidades productivas de los seres humanos como generadores de renta y riqueza en una economía. Casi doscientos años después los economistas Jacob Mincer y Gary Becker, en línea con esta idea, desarrollaron y popularizaron la teoría del capital humano, según la cual la educación se concibe como una forma de inversión en la que se renuncian a los ingresos de hoy para obtener mayores ingresos mañana. Por tanto, la educación y la experiencia incrementan directamente la productividad de los trabajadores y, en consecuencia, su salario.

Esta teoría se contrapone a la teoría de la señalización, según la cual las empresas tienen menos información que los trabajadores sobre su productividad y utilizan la adquisición de educación de los trabajadores como una señal de mayor productividad. La diferencia fundamental con la teoría del capital humano, acuñada por Theodore Schultz, estriba en que se considera que la educación por sí misma no permite ser más productivo, que la productividad depende de las cualidades innatas de los individuos y que la educación lo que permite es acreditar que se dispone de esas cualidades. De hecho, Gary Becker, galardonado con el Premio Nobel en 1992, propuso un modelo, actualmente muy extendido en las aulas de todo el mundo, donde el capital humano formaba parte de la función de producción de la empresa, lo que podría ser explicado únicamente por la teoría del capital humano.

Más allá de una esperada correlación positiva entre educación y productividad, una mayor educación tiene diversos beneficios individuales, tanto monetarios como no monetarios. Desde el punto de vista de los monetarios, el primero, y probablemente uno de los más atractivos, es la mejora del salario, aunque también afecta positivamente a las oportunidades de empleo, y la capacidad emprendedora y organizativa, entre otros.

Respecto de los beneficios no monetarios, se debe tener en cuenta que un mayor nivel educativo no implica únicamente un mayor conocimiento en un área específica, pues el aprendizaje suele ser transversal. Los individuos más educados tienden a disfrutar de una mejor salud, tanto física como mental, debido a sus mejores hábitos, alargando su esperanza de vida. Además, también muestran una mayor satisfacción general con la vida, con un especial gozo del arte y la cultura. Como se puede observar, los efectos de la educación van más allá del salario o la ocupación, habiendo nombrado únicamente una pequeña porción de los efectos positivos no monetarios, que son, muchas veces, difíciles de cuantificar.

Todos estos beneficios podrían llevar al lector a entender la educación como una inversión con rentabilidades únicamente privadas, y que, por tanto, el riesgo de dicha inversión debe ser tomado únicamente a nivel individual, sin intervención alguna del Estado. No obstante, los beneficios sociales, o externalidades positivas, también deben ser tomados en cuenta. Un país con una población más educada tiende a conseguir una mayor recaudación fiscal, un mayor crecimiento económico, una mayor productividad y capacidad de innovación. Todo ello conduce a que se observe, además del fin social de la educación, un fin económico relacionado con la eficiencia, pues la educación posibilita disponer de una población más productiva, y una economía en sentido amplio más eficiente.

Respecto de las externalidades no monetarias, estas se basan en el particular comportamiento que muestra la población más educada. En una sociedad donde existe un gran porcentaje de población altamente educada, es una sociedad más abierta al cambio, con mayores niveles de confianza, una mayor conciencia de la equidad y menores problemas derivados de la inseguridad, con una democracia más fuerte y participativa. En consecuencia, la educación cumple un fin político, pues posibilita que la población tenga más información y pueda tomar sus decisiones políticas con mayor consciencia. Todos estos beneficios, tanto privados como sociales, quedan recogidos en el Gráfico 8.1 en la que se resume el impacto de incrementar el nivel educativo.

Gráfico 8.1. Beneficios derivados del incremento del nivel de estudios de la población

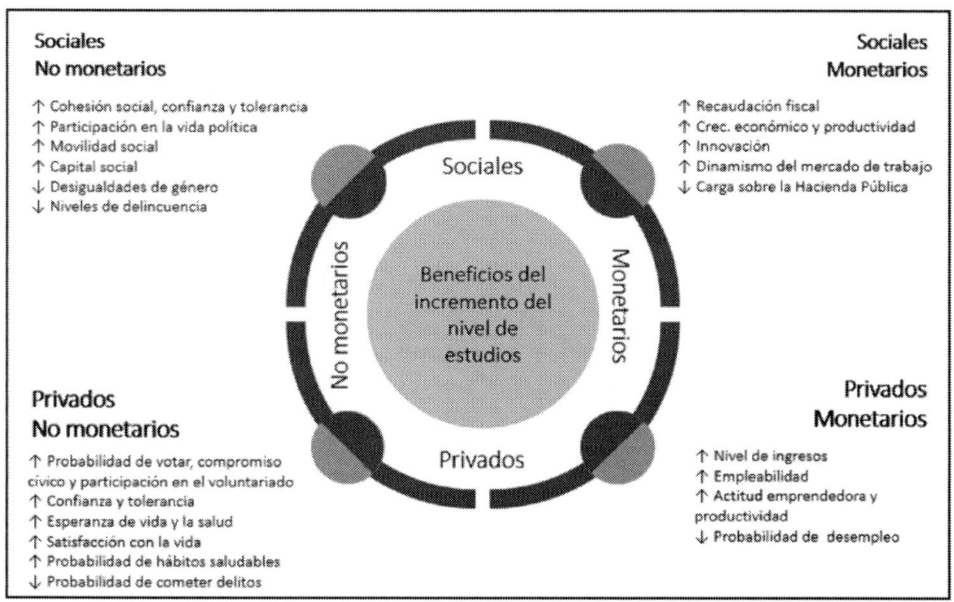

Fuente: Elaboración propia.

Teniendo en cuenta que también existen efectos positivos para el conjunto de la sociedad, el debate sobre quién debería realizar la mayor parte de la inversión queda abierto. Con todo, el uso del término "externalidad positiva" ya indica que el mercado, por sí mismo, no produce el resultado más eficiente para la sociedad, sino que lo hace por debajo del nivel considerado óptimo. En consecuencia, los recursos no se asignan de la manera más eficiente sin la intervención del Estado. De ello se deriva que de no existir intervención pública en el ámbito de la educación, los individuos más favorecidos serían los que accederían a ella, mientras que la población perteneciente a grupos socioeconómicamente más desfavorecidos podría quedar excluida. Por consiguiente, la falta de igualdad de oportunidades puede provocar que no se utilice todo el capital humano potencialmente disponible, lo que conduce a una distribución ineficiente de los recursos, además de ser socialmente injusta. En este capítulo se entiende por "intervención pública en educación" a la financiación de la educación, dejando de lado la discusión entre producción y provisión de la educación.

Los anteriores argumentos conducen a pensar que existen razones de bienestar social, en el sentido económico del término, para justificar la intervención pública en el sector educativo, principalmente a través de la financiación. Pero, además, no podemos ignorar los motivos de justicia social. Negar la educación a aquellos que no pueden permitírsela, implicaría negar todos los beneficios individuales anteriormente mencionados, con efectos directos en sus condiciones de vida, durante todo el ciclo vital. Lo que podría resumirse en una falta de igualdad de oportunidades basada en el origen socioeconómico de los individuos.

Una sociedad donde no existe una elevada igualdad de oportunidades es una sociedad con una escasa movilidad social, donde el futuro de los individuos queda prácticamente determinado por el origen familiar. La situación económica de los hijos sería fácilmente predecible con la de sus padres, repitiéndose el patrón generación tras generación. Es por ello por lo que la educación es catalogada como prioritaria para hacer funcionar el "ascensor social" entre las diferentes generaciones, acercando a la sociedad a la a veces ansiada, aunque también polémica, meritocracia.

Para que la educación consiga realmente reducir las desigualdades, en primer lugar, debe garantizar que se da igualdad de oportunidades tanto en su acceso como en su aprovechamiento. La primera fuente de desigualdades parece superada en los países más desarrollados, pues los jóvenes pueden y deben ir a la escuela, aliviando el problema de selección adversa en el acceso, pues la decisión de acudir a la escuela no recae en las propias familias sino en el Estado. Consecuentemente, alrededor del 90% de los jóvenes entre 4 y 17 años de los países miembros de la OCDE están matriculados en la escuela, que, si bien es cierto que es una cifra mejorable, el foco debería situarse en las diferencias de rendimiento educativo del estudiantado explicadas por el origen socioeconómico.

La influencia del nivel de estudios de los padres, o su riqueza, en el aprendizaje de sus descendientes ha suscitado un gran interés a los economistas de la educación, aunque sin duda el trabajo más destacado es el conocido como Informe Coleman (1996), de un gran impacto mediático para la época (Coleman et al., 1996). Este informe se realizó como consecuencia de la preocupación social acerca de los resultados educativos obtenidos por los estudiantes a finales de los años noventa en Estados Unidos, y es el resultado de un proyecto en el que se realizó una gran recopilación de datos, con más de 600.000 estudiantes agrupados en más de 3.000 escuelas. Sin duda, el principal resultado fue que el alumnado de origen socioeconómico similar tendía a obtener un desempeño educativo no significativamente distinto.

El resultado de Coleman y coautores muestra una falta de igualdad de oportunidades dentro del propio sistema educativo, dificultando su labor como engranaje principal del "ascensor social". Roemer, primer autor que acuñó el término "igualdad de oportunidades" en economía en el año 1998, sostenía que existían dos fuentes de desigualdad educativa, una relacionada con el esfuerzo y la otra con las circunstancias (Roemer, 1998). La única fuente de desigualdad legítima sería aquella relacionada con el esfuerzo, pues la idea de Roemer se basaba en que "a mismo esfuerzo", lo justo, en sus propios términos, sería obtener "el mismo resultado". Es cierto que diferenciar entre "esfuerzo" y "circunstancias" no es siempre sencillo puesto que se debe contar con diferencias biológicas y genéticas que son una fuente adicional de desigualdad. Sin embargo, esta teoría ayuda a entender que las diferencias no son necesariamente ilegítimas, pues lo realmente relevante es cómo estas se han generado.

Debe considerarse que las desigualdades educativas no pueden explicarse únicamente por el diferente esfuerzo que han realizado los y las estudiantes. Parte de esa desigualdad se debe, como hemos comentado anteriormente, a las circunstancias o entorno socioeconómico de origen del estudiantado, sobre el cual no han tenido ninguno tipo de decisión. Las circunstancias son, para Roemer, todo aquello que escapa al control del propio alumnado y son las que precisamente crean las desigualdades ilegítimas, según el propio autor, y por tanto, las que deberían ser reducidas o eliminadas por el Estado.

Estas desigualdades ilegítimas provocan, a su vez, dos tipos de desigualdades educativas diferenciadas: las desigualdades primarias y las secundarias (Erikson & Jonsson, 1996; Müller, 2014). El primer tipo de desigualdades es el que surge del efecto directo del entorno socioeconómico sobre los logros educativos, ocasionando que los individuos socioeconómicamente más favorecidos tiendan a mostrar un rendimiento elevado durante la etapa educativa. Esto se explica a través de unas mejores aptitudes educativas, probablemente relacionadas con el mayor apoyo recibido en el hogar, además de la mayor disponibilidad de recursos tanto económicos como no económicos, consecuencia del superior nivel socioeconómico de la familia.

Las desigualdades secundarias se relacionan con el proceso de toma de decisiones de los estudiantes y sus familias, también conocido por su terminología inglesa como *decision-making process,* y no tanto con el desempeño o logros educativos conseguidos. Estas desigualdades aparecen cuando individuos con unos resultados educativos similares, toman diferentes decisiones durante su etapa educativa, en función de la información disponible en su familia, obteniendo diferentes rendimientos de la educación. Dadas unas aptitudes educativas similares, los estudiantes tienen preferencias distintas como consecuencia de su entorno familiar o socioeconómico.

Dado que la principal fuente de información del alumnado es el núcleo familiar, este puede influir de forma desigual en el futuro de los individuos, dependiendo del estrato socioeconómico del que se proceda. De este modo, los estudiantes que provienen de entornos en los que ningún miembro del núcleo ha logrado obtener un título universitario, es probable que no midan de manera similar los costes y beneficios de educarse que aquellos que sí lo tienen, fruto de la asimetría en la información acerca de la decisión de educarse.

Uno de los ejemplos más claros de la desigualdad informativa es que el desajuste existente entre el desempeño educativo y las expectativas de futuro es más frecuente en los entornos más desfavorecidos. Esto se traduce en que los estudiantes que proceden de entornos desfavorecidos que han demostrado unas habilidades cognitivas relativamente superiores al resto (reciben el nombre de "resilientes" en la literatura) no contemplan un futuro laboral acorde a su excelente rendimiento. Otro ejemplo podría ser la mayor presencia del abandono educativo temprano en el alumnado con menores recursos económicos, en gran parte explicados por los menores niveles educativos de los progenitores.

Conocida la problemática a la que se enfrenta el sistema educativo para reducir la desigualdad, cabe plantearse ¿qué herramientas tienen los poderes públicos para intervenir en la educación? y ¿cómo puede el Estado contribuir a reducir las desigualdades educativas? Respecto a la primera cuestión, el Estado cuenta principalmente con cuatro herramientas: la regulación, la financiación (otorgando becas, préstamos y bonos, entre otras medidas) y la provisión o producción pública y/o privada.

La respuesta a la segunda cuestión planteada no es sencilla, pero la primera política pública educativa que sale a la palestra es la política de gasto. Si se observan desigualdades relacionadas con el nivel de recursos disponibles con los que cuenta el alumnado, parece lógico pensar primero en eliminar esas diferencias económicas. Sin embargo, la problemática es más compleja de lo que pudiera parecer según las investigaciones realizadas.

La relación entre gasto público, desempeño educativo e igualdad de oportunidades no es una relación constante ni necesariamente lineal y, no siempre, gastar más implica obtener mejores resultados en términos de igualdad de oportunidades. Algunos estudios previos han mostrado que existe un cierto techo de gasto, a partir del cual, gastar más parece no tener un efecto positivo en la adquisición de conocimientos, ni tampoco en la reducción del efecto del entorno socioeconómico en el mismo (Agasisti et al., 2017; OECD, 2020; Vicente et al., 2021). Debe considerase que la diferente renta per cápita de los países condiciona alcanzar el techo de gasto en educación, y que en los países más desarrollados se ha superado este meta, a partir de la cual se requieren mejoras en la eficiencia para obtener mejoras en el rendimiento y en la igualdad de oportunidades, mientras que en los menos desarrollados este techo de gasto todavía no se ha alcanzado.

Aunque estos estudios, que utilizan el término "resiliencia" para medir la igualdad de oportunidades, dan una cifra aproximada de gasto, lo que parece más cierto es que en los países más desarrollados este techo suele estar superado. Es por ello por lo que, en los países desarrollados, una de las políticas a implementar sea la del aumento de la eficiencia en el gasto público, destinando los recursos de forma que los grupos socioeconómicamente más desfavorecidos sean los que, en mayor medida, se beneficien de él, por ejemplo, a través de una eficaz política de becas. Por otra parte, se evidencia una falta de gasto público en los países menos desarrollados, donde el déficit de recursos económicos constituye un problema significativo, con necesidades importantes de infraestructuras, capital físico y humano.

Como se ha comentado previamente al describir las desigualdades educativas secundarias, el efecto de pertenecer a un entorno socioeconómico más favorecido no posee efectos positivos únicamente por la cantidad de recursos económicos disponibles, especialmente en los países con mayor nivel de renta. Contar unos padres con un alto nivel educativo implica que dichos progenitores conocen la importancia relativa de educarse, tienen experiencia en ese ámbito y, probablemente, aportarán todo el apoyo posible en el hogar con el objetivo de que sus descendientes alcancen al menos el mismo nivel educativo que ellos. Además, debe señalarse que la red de contactos suele ser más amplia en ese tipo de contextos más favorecidos, lo que influirá a la hora de insertarse en el mercado laboral.

La propuesta de los trabajos anteriormente mencionados, para los países más ricos, suele ser una política de mejora en la eficiencia en el gasto, es decir, no gastar más sino gastar de una manera más inteligente. Esto implica una redistribución del gasto en aquellas partidas que sean más necesarias, especialmente en el capital humano. Desde el punto de vista de la igualdad de oportunidades, uno de los objetivos podría ser reducir la desigualdad informativa del alumnado, especialmente la de los más desfavorecidos, a través de una mayor provisión de orientación educativa proporcionada por el departamento de orientación del centro. Asimismo, existe evidencia empírica de que la mejora de las condiciones laborales y de valorización del profesorado, contribuye de forma clara al aumento del rendimiento educativo del alumnado, y consecuentemente la mejora de la igualdad de oportunidades dentro del sistema educativo.

2. DISEÑO DE LA POLÍTICA EDUCATIVA

La política educativa en España sigue un esquema organizativo protagonizado por tres agentes en estrecha relación, como son el Estado, las Comunidades Autónomas y la Unión Europea. La Constitución Española de 1978 estableció un reparto de competencias educativas entre las comunidades autónomas, siendo Cataluña y el País Vasco las primeras en recibirlas en el ámbito no universitario, y junto a la Comunitat Valenciana en el caso de la educación universitaria, en los años 1980 y 1985 respectivamente al nivel educativo. El reparto competencial finalizó en 1999 para la educación no universitaria (Asturias, Castilla y León, Castilla-La Mancha, Extremadura, Madrid y Murcia), y en 1996 en el caso de la educación universitaria (Aragón, Illes Balears, Cantabria, Castilla-La Mancha y La Rioja). La integración de España a la Unión Europea determina la existencia de una dimensión educativa europea.

Mediante la política de educación las autoridades educativas han tratado de adaptarse a los múltiples cambios que ha experimentado una sociedad sometida a grandes cambios estructurales y de modernización. Ello se ha reflejado en los constantes cambios en las orientaciones y en las continuas evaluaciones y reformas llevadas a cabo en el sistema educativo español. Consecuentemente en los últimos cuarenta años ha habido una prolífica normativa educativa (Cuadro 8.1), cuyos continuos cambios legislativos ponen de relieve la falta de consenso secular en el diseño de una ley de educación, con aspiraciones de perdurar en el tiempo y lograr los objetivos perseguidos.

Cuadro 8.1. Leyes educativas en España, 1985-2023

- Ley Orgánica 8/1985 Reguladora del Derecho a la Educación (LODE)
- Ley Orgánica 1/1990 de Ordenación General del Sistema Educativo (LOGSE)
- Ley Orgánica 9/1995 de Participación, Evaluación y Gobierno de los Centros Docentes (LOGEP)
- Ley Orgánica 6/2001 de Universidades (LOU)
- Ley Orgánica 10/2002 de Calidad de la Educación (LOCE)
- Ley Orgánica 2/2006 de Educación (LOE)
- Ley Orgánica 4/2007 de Modificación de la LOU (LOM-LOU)
- Ley Orgánica 8/2013 para la Mejora de la Calidad Educativa (LOMCE)
- Ley Orgánica 3/2020 por la que se modifica la Ley Orgánica 2/2006 de Educación (LOMLOE)
- Ley Orgánica 2/2023 del Sistema Universitario (LOSU)

Fuente: Elaboración propia a partir del BOE.

Los objetivos que se plantea la política educativa son diversos y pueden clasificarse en extensivos, intensivos y de homogeneización internacional. Los extensivos hacen referencia a lograr un aumento de la población escolarizada, que dependiendo de la situación económica y social del país se centrará en los niveles de estudio obligatorios o postobligatorios. En España la tasa de matriculación en los niveles de estudios obligatorios (entre los 6 y los 16 años) se encuentra muy próxima al 100%, mientras que en los estudios postobligatorios se observan importantes problemas, siendo el más destacado el abultado abandono educativo temprano (población entre 18 y 24 años que ha abandonado la educación y la formación sin completar estudios de nivel superior a la enseñanza obligatoria, pudiendo no haber completado con éxito la ESO). Uno de los retos de España es reducir su tasa de abandono educativo temprano, y conseguir que esta población joven continúe realizando estudios que la capaciten para desenvolverse en una sociedad digitalizada, que progresivamente exige más competencias.

Los objetivos intensivos hacen referencia a la mejora de la calidad de la docencia y a la mayor adecuación de la educación al tejido productivo, lo que posibilitará una mejora de la inserción laboral de la población joven, y con ello una reducción de la tasa de paro juvenil, que en 2022 se encuentra alrededor del 30%. Las posibilidades de mejora en calidad de la educación son notables, tal y como señala el informe *The Global Competitiveness Report* elaborado por *World Economic Forum*, en el que el sistema educativo español, pese a situarse en unas de las primeras posiciones internacionales en relación con las tasas de matriculación en educación primaria y superior, sus indicadores de calidad muestran unas posiciones relativamente mediocres. Adicionalmente, en el Programa para la Evaluación Internacional de Alumnos (PISA), elaborado por la OCDE, revela la posición relativa de España en el contexto de la OCDE es mejorable al situarse por debajo de la media y no experimentar avances sustanciales en las últimas oleadas.

El objetivo de homogeneización internacional se plasma en la adaptación a estándares internacionales educativos, con la pertenencia al Espacio Europeo de Educación que persigue eliminar los obstáculos al aprendizaje y mejorar el acceso a una educación de calidad, o el Espacio Europeo de Educación Superior que fomenta de la competitividad del sistema universitario europeo en el ámbito internacional, y la adopción de un sistema comparable de titulaciones universitarias en Europa, facilitando así la movilidad de los profesionales y estudiantes, y aumentando la competitividad internacional.

La política educativa se articula a través de diferentes acciones específicas que tratan de alcanzar los objetivos enumerados. Estos medios pueden clasificarse en seis tipos distintos de políticas específicas: institucionales, de reordenación del sector público, de infraestructuras, regulatorias extensivas, regulatorias intensivas y financieras.

Las *políticas institucionales* definen el modelo educativo que se persigue, estableciendo el tipo de producción (en términos público-privado), y el tipo de provisión de la educación, que puede ser público, privado o concertado. Es en este tipo de políticas en las que se someten a discusión grandes áreas de la educación pues se plantea y cuestiona el modelo educativo, que deberá llevar asociado una política de financiación acorde, además de plantearse medidas concretas acerca de la ampliación o reducción de la privatización de la educación y establecer las regulaciones que se consideren oportunas. Concretamente en el caso español, durante el curso 2020/21 el 67,3% del alumnado no universitario estaba matriculado en la enseñanza pública, el 25,2% en la privada concertada y el 7,5% en la privada sin concierto.

Las políticas de reordenamiento del sector público en el ámbito de la educación han conducido a la descentralización de esta, y a la asunción de las competencias en esta materia por las comunidades autónomas (con diferentes velocidades) como se detalla en el Cuadro 8.2. Estas políticas también se dirigen a realizar una reorganización funcional del sector, a través de cambios en el grado de autonomía de los centros, como por ejemplo el grado de autonomía de las universidades a través del cual estas desempeñan sus funciones con plena capacidad jurídica y se les garantiza el derecho a autorregularse, organizarse y administrarse sin injerencias de otros colectivos. Otro ejemplo de esta política lo constituye la autonomía escolar y de los directores de los centros, que en España se encuentra escasamente desarrollada en relación con su capacidad de decisión, tanto en lo que afecta a su organización como a su modo de funcionamiento. Debe tenerse en cuenta que las investigaciones y los informes internacionales ponen de relieve que una mayor autonomía de los centros educativos posibilita un aumento en la calidad de enseñanza y una mejora de los resultados, en la medida en que, unida a la rendición de cuentas, potencia una mayor implicación del profesorado y un liderazgo escolar que impulsa los procesos de mejora.

Cuadro 8.2. Año de publicación del Real Decreto de transferencia de la Educación a las comunidades autónomas

A) Educación no universitaria

Comunidades	Año
País Vasco Cataluña	1980
Galicia Andalucía	1982
Comunidad Valenciana Canarias	1983
Navarra	1990
I. Baleares	1997
La Rioja Cantabria Aragón	1998
Murcia Madrid Extremadura Castilla-La Mancha Castilla y León Asturias	1999

A) Educación universitaria

Comunidades	Año
Comunidad Valenciana País Vasco Cataluña	1985
Canarias Andalucía	1986
Navarra Galicia	1987
Murcia Madrid Extremadura Castilla y León Asturias	1995
La Rioja Castilla-La Mancha Cantabria I. Baleares Aragón	1996

La política de infraestructuras constituye otro de los pilares de la política educativa, pues va a ser la responsable de la configuración de la red de centros de enseñanza, desde las primeras de la educación hasta la universitaria, así como de su tamaño y distribución territorial. Asimismo, se va a ocupar de la gestión de las infraestructuras y de la financiación tanto de los edificios como de los equipamientos contenidos en ellos.

En relación con el número de centros educativos no universitarios en España, desde el curso 2005/06 hasta el curso 2021/22 se ha producido un crecimiento de casi el 25%, un incremento de los centros públicos del

18%, y una destacada variación en del número de centros privados (42%). En el último curso académico disponible, la educación en España cuenta con una red de 28.369 centros educativos de los que 19.145 son de titularidad pública y 9.224 de titularidad privada. En cuanto a su distribución geográfica, las regiones con mayor porcentaje de centros privados sobre el total alcanzan el 50% en la Comunidad de Madrid y el 37% en la Comunidad Valenciana, mientras se limitan al 12% en Extremadura y al 21% en Castilla-La Mancha.

Las políticas regulatorias, tanto extensivas como intensivas ocupan un lugar destacado en el diseño de la política educativa, al establecer el marco normativo de la educación. Las primeras van a ocuparse de aspectos generales como la fijación de la edad de escolarización en el país, la estructura de los niveles de enseñanza, así como la concreción de la concertación con el sector privado. En España, los sucesivos cambios legislativos han conducido a cambios sustanciales como la universalización de la educación en los niveles obligatorios o el aumento de la edad obligatoria de escolarización de los 14 años a los 16 años de la mano de la LOGSE.

Este tipo de políticas también son responsables de aspectos particulares relacionados con los servicios de la enseñanza como son el establecimiento del calendario escolar, la carga lectiva del personal docente (que será diferente dependiendo de si pertenecen al colectivo del sector público o privado), el catálogo de titulaciones disponibles para el estudio, las características que debe cumplir el personal docente para formar parte de la plantilla de formadores y educadores, y los centros escolares en relación con las infraestructuras. Por último, las cuestiones relacionadas con la coordinación entre los distintos niveles de enseñanza, y su relación con el aparato productivo también quedan amparadas bajo este tipo de políticas regulatorias.

Por otro lado, las políticas regulatorias intensivas, que son aquellas directamente relacionadas con la calidad de la enseñanza, van a considerar aspectos relacionados con los servicios de enseñanzas especiales, por ejemplo las que se ocupan de la educación en las zonas rurales, en los colectivos de población inmigrante, la formación de la población adulta y/o ocupacional, así como la relacionada con grupos sociales con problemáticas especiales que pueden desembocar en abandono educativo temprano y fracaso escolar.

Entre las funciones de este tipo de políticas se encuentra la determinación de un sistema de calificación adecuado y proporcionado para el alumnado, así como de un programa de formación para el profesorado que le mantenga constantemente actualizado para hacer frente a los cambios formativos y tecnológicos que están teniendo lugar desde inicios del siglo XXI.

A su vez, se van a requerir modificaciones en los programas docentes que posibiliten la realización de los cambios en las competencias del alumnado, incremento en la innovación e investigación educativa acompañada del incremento de recursos económicos destinados a infraestructuras y equipamientos que posibiliten el aumento del uso de tecnologías cada vez más avanzadas en el aula. Finalmente, contribuirán de forma efectiva a la mejora de la calidad de la enseñanza las medidas encaminadas al perfeccionamiento de la inspección educativa, y aquellas orientadas a la mejora de la evaluación del sistema educativo.

La última de las patas que se considera en el diseño de la política educativa concierne a la política financiera. De ella va a depender el porcentaje de financiación pública que reciba la educación privada y/o concertada; el reparto de fondos entre los distintos niveles educativos; el establecimiento de las tasas públicas y los controles de precios que puedan llegar a establecerse sobre la enseñanza privada; la política de becas, independientemente de que el criterio de concesión se base en criterios de renta familiar o se complemente con los resultados académicos, y el fomento de préstamos a universitarios para la realización de estudios.

3. EJECUCIÓN DE LA POLÍTICA EDUCATIVA Y RESULTADOS

En la ejecución de la política educativa en España se van a tener en cuenta dos aspectos íntimamente relacionados: el impacto sobre la igualdad de oportunidades (eje temático de este capítulo dedicado a la educación) y los efectos sobre la excelencia o desempeño educativo del alumnado. En este análisis, la política de gasto educativo y la asignación de los recursos en educación van a ocupar un plano destacado desde diferentes perspectivas, tanto en el plano internacional como en el temporal.

La contextualización de España en el plano internacional en términos de gasto en educación resulta relevante y pertinente para conocer la situación de nuestro país respecto de países relativamente similares, como es el conjunto de los países de la OCDE. En el Gráfico 8.2 se muestra el gasto total, es decir, tanto el público como el privado, en educación para el año 2019 para una selección de países pertenecientes a la OCDE, diferenciando por niveles educativos. El gasto se mide en dólares en términos de paridad de poder adquisitivo ($PPP), es decir, corrigiendo por el tipo de cambio de la moneda y el diferente poder adquisitivo de los países, pues un dólar tiene diferente capacidad de compra en distintos países, y, por tanto, no se pueden adquirir los mismos bienes y servicios con la misma cantidad de moneda. La medición en dólares corregida por el poder adquisitivo es una práctica habitual cuando se realizan comparaciones internacionales, ya que de otra manera no sería posible comparar las cantidades invertidas, en este caso en educación.

En el panel A del Gráfico 8.2 se observa cómo España se encuentra ligeramente por debajo de la media en el gasto total por estudiante respecto de la OCDE y de la UE-22, con un nivel de gasto de unos 10.000$ por estudiante a nivel agregado. Claramente por debajo de los líderes como lo son Luxemburgo con un gasto superior a los 25.000$ (por su especial casuística), Estados Unidos (19.383$), Noruega (17.757$), Austria (17.167$) y Reino Unido (15.453$). El resultado se repite también para todas las etapas educativas, es decir, para primaria, secundaria y terciara. Esto podría revelar un gasto educativo insuficiente, aunque para medir el esfuerzo que realiza España, como nación, para mantener y mejorar la educación se debe tener en cuenta su capacidad económica y hacer las comparaciones en términos relativos a esta.

Gráfico 8.2. Gasto total en educación. Selección de países de la OCDE (2019, dólares PPA)

A) Gasto total por estudiante

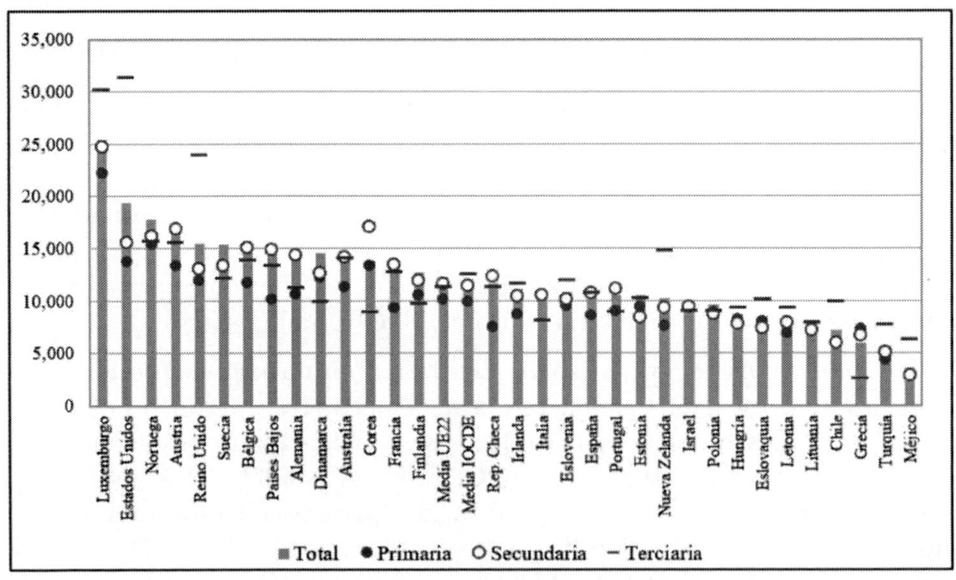

B) Gasto total por estudiante respecto del PIB per cápita

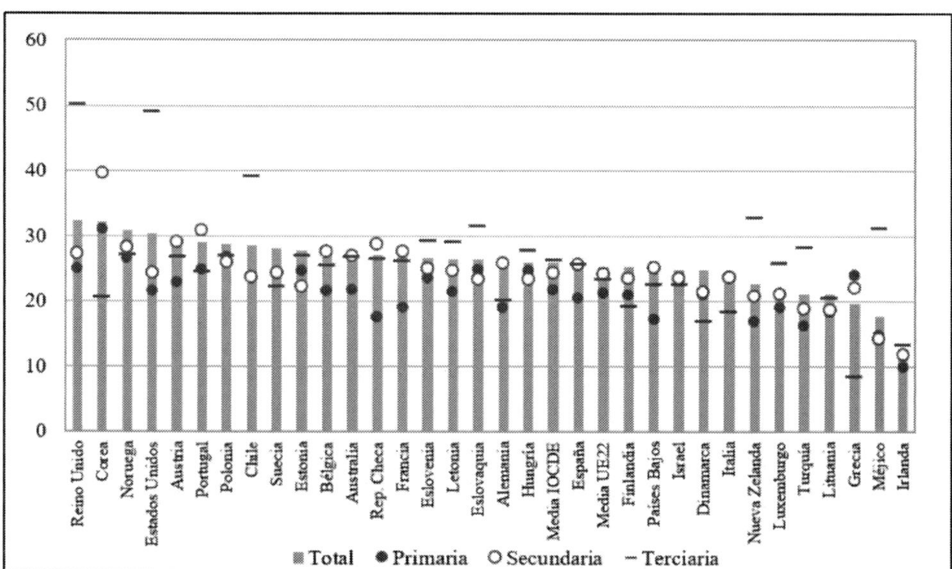

Fuente: OECD, 2022.

En el panel B del Gráfico 8.2 se representa el gasto por estudiante respecto del PIB per cápita en 2019 para la misma selección de países. Esta medida suele denominarse "esfuerzo" y muestra el gasto, en este caso en educación, respecto del total de renta por habitante, es decir, en términos per cápita. En el caso de España se aprecia que el "esfuerzo" que ha realizado en el sistema educativo es de un 25,6%, es decir, de media, se invierte en educación (tanto pública como privadamente) más de un cuarto de la renta per cápita. Este esfuerzo se sitúa en torno a la media tanto de la OCDE como de la UE-22. Por tanto, la inversión total en el sistema educativo de España se sitúa en la media de los países más desarrollados, dado su nivel de renta, aunque por debajo de países como son Reino Unido (32,4%), Corea (32,1%), Noruega (30,9%) y Estados Unidos (30,4%). Debe señalarse que el crecimiento de la renta per cápita en España debería ir acompañado de un incremento del gasto en educación con el objetivo de mantener, o incluso aumentar, el nivel de esfuerzo en educación realizado por el país.

En ambas formas de medida de la inversión en educación no se ha diferenciado entre gasto público, realizado por el propio Estado, y el privado, realizado por las propias familias y las instituciones privadas. Es interesante comentar que dentro de los líderes en gasto educativo se encuentran sistemas educativos muy dispares. Por ejemplo, en Reino Unido y en Estados Unidos el gasto público no alcanza el 70% del gasto educativo total, mientras que en Noruega supone un 97% del gasto total. Por su parte, en España el gasto realizado por el Estado supone un 80% del total, muy por encima de los países anglosajones, pero todavía por debajo de la media de la OCDE (83%) y de la UE-22 (87%) (OCDE, 2022).

Estas diferencias en la distribución del gasto se deben, principalmente, a la educación terciaria o superior (que agrupa la formación profesional de grado superior y las enseñanzas universitarias), donde las diferencias son aún más significativas. En el Reino Unido la inversión pública en educación terciaria representa un escaso 24% respecto del total y en Estados Unidos un 36%, mientras que en Noruega representa el 92%. España se sitúa entre los dos extremos con un 65% del gasto invertido por los entes públicos, mientras que para la media de la OCDE se sitúa en un 66% y para la UE-22 en un 75%.

Como se ha podido observar, en España el peso del sector público en el gasto educativo goza de gran importancia pese a los vaivenes a causa del ciclo económico, razón por la que se analiza seguidamente la evolución del gasto público en educación en los últimos 26 años. El Gráfico 8.3 muestra esta evolución en euros constantes (de 2000), aislando de este modo el efecto del crecimiento de los precios, y expresada en términos de número índice con base en 1995 para conocer de forma directa la variación experimentada por esta variable.

De tal modo, se aprecia que el gasto público en educación ha tenido una tendencia claramente creciente hasta el año 2009, donde el gasto fue un 43% superior al del año 1995. Este crecimiento del gasto no se explica por un aumento en la demanda educativa, pues el número de alumnos no ha experimentado un crecimiento de tal magnitud en este periodo. De hecho, en el curso 1994-95 había en España unos 9,3 millones de estudiantes matriculados en el sistema educativo mientras que en el curso 2008-09 eran unos 8,9 millones. Es por ello por lo que en este periodo la ejecución de política educativa de desarrolló con mayor holgura presupuestaria, como consecuencia del incremento de las cifras de gasto público.

Tras el año 2009, como consecuencia de la Gran Recesión y los recortes presupuestarios que tuvieron lugar en el sector educativo, esta tendencia creciente en el gasto público en educación cambia, manteniéndose relativamente estable hasta el año 2012, con una reducción del 6,7% en este año y del 3% en 2013.

A partir del año 2014 se recupera la senda de crecimiento, aunque hasta el año 2017 no se recuperarán los niveles de gasto público en educación que se realizaba ocho años atrás, es decir, en el año 2009. La tendencia sigue siendo claramente ascendente hasta el último dato disponible, el del año 2020.

Gráfico 8.3. Evolución del gasto público en educación en España (euros de 2020, 1995=100)

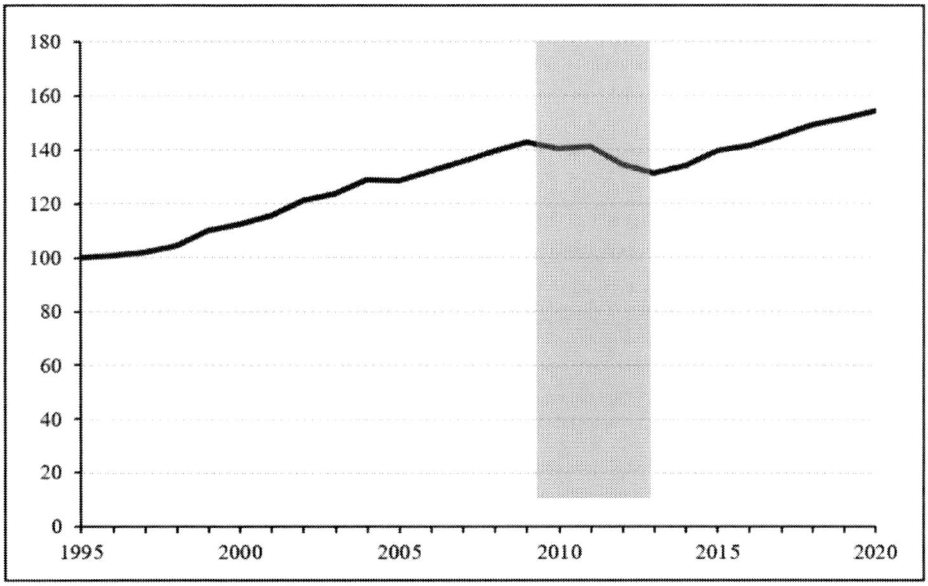

Fuente: Ministerio de Hacienda, INE y elaboración propia.

Parte de este gasto público en educación se destina al sistema de becas, que juega un papel muy relevante en la igualdad de oportunidades tanto dentro del propio sistema educativo como para la sociedad en general. Estas becas suelen ir destinadas al alumnado que más las necesita y, por eso mismo, son una herramienta importante para intentar reducir los efectos del entorno socioeconómico (desfavorable) de origen. En el Cuadro 8.3 se observa la evolución del número de alumnos que han disfrutado de alguna beca, el gasto total en becas y la beca media por alumno entre los cursos 2000-2001 y 2020-2021.

En el panel A del Cuadro 8.3 se plasma la evolución del número de becarios por niveles educativos, lo que permite analizar cómo de extensiva es la política de becas. Una vez examinada la evolución del Gráfico 8.3, no sorprende lo ocurrido con el sistema de becas. El número total de alumnos con beca ha aumentado durante los primeros cursos académicos de este siglo, mientras que el número de estudiantes se ha mantenido en un nivel similar, lo que determina un aumento de la tasa de cobertura o de protección del alumnado. Sin embargo, en el caso de los alumnos universitarios becados se observa una reducción, debida en parte a la menor cantidad de alumnos matriculados en este nivel educativo en el curso 2005/06, que experimentó una reducción del 9,3% entre los cursos 2000/01 y 2005/06.

El análisis conjunto de la evolución del gasto público en educación y del gasto en becas muestra la estrecha correlación entre ambas variables, así como que una de las principales partidas presupuestarias en las que se produjo el recorte fue en las destinadas a las becas, con evidentes consecuencias sobre la igualdad de oportunidades.

Entre el curso 2010/11 y el 2015/16 el número de becarios se redujo en un 24,1%, siendo el grupo educativo más perjudicado el de hasta estudios obligatorios con una reducción del 41,7%, mientras que en la educación universitaria se produjo un aumento del 17,5% en el número de becarios. Una vez iniciada la recuperación económica las cifras de becarios se han incrementado hasta el curso 2020/21 (27,4%), sobre todo en el grupo que más había padecido los recortes presupuestarios, el de la educación obligatoria, con un crecimiento del 43,2%. Este aumento se encuentra alineado con la evolución del gasto público en estos años, pues ha experimentado una variación positiva entre el año 2015 y 2020 del 15%.

En el panel B del Cuadro 8.3 se muestra el importe de las becas en euros de 2020. Como hecho más destacable se observa que entre los cursos 2010/11 y 2015/16 el importe total de fondos destinados a becas se redujo en todos los niveles educativos, siendo mayor la reducción en las enseñanzas universitarias, con un 9,5% frente a un 6,1% en el total. Tras este periodo y hasta la actualidad se observa un crecimiento en el montante destinado a becas en todos los niveles educativos, salvo en el de enseñanzas universitarias, que experimenta un leve retroceso.

El importe medio de beca recibido por el alumnado es una medida relevante, pues en definitiva puede determinar que en un determinado nivel de estudios el alumnado abandone o prosiga con sus estudios. En el panel C del Cuadro 8.3 se ha calculado la intensidad de la política de becas, es decir, cuánto recibe un becario de media dependiendo del nivel de estudios que se encuentra cursando. Deben resaltarse las diferentes cantidades recibidas por los estudiantes no universitarios y los universitarios, explicadas por las diferentes casuísticas que implica cada nivel educativo, principalmente por los diferentes costes para el alumnado, tanto de oportunidad como económicos. Esta variabilidad condiciona la validez del valor medio para el conjunto del sistema educativo, lo que hace necesario realizar un análisis por niveles educativos.

En el nivel de estudios universitarios se aprecia una reducción continuada en el importe medio de la beca desde el curso 2005/06, que se acentuó en la etapa de recortes educativos con una disminución del 23% respecto del curso 2010/11. Además, en el último periodo considerado (2020/21 respecto de 2015/16) se observa una reducción del importe medio de la beca en todos los niveles educativos, consecuencia de que el incremento del número de becarios es muy superior al crecimiento en los fondos destinados a becas.

Cuadro 8.3. Evolución del número de becarios y las becas. Curso 2000/01-2020/21

A) Número de becarios

Curso	Total	No universitarios	Hasta obligatorios	Secundarios no obligatorios	Universitarios
2000/01	1,658,277	1,238,454	1,031,854	206,600	419,823
2005/06	2,561,520	2,303,221	2,090,785	212,436	258,299
2010/11	2,529,452	2,075,218	1,654,649	420,569	454,234
2015/16	1,919,915	1,386,036	964,831	421,205	533,879
2020/21	2,446,568	1,860,323	1,381,757	478,566	586,245

B) Importe total de becas (Miles de euros de 2020)

Curso	Total	No universitarios	Hasta obligatorios	Secundarios no obligatorios	Universitarios
2000/01	1,150,562	427,180	210,131	217,049	723,382
2005/06	1,375,459	663,946	425,962	237,984	711,513
2010/11	2,202,191	1,056,805	465,908	590,897	1,145,386
2015/16	2,068,421	1,031,693	457,258	574,435	1,036,729
2020/21	2,228,131	1,208,131	558,096	650,035	1,020,001

C) Importe medio de la beca (euros de 2020)

Curso	Total	No universitarios	Hasta obligatorios	Secundarios no obligatorios	Universitarios
2000/01	693.8	344.9	203.6	1,050.6	1,723.1
2005/06	537.0	288.3	203.7	1,120.3	2,754.6
2010/11	870.6	509.3	281.6	1,405.0	2,521.6
2015/16	1,077.4	744.3	473.9	1,363.8	1,941.9
2020/21	910.7	649.4	403.9	1,358.3	1,739.9

Fuente: Ministerio de Educación y Formación Profesional y elaboración propia.

Una vez España ha sido caracterizada como un país que invierte en educación de una manera similar a los países desarrollados de su entorno, y se han analizado las fluctuaciones de la política educativa, resulta pertinente analizar el papel del gasto en educación en sus dos principales facetas: la mejora de las habilidades, especialmente las cognitivas, y la reducción de la desigualdad. Con este objetivo se realiza el análisis desde una perspectiva internacional, pues las características tanto de un país en general, como del sistema educativo en particular pueden variar en gran medida entre países, haciendo muy complicada la tarea de estudiar el impacto del gasto en la educación únicamente con datos de un solo país.

En el Gráfico 8.4 se puede observar el efecto del gasto educativo en las habilidades cognitivas aplicadas a las matemáticas. Para ello se ha utilizado información de la última oleada disponible del *Programme for International Student Assesment*, más conocido como PISA. Esta encuesta la realiza la OCDE cada tres años con el objetivo principal de conocer las competencias en lectura, ciencias y matemáticas, de la población de aproximadamente 15 años, aunque también recoge información tanto del alumnado, como del profesorado y la escuela.

En este gráfico se observan dos tipos de puntos y dos líneas de tendencia. Los puntos negros circulares representan a los países de la OCDE que tienen un gasto educativo relativamente reducido, por debajo de los 50.000 dólares en paridad del poder adquisitivo, que son a su vez, los que suelen tener un desarrollo económico menor (pobres). La línea de tendencia que surge de esta nube de puntos muestra que el gasto acumulado por estudiante, para este conjunto de países, está correlacionado positivamente con una mayor puntuación PISA en matemáticas.

Por otro lado, los puntos triangulares representan los países que disfrutan de un gasto educativo superior a los 50.000$, que son a su vez, los países con mejores condiciones económicas (ricos). La línea de tendencia que surge de esta nube de puntos muestra la ausencia de relación entre la puntuación PISA en matemáticas y el gasto acumulado por estudiante. Por consiguiente, para este tipo de países un aumento del gasto educativo no conduciría a una mejora en la calidad educativa.

El Gráfico 8.4 muestra que una vez se ha alcanzado un determinado nivel de inversión, como se espera en los países con mayor gasto educativo acumulado, proveyendo del material físico que *a priori* puede resultar necesario para desempeñar la actividad educativa (escuelas, pupitres, ordenadores...) y manteniéndolo con su capital humano necesario (personal de administración, profesorado y orientadores), lo realmente relevante es gastar de una manera más eficiente. No obstante, en los países con menor nivel de gasto en su sistema educativo (los que muestran menor renta per cápita), sí parece resultar efectivo para lograr incrementos en las competencias del alumnado aumentar las cifras de gasto en educación.

Gráfico 8.4. Efecto del gasto en educación sobre el desempeño en matemáticas en PISA, países de la OCDE, 2018

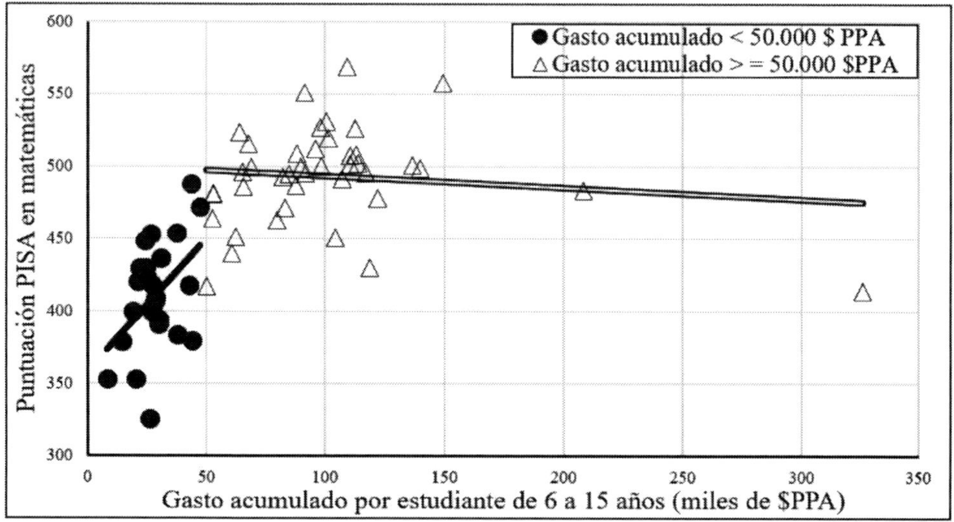

Fuente: OCDE y elaboración propia.

El análisis del Gráfico 8.4 ayuda a constatar que el efecto del gasto público no es necesariamente similar en todos los países y que este no es, por tanto, lineal, al menos, para el impacto en la excelencia o desempeño educativo en matemáticas. Aunque este resultado es, sin duda, de gran interés, la problemática señalada en el presente capítulo es el otro objetivo principal de la educación: la igualdad de oportunidades. En consecuencia, en el Gráfico 8.5 se observa el efecto del gasto en educación sobre una variable que mide de la igualdad de oportunidades, la resiliencia educativa, para el subconjunto de países de la OCDE con mayor y menor renta per cápita. Para ello se utilizan datos sobre los logros educativos en matemáticas de diversas oleadas de PISA para medir la desigualdad educativa (Vicente et al., 2021).

El estudio de la igualdad de oportunidades dentro del propio sistema educativo supone ciertas complejidades técnicas. Una opción metodológica para medir la igualdad de oportunidades es considerar el alumnado resiliente, concepto presente en diversas publicaciones de la OCDE y protagonista de una creciente tendencia en la comunidad científica. Se considera que un estudiante es resiliente si, a pesar vivir en un entorno socioeconómicamente desfavorecido, consigue obtener un resultado educativo por encima del esperado, en este caso, en el rendimiento en la competencia de matemáticas según PISA. Por ello, dado un determinado volumen de alumnado desfavorecido, el país que cuente con una mayor proporción de estudiantes resilientes se entiende que trabaja mejor con este tipo de alumnado, otorgándoles mayores oportunidades y, por tanto, mostrando una mayor igualdad de oportunidades dentro del sistema educativo.

Un análisis análogo al realizado en el Gráfico 8.4 muestra que en el Gráfico 8.5 un mayor gasto por estudiante está correlacionado positivamente con un mayor porcentaje de alumnos resilientes. Esto se cumple en el caso de los países de la OCDE con una renta per cápita relativamente baja (respecto de la media), dado que la línea de tendencia que surge de la nube de puntos (negros) tiene pendiente positiva. Esta relación no parece existir entre el gasto en educación y la igualdad de oportunidades en los países de una elevada renta per cápita respecto de la media de la OCDE, que son los que tienden a invertir más por estudiante. Así, la línea de tendencia que surge de esta nube de puntos triangulares es prácticamente plana, lo que indica ausencia de relación entre las dos variables. Este resultado se alinea con el obtenido en el Gráfico 8.4, es decir, en los países relativamente pobres parece existir una necesidad pura de gasto e inversión directa mientras que en los países en los que la inversión suele ser superior lo importante es analizar cómo se gasta y elegir las partidas realmente necesarias, aumentando la eficiencia.

Gráfico 8.5. Efecto del gasto en la igualdad de oportunidades (2003-2018). Países relativamente ricos y pobres

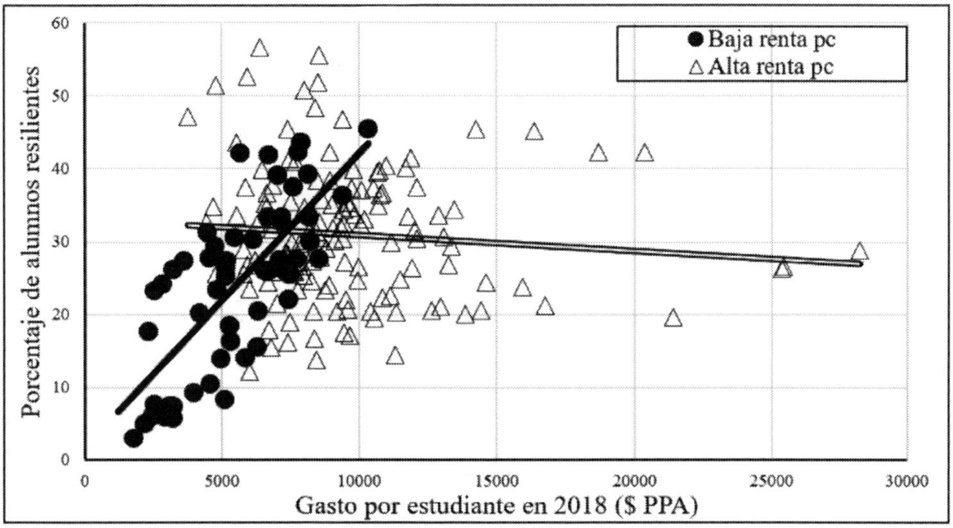

Fuente: Vicente et al. (2021).

Con todo, España, que pertenece al subconjunto de países con una renta per cápita relativamente elevada y que, además, se sitúa en la media en términos de gasto educativo respecto de los países de su entorno, no muestra una carencia de gasto ni de recursos para mejorar la igualdad de oportunidades, dada la estructura de gasto actual. Ello significa que existen partidas en las que no parece necesario aumentar la inversión o el gasto y que, para mejorar la igualdad de oportunidades, se debe gastar de una manera más selectiva. Una de las propuestas de Vicente et al. (2021) es aumentar la inversión en capital humano, mejorando tanto el salario del profesorado, como su valorización a nivel social. También cabe señalar que dentro del equipo docente existe una figura especialmente relevante para el estudiantado desfavorecido, el departamento de orientación, que le provee de aquello que no se puede conseguir con un aumento de los recursos materiales.

BIBLIOGRAFÍA

Agasisti, T., Longobardi, S. and Regoli, A. (2017). A cross-country panel approach to exploring the determinants ofeducational equity through PISA data. *Quality & Quantity*, *51*(3), 1243–1260.

Coleman, J., Campbell, E., Hobson, E., Mcpartland, J., Mood, A., Weinfield, F., et al. (1966). *Equality of educational opportunity*. Washington, DC): US Government Printing Office.

Erikson, R. and Jonsson, J. O. (1996). Explaining class inequality in education: The Swedish test case. *Can education be equalized*, 1-63.

Müller, W. (2014). *Educational inequality and social justice: Challenges for career guidance*. Handbook of career development (pp. 335–355). Springer.

Roemer, J. E. (1998). *Equality of opportunity*. Harvard University Press.

OECD (2020). *PISA 2018 Results (Volume V): Effective Policies, Successful Schools, PISA*, OECD Publishing, Paris, https://doi.org/10.1787/ca768d40-en.

OECD (2022). *Education at a Glance 2022: OECD Indicators*. OECD Publishing, Paris, https://doi.org/10.1787/3197152b-en.

Vicente, I., Pastor, J. M. y Soler, Á. (2021). Improving educational resilience in the OECD countries: Two convergent paths. *Journal of Policy Modeling, 43*(6), 1149-1166.

Palabras clave

Política de becas
Igualdad de oportunidades
Desigualdad
Capital humano
Teoría de señalización
Productividad del trabajo
Externalidades
Justicia social
Ascensor social
PISA
Reparto competencial
Resiliencia
Desempeño educativo
Políticas institucionales
Política de reordenamiento del sector público
Políticas de infraestructuras
Políticas regulatorias
Política financiera

Capítulo 9

Las políticas contra la pobreza y la exclusión social

ÁNGEL GARCÍA ORTIZ
Departamento de Economía Aplicada
Universidad de Valencia

JOSÉ ANTONIO NAVARRO VILAR
Departamento de Economía Aplicada
Universidad de Valencia

1. MARCO CONCEPTUAL: POBREZA Y EXCLUSIÓN SOCIAL

Durante un largo periodo de tiempo los conceptos de pobreza y exclusión se han utilizado como sinónimos de dos realidades que, a día de hoy, presentan claras diferencias. Esto ha sido así, probablemente, porque comparten un origen común que no es otro que el de un sistema económico predominante que de manera implícita genera desigualdad.

Tradicionalmente se ha entendido la pobreza como la falta material de recursos y, por tanto, esta es una perspectiva económica. Sin embargo, y más recientemente, se señala a la pobreza como una situación que trasciende a la ausencia de ingresos. En este sentido podemos acudir al Premio Nobel Amartya Sen y a su enfoque de las capacidades. Se refiere Amartya Sen al "*potencial que tiene un ser humano para actuar y para contribuir con sus actos al desarrollo pleno de la sociedad*" (Ferullo, 2006, pág. 11). En definitiva, al bienestar alcanzado por el individuo como función de la capacidad para decidir y actuar, y no de la capacidad de acumular bienes. El verdadero bienestar se deriva de lo que es capaz de hacer el individuo con esos bienes, sus características personales (momento vital, circunstancias laborales o profesionales, etc.) y las circunstancias externas (momento económico y social) de cada momento.

- **Insuficiencia del concepto de pobreza**

La promulgación en Inglaterra, en 1601, de la Ley de Pobres dio lugar al primer sistema nacional de ayuda a los pobres. A partir de ese momento la incorporación del concepto de pobreza en los estados modernos se debe situar tras la Revolución Francesa. La sensibilización de pensadores económicos y los colectivos de trabajadores a partir de mitad del siglo XIX se completará con el tratamiento de este fenómeno por las principales Instituciones Internacionales.

La pobreza se ha abordado de dos maneras. La primera como el resultado de una situación de insuficiencia de renta. La segunda se amplía a la inclusión de un número mayor de determinantes. Si la primera tiene como fin poder elaborar indicadores de medición (pobreza absoluta y pobreza relativa) la segunda evidencia que ha habido una constante revisión y ampliación del concepto de pobreza (Sánchez Carballo, Ruiz Sánchez, & Barreras Rojas, 2020). Estos mismos investigadores nos recuerdan la consideración que aporta Eric Hobsbawn afirmando que "*la pobreza se define siempre de acuerdo con las convenciones de la sociedad donde se presenta*". Es decir, existen elementos personales, circunstanciales y estructurales.

En 1992 Amartya Sen propone el enfoque de las capacidades desde una perspectiva de crítica a la visión clásica de la teoría del bienestar, aportando nuevos significados e instrumentos para medir la pobreza. Amartya Sen añade los conceptos de *funcionamientos y capacidades.* Los *funcionamientos* abarcan lo que un individuo puede alcanzar hacer y ser. Mientras que las *capacidades* se refieren al conjunto de funcionamientos alcanzables por una persona y la libertad de elegir entre ellos. La pobreza, entonces, puede entenderse como la ausencia de libertad para alcanzar funcionamientos de valor que constituyen una vida digna.

Para Amartya Sen superar la privación que impide el pleno desarrollo de las capacidades y de la libertad depende del ingreso que el individuo percibe en el intercambio por su participación en el proceso productivo. Sin embargo, el valor obtenido no tiene por qué coincidir con el que el individuo necesita en términos de sus condiciones personales y de las que le rodean. Esta idea supone que tanto la identificación como la medición de la pobreza requiere un ejercicio que supera lo estrictamente vinculado a los bienes y debe incluir la participación de los ámbitos de lo social y lo político (Ferullo, 2006, pág. 12).

Es a partir de finales del siglo pasado cuando el término de pobreza ha ido siendo sustituido por el de exclusión. Como afirma Manuel Hernández Pedreño, "*los procesos de modernidad emergente impiden la integración social de un gran número de colectivos sociales y no solamente por una cuestión de desigualdad económica*" (Hernández Pedreño, 2008).

Actualmente el análisis de la pobreza y exclusión social ya no recurre al tratamiento "dentro/fuera" y se desarrolla desde una perspectiva de "proceso" mediante el cual el individuo se "*sitúa*" en su entorno social (Contreras Montero, 2020).

- **Pobreza frente a exclusión social**

En la actualidad el concepto de exclusión social ha alcanzado un espectro más amplio que el que ha alcanzado el de pobreza. No basta con reconocer y describir el colectivo calificado como pobre, es necesario analizar y tener en consideración las estructuras y los mecanismos sociales que lo determinan, ya que la pobreza es el resultado de una interacción social (entre sus diferentes elementos como son los individuos, las instituciones, etc.) y por tanto un fenómeno social. A partir de ahí es sencillo entender que también deben aparecer argumentos de carácter sociológico de clara naturaleza subjetiva.

Así, para la Sociología la pobreza es el resultado de la interacción entre los colectivos de menor estatus en la estructura social, con las conductas de las clases marginales y, también, por el grado de aceptación e interpretación de la pobreza como un hecho que realizan las clases sociales superiores de la estructura social (Hernández Pedreño, 2008, pág. 47).

En esta dirección el papel de la Unión Europea ha sido fundamental. El Programa de la Comunidad Europea para la integración económica y social de grupos menos favorecidos de 1991 vino a cimentar y consolidar el término de exclusión social que iba a emanar desde este ente supranacional. Antes de este momento, solo el segundo de los dos Programas de Lucha Contra la Pobreza anteriores (1975-19890 y 1984-1988) había incluido este concepto mientras que el primero todavía incluía una visión economicista de pobreza.

A partir de este momento es cuando se puede observar una clara distinción entre los conceptos de pobreza y exclusión social. Para José Félix Tezanos, el primero se referirá a la carencia económica mientras que el segundo abarca consideraciones laborales, económicas, sociales, culturales, políticas y de salud (Hernández Pedreño, 2008, pág. 24). El resultado de esta diferencia es que la exclusión social incluye el contenido clásico de la pobreza, pero añade nuevos elementos.

La exclusión social se produce por una cantidad diversa de factores que superan la mera escasez de recursos económicos. Las características individuales a lo largo del tiempo, la naturaleza de las políticas sociales, la ausencia de un grado de cohesión social suficiente, las crisis económicas y su impacto en el empleo determinan que la exclusión social debe ser abordada de manera sistémica como fenómeno multidimensional que es.

Los diferentes agentes que componen una sociedad son los que acuerdan y reconocen qué situaciones indeseadas se configuran como exclusión. Esto permite definir diferentes tipos de exclusión (política, económica, cultural, legal, etc.) y su carácter relativo.

Si es la estructura social la que define los colectivos calificados como excluidos entonces el fenómeno de la exclusión no puede considerarse coyuntural sino todo lo contrario, estructural. La dinámica política (económica, redistributiva y social) configura este carácter de la exclusión social como resultado de la interacción que la provoca y que, al mismo tiempo, la puede combatir.

Y, finalmente, si se entiende la exclusión social como el resultado de un proceso, otro rasgo es su carácter dinámico, cambiante y afectado por el ciclo económico y el ciclo político.

La ampliación de la perspectiva y límites del concepto han dado lugar a que se incluyan nuevas formas de desigualdad basadas en nuevos desequilibrios. Así, la exclusión social va más allá de la renta para sumar situaciones de marginación y de inhibición social, política, económica y laboral. Por tanto, la propuesta para el concepto de exclusión social que se establece "abarca y recoge aspectos de desigualdad propios de la esfera económica, pero también muchos como la precariedad laboral, los déficits de formación, la falta de vivienda digna o acceso a la misma, las precarias condiciones de salud, la falta de relaciones sociales estables y solidarias, ruptura de lazos y vínculos familiares, etc." (Subirats, 2004, págs. 11-12).

- **Midiendo la pobreza y la exclusión social**

La primera condición en la lucha contra la pobreza es que esta sea medible. Teniendo en cuenta el tipo de información que se utilice en la medida y considerando un enfoque objetivo puede hablarse de pobreza absoluta y pobreza relativa. Indicadores:

A. AROPE (*At Risk Of Poverty or Social Exclusion*): Creada en 2010 es la principal fuente de información que permite establecer comparaciones entre la evolución de la desigualdad, pobreza y exclusión social en España y en los países de la Unión Europea elaboradas a partir de las estadísticas de EUROSTAT.

A partir de 2021, y ya reflejado en el Informe AROPE sobre el Estado de la Pobreza en España para 2022, se ha producido un cambio metodológico incluido en la Encuesta de Condiciones de Vida de 2022 ofrecido por el INE (Instituto Nacional de Estadística). Como indica el INE ha habido que adaptarse a los nuevos objetivos de la Estrategia Europa 2030. La población en riesgo de pobreza o exclusión social será aquella que cumpla alguna de las tres condiciones siguientes:

i. **Riesgo de pobreza** (sin cambios respecto a la metodología anterior).

ii. **Carencia material y social severa** (se incluye carencia social severa). Esta condición se construye a partir de 13 limitaciones de las cuales hay que cumplir 7. Las 13 limitaciones se descomponen en dos categorías: 7 limitaciones en el ámbito del hogar y 6 en el ámbito de la persona.

iii. **Baja intensidad en el empleo**. Los hogares en esta situación son aquellos en los que sus miembros en edad de trabajar lo hicieron menos del 20% del total de su potencial de trabajo durante el año de referencia.

B. **Informe FOESSA-Cáritas**: El Informe FOESSA construye su Índice Sintético de Exclusión Social (ISES). Un indicador basado en la identificación de situaciones reales y medibles que se deben interpretar como el reflejo de la dificultad de las personas afectadas para una plena participación social. La acumulación de diferentes situaciones de dificultad coloca en exclusión social a grupos sociales concretos.

C. **Índice de Gini**. Este indicador es el método más utilizado para medir la desigualdad en los ingresos. Es una herramienta analítica que mide la concentración de ingresos entre los individuos de una unidad territorial y en un lapso de tiempo concreto. El valor de este índice varía entre 0 y 100. El valor 0 refleja una situación de máxima igualdad en la distribución salarial entre habitantes (todos tiene el mismo ingreso). El valor 100 refleja una situación de máxima desigualdad (un solo individuo concentra todos los ingresos).

D. **Ratio S80/S20**. Establece la relación entre los ingresos totales del 20% de las personas con ingresos más elevados (percentil 80 o quintil superior en la distribución de la renta) y los ingresos totales del 20% de la población con menos ingresos (percentil 20 o quintil inferior).

E. **Renta Media**. Indicador que considera la suma de los ingresos percibidos por todos los miembros del hogar, descontados los impuestos y cotizaciones, representa la renta disponible por un individuo. Si a esta suma se le considera el número de individuos que componen un hogar entonces obtenemos la Renta Media y si se consideran los ingresos totales de un hogar y el número de unidades de consumo de ese hogar obtenemos la Renta Media por Unidad de Consumo.

En 2010 el Consejo Europeo ratificó la Estrategia 2020 fijando el objetivo de que la cantidad de individuos en situación de precariedad dentro de la Unión Europea se redujera a una cantidad de 96 millones de personas. La cuantía fijada para España debía alcanzar para ese mismo año alrededor de 9,9 millones de personas (Lacuesta & Anghel, 2020).

En este caso el Consejo Europeo determinó tres criterios para clasificar a los individuos en riesgo de pobreza o de exclusión social y de los cuales debía cumplirse al menos uno:

- No poder superar unos ingresos per cápita, descontadas las transferencias, del 60% de la renta media del país.
- El conjunto de miembros activos menores de 59 años de una familia no debe superar el 20% de sus horas potenciales.
- No poder hacer frente al menos cuatro de las siguientes situaciones que definen la carencia material: hipoteca, alquiler o suministros; calefacción; gastos inesperados; no tener acceso a la ingesta de proteínas de manera habitual; vacaciones; televisor; lavadora; coche y teléfono.

- **Evolución de la Pobreza y Exclusión Social**

A pesar de que el proceso de crecimiento posterior a la crisis de 2008 tuvo efectos positivos en la reducción de la pobreza y la exclusión social los valores no han recuperado los niveles anteriores a la misma. Posteriormente se sumarían los efectos de la pandemia de la COVID-19.

Las evidencias apuntan a que el impacto de la pandemia sobre la actividad económica produjo unos efectos negativos significativos sobre el comportamiento de los ingresos en los hogares españoles y un efecto regresivo sobre la distribución de la renta (FOESSA y AROPE). En tan solo 18 meses la desigualdad creció en una cuantía mayor a toda la acumulada a lo largo de la crisis de 2008.

Gráfico 9.1. Evolución Renta Media en euros (España, 2014-2021)

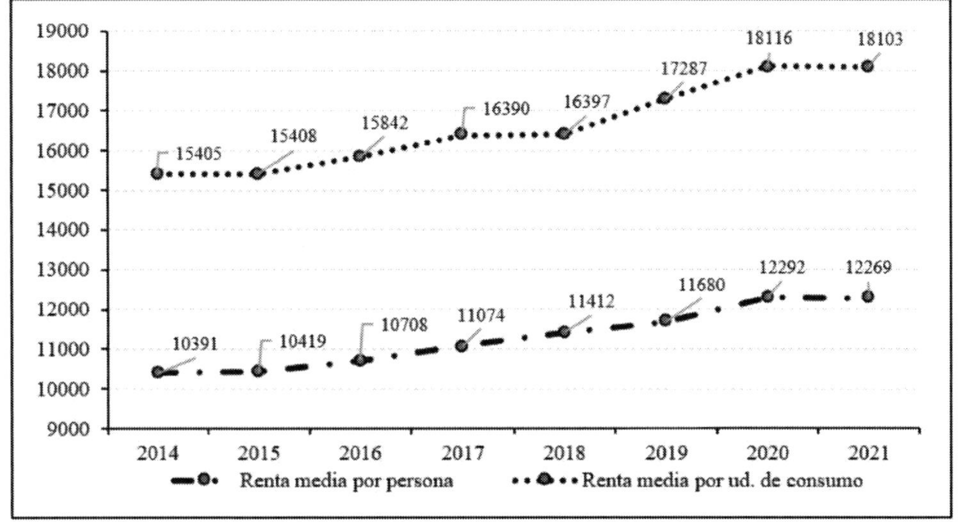

Fuente: Elaboración propia a partir de El Estado de la Pobreza en España 2021. EAPN, avance de resultados (junio 2022).

Si se observa el comportamiento de la Renta Media, Gráfico 9.1, se constata una leve reducción en 2021 tras un período de seis años de crecimiento sostenido, un cambio de tendencia que puede asociarse con la pandemia. Sin embargo, es mucho más preocupante el incremento de la desigualdad medida mediante el indicador S80/S20 (Cuadro 9.1). En este caso puede observarse un ligero repunte para el año 2021 tras el máximo de 2015 en el que el 20% de la población más rica lo era 6,9 veces más que el 20% más pobre. A partir de ahí se produce una reducción hasta el mínimo de 2020 donde la ratio se sitúa en 5,8.

El comportamiento del Índice de Gini confirma lo ocurrido. En el Cuadro 9.1 se observa un incremento en casi 1 punto porcentual respecto a los ingresos alcanzando un valor avanzado para 2021 de 33.

Cuadro 9.1. Comportamiento del indicador S80/S20 y el Índice de Gini (2011-2020)

Año de la encuesta	2012	2013	2014	2015	2016	2017	2018	2019	2020	2021
Ingresos del año	2011	2012	2013	2014	2015	2016	2017	2018	2019	2020
S80/S20	6,5	6,3	6,8	6,9	6,6	6,6	6	5,9	5,8	6,6
Índice de Gini	34,2	33,7	34,7	34,6	34,5	34,1	33,2	33	32,1	33

Fuente: Elaboración propia a partir de la Encuesta de Condiciones de Vida-2021 (INE, 2022).

Si en el período 2008-2012 se constató un crecimiento del Índice de Gini, desde un valor de 32,4 hasta el 34,2, al igual que ocurrió para la ratio S80/S20. Si este índice mejoró significativamente en 2014, a partir del año 2015 comenzó un periodo de reducción que irá acelerándose hasta el año 2020, momento en el que la caída fue mayor para finalmente volver a la senda de crecimiento en 2021. En definitiva, el Índice de Gini ha crecido un valor de 0,6 puntos para el período 2008-2021.

Si se consideran los datos para la UE, las cifras de España deben valorarse como excesivamente altas ya que este índice es 2,9 puntos mayor que la media europea y solo se ve superado por países como Bulgaria, Letonia, Lituania, Rumanía y Portugal.

Gráfico 9.2. Evolución AROPE España (2005-2020)

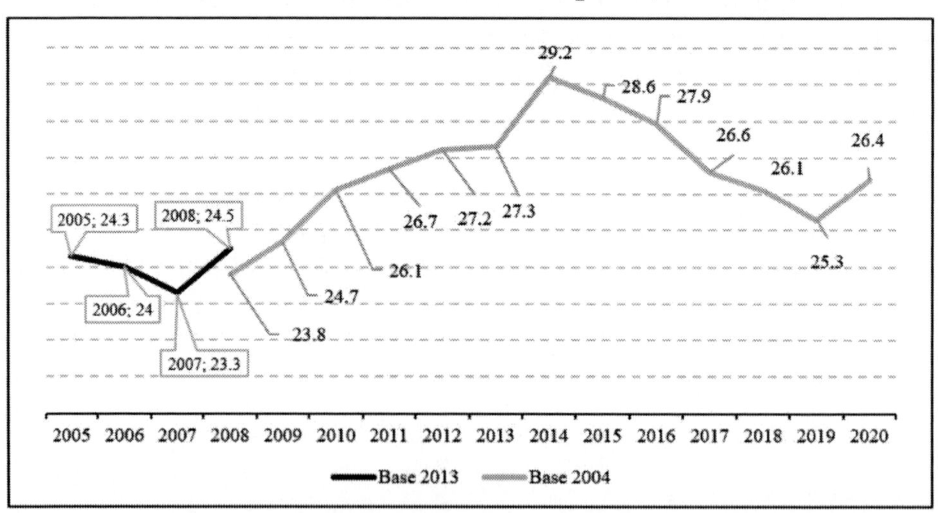

Fuente: Elaboración propia a partir de El Estado de la Pobreza en España 2021. EAPN, Avance de resultados (junio 2022).

En el Gráfico 9.2 puede observarse que en el periodo 2008-2014 es cuando se produce un mayor incremento de la tasa de riesgo de pobreza y exclusión social para comenzar a reducirse a partir de 2014 hasta le repunte de 2020. En términos comparativos, y respecto de la eurozona, el incremento español fue 3,5 puntos mayor aun cuando creció para ambos. Para el período 2014-2020, tanto en la Unión Europea como en España, se observa una reducción de la tasa AROPE. Sin embargo, y aunque en esta ocasión la reducción para España fue mayor, el indicador superaba en 4 puntos al de la Unión Europea siendo 1,5 puntos superior al alcanzado en 2008.

2. POBREZA Y EXCLUSIÓN EN ESPAÑA Y EN LA UNIÓN EUROPEA

En el Gráfico 9.3 pueden observarse diferencias territoriales sensibles dentro de la Unión Europea. Si en 2015 España ocupaba una posición por detrás de Grecia, Letonia, Italia, Chipre y Portugal, llegado 2020 esta posición empeora hasta situarnos por detrás de Chipre e Italia. La tímida reducción de la tasa AROPE lograda por nuestro país en este período nos coloca lejos de cumplir con los objetivos de la Agenda 2030 y sus Objetivos de Desarrollo Sostenible. Esto es así si tenemos en consideración que lo logrado en esos cinco años solo ha sido la mitad de lo que debería haberse conseguido.

Respecto a 2015 la tasa AROPE se ha reducido 2,2 puntos porcentuales, año designado para la evaluación de la Agenda 2030 y sus ODS. El objetivo es reducir la tasa hasta el 14,3% para cumplir la Agenda en los 15 años de duración de la misma.

Gráfico 9.3. Variación % AROPE Unión Europea (2015-2021)

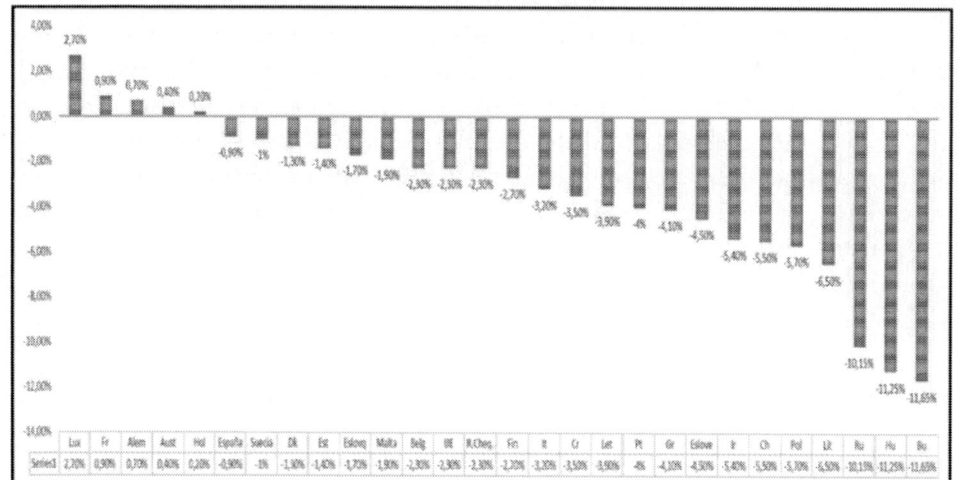

Fuente: Elaboración propia a partir de El Estado de la Pobreza en España 2021 (AROPE, Nº12).

En el año 2020, un total de 12,5 millones de personas, es decir, el 26,4% de la población española, estaban en Riesgo de Pobreza y/o Exclusión Social. Esto ha supuesto que 620.000 personas se sumaron a los colectivos de personas en esta condición.

El segundo de los componentes AROPE, la privación material severa, prácticamente se duplicó en el transcurso de la crisis de 2008. Respecto a la Unión Europea esto representa un incremento de más del doble para consolidarse el peor escenario con la llegada de la pandemia que nos situaría en meses en los valores de 2014.

En los datos de tasa de riesgo de pobreza no pueden percibirse todavía los efectos de la pandemia al referirse a la información disponible en 2019. A pesar de ello los datos proporcionados por la Encuesta sobre Integración y Necesidades Sociales de la Fundación FOESSA incrementan tres puntos el riesgo de pobreza monetaria en el período 2018-2021 (Quijada, Geniz, & Dominguez, 2022, pág. 158).

Gráfico 9.4. Riesgo de pobreza monetaria UE-España (2008-2020)

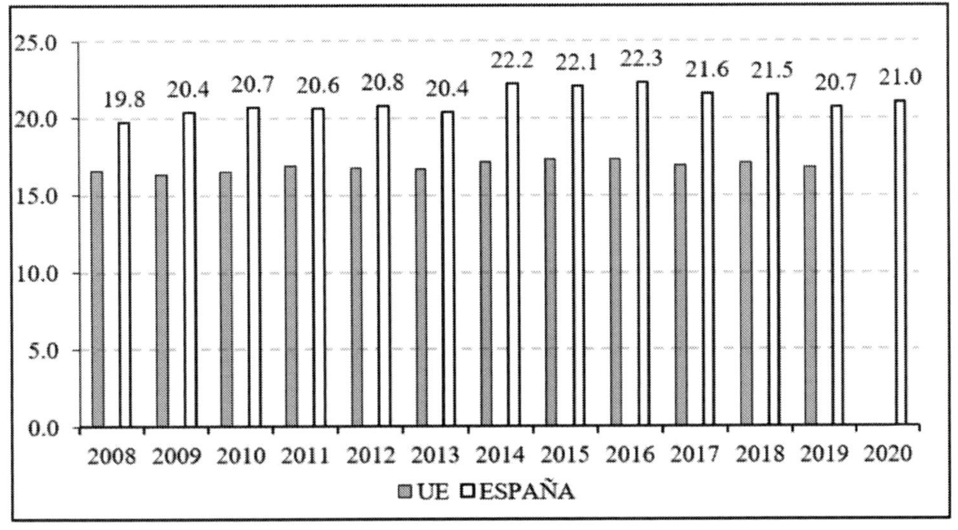

Fuente: Elaboración propia a partir de El Estado de la Pobreza en España 2021 (AROPE, Nº12).

Cuadro 9.2. Privación material severa UE-España (2008-2020)

Baja Intensidad de empleo por hogar		2008	2009	2010	2011	2012	2013	2014	2015	2016	2017	2018	2019	2020
	UE	9,2	9,2	10,3	10,5	10,6	11,0	11,3	10,7	10,5	9,5	8,8	8,5	ndp
	ESPAÑA	6,6	7,6	10,8	13,4	14,3	15,7	17,1	15,4	14,9	12,8	10,7	10,8	9,9
Privación Material severa		**2008**	**2009**	**2010**	**2011**	**2012**	**2013**	**2014**	**2015**	**2016**	**2017**	**2018**	**2019**	**2020**
	UE	19,8	20,4	20,7	20,6	20,8	20,4	22,2	22,1	22,3	21,6	21,5	20,7	21,0
	ESPAÑA	3,6	4,5	4,9	4,5	5,8	6,2	7,1	6,4	5,8	5,1	5,4	4,7	7,0

Fuente: Elaboración propia a partir de El Estado de la Pobreza en España 2021 (AROPE, Nº12).

Los indicadores AROPE, de riesgo de pobreza, pobreza severa, S80/S20 e Índice de Gini superaron significativamente los valores medios europeos. Si en el año 2018 estos indicadores nos situaban entre el sexto y el séptimo lugar en 2019 nos colocaríamos en el cuarto en pobreza severa, el quinto en riesgo de pobreza e Índice de Gini y manteniendo posiciones en el resto.

En los peores años de la crisis del período 2008-2014, el grupo de personas que conviven en hogares con baja intensidad laboral es el que peor se comportó (AROPE). Frente al incremento de 2,1 puntos en la

Unión Europea nuestro país generó un crecimiento de 10,5 puntos, consecuencia de elevadísimas tasas de paro generadas por la crisis. El mejor comportamiento del mercado de trabajo con el fin de la crisis ha reducido este elemento de la tasa AROPE.

A su vez, los datos del Cuadro 9.2 nos señalan que el incremento de la tasa AROPE se produjo en dos de sus tres condiciones. El porcentaje de población en situación de baja intensidad en el empleo creció un 11,6%. El porcentaje de población en riesgo de pobreza se situó en el 21,0% en 2020. Al mismo tiempo, la tasa de hogares con carencia material y social severa se redujo hasta el 8,3%.

En resumen, el colectivo de personas más importante de la Tasa AROPE lo representa aquel que solo sufre riesgo de pobreza monetaria. Le siguen, en esta línea, los colectivos que combinan ambas categorías. Y el mejor comportamiento se sitúa en la categoría de baja intensidad laboral.

Los datos de carencia material para 2020 muestran la gravedad del impacto sobre la sociedad española al incluir los efectos de la pandemia ya que fueron tomados en el último trimestre del año. El inesperado y rápido incremento de la tasa de privación material severa, prácticamente el 50%, supera en solo doce meses los efectos generados por la crisis económica anterior y que necesitarían otros cinco para ser compensados.

- **Las Comunidades Autónomas**

En el año 2020, las comunidades autónomas de Navarra y País Vasco marcaron tasas AROPE muy bajas, 12 y 14 puntos porcentuales inferiores a la media nacional. En el otro extremo se situaron Extremadura, Canarias y Andalucía, 9 y 12 puntos superiores a la media española.

En valores absolutos, 12,5 millones de personas permanecen en riesgo de pobreza y/o exclusión social en el año 2020, lo que supone una reducción de unas 779.000 personas desde el año 2015 (año de control de los Objetivos Agenda 2030). Este éxito es solo parcial y requiere matizarse mucho, pues debe tenerse en cuenta que todavía hay aproximadamente 1,6 millones de personas en AROPE más de las que había en el año 2008 (EAPN, 2022).

Cuadro 9.3. Riesgo de pobreza o exclusión social sus componentes por CC.AA. en % (2008-2012)

	2021	2020	2019	2018	2017	2016	2015	2014	2013	2012	2011	2010	2009	2008
Andalucía	38,4	35,1	37,7	38,2	37,3	41,7	43,2	42,3	38,3	36,9	38,4	35,0	33,3	31,6
Aragón	20,3	18,5	21,1	17,7	15,8	18,7	17,7	20,7	19,8	18,4	18,6	17,5	12,6	17,1
Asturias	26,6	27,7	24,6	20,9	17,2	18,5	24,2	23,4	21,8	24,5	20,4	16,5	18,8	19,5
Balears, Illes	24,5	22,0	15,1	18,1	24,7	19,1	26,3	23,8	27,8	25,1	26,7	26,0	24,3	23,6
Canarias	38,3	36,3	35,0	36,4	40,2	44,6	37,9	37,0	35,5	40,3	37,8	35,7	38,2	34,8
Cantabria	21,6	23,7	19,4	25,0	20,5	24,6	20,4	27,4	25,3	24,1	23,0	22,5	17,3	19,9
Castilla y León	22,4	19,8	16,7	19,5	18,4	23,2	23,3	26,1	20,8	20,4	22,3	23,8	22,1	21,4
Castilla-La Mancha	31,4	29,8	30,7	33,5	33,9	37,9	36,7	36,9	36,7	35,1	35,3	32,3	28,6	28,8
Cataluña	22,1	22,8	18,8	18,9	19,4	17,9	19,8	21,8	20,1	22,6	21,6	19,8	19,0	15,6
Comunitat Valenciana	30,3	29,3	27,0	30,2	31,3	30,5	32,9	34,7	31,7	30,6	27,9	29,6	26,5	27,5
Extremadura	39,1	38,7	37,7	44,6	44,3	35,8	35,2	39,8	36,1	35,2	36,0	40,3	35,4	37,9
Galicia	24,5	25,7	24,3	23,0	22,6	25,4	25,7	23,8	24,3	23,8	21,0	22,7	24,6	25,1
Comunidad de Madrid	21,1	20,9	19,0	19,0	20,6	21,7	20,5	19,2	20,1	19,8	18,6	19,3	19,6	19,3
Murcia	34,7	29,7	31,9	32,7	34,7	34,8	38,8	44,9	34,1	33,5	31,9	37,5	33,3	27,5
Navarra	16,6	12,0	11,7	12,6	13,5	13,0	13,0	14,5	14,5	12,0	13,1	13,8	10,4	8,6
País Vasco	15,9	13,9	14,4	12,1	14,5	15,9	17,6	15,3	16,8	17,7	18,9	16,3	14,8	13,9
La Rioja	20,1	19,0	15,2	20,4	14,4	17,4	22,1	20,1	22,2	22,6	26,1	27,3	19,5	19,6
Ceuta	42,4	38,8	45,9	49,3	35,8	41,9	41,7	47,9	47,0	38,4	33,6	35,9	37,3	43,4
Melilla	38,1	42,4	38,5	24,1	29,4	29,3	31,8	25,8	31,4	14,5	34,7	35,4	33,9	24,6

Nota: La población en riesgo de pobreza o exclusión social es aquella que está en alguna de estas situaciones: a) En riesgo de pobreza (60% mediana de los ingresos por unidad de consumo).b)–En carencia material severa (con carencia en al menos 4 conceptos de una lista de 9).c)- En hogares sin empleo o con baja intensidad en el empleo (hogares en los que sus miembros en edad de trabajar lo hicieron menos del 20% del total de su potencial de trabajo durante el año de referencia). En la encuesta de Condiciones de Vida, los ingresos que se utilizan en el cálculo de variables como rentas y tasa de riesgo de pobreza corresponden siempre al año anterior.

Fuente: Elaboración propia a partir de la ECV (INE).

Andalucía, la Comunidad Valenciana, Cataluña y Madrid acumulan más del 60% de la población española en condición de pobreza y exclusión en 2020 (AROPE), situación que replica los datos del año anterior. De esta situación destaca Andalucía que concentra ella sola el 23,8% de este colectivo de personas. De las restantes destaca el ascenso de la tasa en la comunidad de Castilla y León en 3,7 puntos porcentuales, prácticamente un 20%. Le sigue la comunidad de Murcia con un incremento de 3,6 puntos porcentuales, superando la media nacional. En el conjunto sigue siendo preocupante que Andalucía y Extremadura sean las regiones con la tasa AROPE más elevadas del Estado (Cuadro 9.3).

A modo de conclusión cabe señalar la gran desigualdad en el reparto de las consecuencias de las dos crisis sucesivas observable en todos los indicadores, tanto en términos de personas como de territorios. La diferencia de renta media por unidad de consumo más alta entre las 17 comunidades autónomas se incrementó en 1.902€ entre 2010 y 2020 (1.478€ entre 2008 y 2020). Con respecto a la crisis derivada de la covid-19, las cifras de privación material severa que se conocen son mucho más elevadas entre las niñas, niños y adolescentes, la población adulta joven, los hogares con hijos, los hogares monoparentales, la población extranjera y, especialmente, entre la población pobre y la que no lo es. Es constatable, además, que continúa la acentuación de las principales características que definen el nuevo perfil de la pobreza que emergió como consecuencia de la crisis económica de 2008-2014 y que es radicalmente diferente a la de la percepción clásica. El porcentaje de personas pobres que están en desempleo se mantiene constante este año y se reduce algo el de las que están ocupadas. Debe insistirse, nuevamente, que no es el desempleo lo que define a la pobreza y que, por el contrario, dentro del grupo de personas pobres, aquellas que tienen empleo se mantienen como el grupo más numeroso. En este sentido, políticas de lucha contra la pobreza basadas exclusivamente en la creación de empleo solo beneficiarían directamente a una cuarta parte de las personas pobres, que son las que están paradas.

3. PERSPECTIVAS TERRITORIALES EN EL ABORDAJE DE LA POBREZA Y LA EXCLUSIÓN SOCIAL

3.1. Perspectiva europea y estatal

La lucha contra la pobreza y la exclusión social ha estado presente en las políticas de la Unión Europea prácticamente desde la década de los años 1970, si bien, con el Tratado de Ámsterdam firmado el 2 de octubre de 1997, se reforzó la dimensión social en las políticas europeas pretendiendo consolidar a la UE como *orden de valores de una comunidad solidaria, libre, democrática, conforme al Estado social y de Derecho, dotada de libertades civiles y derechos fundamentales comunes.* En esta línea, las Cumbres de Lisboa y de Niza en el año 2000, establecieron una "Agenda Social Europea" que fijaba *"... Luchar contra cualquier forma de exclusión y de discriminación para favorecer la integración social; IV. Modernizar la protección social; V. Fomentar la igualdad entre el hombre y la mujer... ".*

Estas orientaciones derivaron en la aprobación en España del primer "Plan Nacional de Acción para la Inclusión Social del Reino de España (2001-2003)", que establecía la planificación de los servicios y programas de interés social, la promoción de la igualdad de oportunidades, el desarrollo de programas de servicios sociales, actuaciones a favor de jóvenes, mayores, discapacitados e infancia y familia, implicando a diferentes ministerios, otras AAPP y entes colaboradores. Igualmente se diseñaron Planes Nacionales de Acción para el Empleo, derivados de la política comunitaria en materia de empleo (Consejo Europeo de Luxemburgo, 1997), el primero de ellos para el ejercicio 1998, que contemplan medidas contra el desempleo y la exclusión social.

En marzo de 2010, año declarado por la UE como año de lucha contra la pobreza, con la Estrategia Europa 2020 (EE 2020) "Una estrategia para un crecimiento inteligente, sostenible e integrador", se abre una nueva etapa en la que se dispusieron siete *iniciativas emblemáticas*, recogidas en el tema 4 de este manual, una de las cuales: "Plataforma europea contra la pobreza", tenía por objeto *garantizar la cohesión social y territorial de tal forma que los beneficios del crecimiento y del empleo lleguen a todos y de que las personas afectadas por la pobreza y la exclusión social puedan vivir con dignidad y participar activamente en la sociedad.*

Dicha EE 2020 fijó como objetivo reducir el número de personas que viven por debajo del umbral nacional de pobreza en un 25 %, liberando de la pobreza a 20 millones de personas, para lo cual se apoyaba en distintos fondos y programas, entre ellos, el Fondo Social Europeo Plus que estableció un Fondo de Ayuda Europea para las Personas Más Desfavorecidas (FEAD) o el Programa para el Empleo y la Innovación Social de la Unión Europea (EASI), diseñado para *promover un elevado nivel de empleo de calidad y sostenible, que aporte una protección social correcta, combata la exclusión social y la pobreza y mejore las condiciones de trabajo.*

Por tanto, el papel de la Unión Europea en el desarrollo de las políticas contra la pobreza y la exclusión social es de gran significación, pues permite un marco de trabajo desde el que los Estados miembros han acometido reformas con el objetivo de combatir la pobreza y la exclusión social. Buen ejemplo de ello es el Tratado de Goteburgo de 2017, Tratado con el que la UE asentó el Pilar Europeo de Derechos Sociales estableciéndose veinte principios fundamentales (desde el acceso a servicios esenciales, a la educación, formación y aprendizaje permanente, a la protección social, a la sanidad o a las pensiones de vejez hasta las políticas de cuidados de larga duración y la vivienda y asistencia para las personas sin hogar) que sitúan la lucha contra la pobreza entre las prioridades de mayor relevancia en la UE.

La preocupación por la erradicación de la pobreza también ha tenido su reflejo a nivel mundial con la aprobación de los Objetivos de Desarrollo

Sostenible (ODS) por parte de la Organización de las Naciones Unidas, que en septiembre de 2015 fijó como primer objetivo la erradicación de la pobreza en todas sus formas a través de la Agenda 2030 para el Desarrollo Sostenible, en un contexto mundial en el que 700 millones de personas (10% de la población mundial) vivía en situación extrema de pobreza, es decir, con una renta diaria inferior a 1,25 dólares de los Estados Unidos.

En España, a la vista de la negativa evolución de las tasas de pobreza, el Consejo de Ministros aprobó la "Estrategia nacional de prevención y lucha contra la pobreza y la exclusión social, (2019-2023)", definiendo los ejes de trabajo del Estado desde la consecución de las Metas Estratégicas y la coordinación interinstitucional.

Cuadro 9.4. Interacción y metas de la Estrategia nacional de prevención y lucha contra la pobreza y la exclusión social, (2019-2023)

Metas Estratégicas:	*Interacción con otras Estrategias Estatales*:
- *combatir la pobreza* (mediante ingresos mínimos y políticas de distribución justa de la riqueza), - *inversión social en las personas* (a través de la educación equitativa e inclusiva y la formación y el empleo con atención a menores, jóvenes desfavorecidos y grupos vulnerables), - *protección social ante los riesgos del ciclo vital* (con medidas de carácter sanitario, apoyo a menores y familias, mejora de los servicios sociales y la dependencia y del acceso a la vivienda) - eficacia y eficiencia de las políticas (de carácter transversal: mediante la cooperación y colaboración de actores)	Estrategia de Activación para el Empleo 2017-2020, Plan Estatal de Vivienda 2018-2021, Estrategia Española de Discapacidad 2014-2020, Estrategia para Inclusión Social de la Población Gitana 2012-2020, II Plan Nacional de Derechos Humanos (2019-2023), Estrategia Nacional Integral para Personas sin Hogar 2015-2020, Estrategia Nacional contra la Pobreza Energética (2019-2024)
Se requiere una perspectiva amplia en el abordaje de la pobreza y la exclusión social en áreas como: salud, empleo, vivienda..., y la participación de distintas administraciones y actores.	

Fuente: Elaboración propia a partir de la Estrategia nacional de prevención y lucha contra la pobreza y la exclusión social, (2019-2023)

Esta estrategia, asentada en el informe elaborado por el Gobierno en el año 2016 denominado: "El sistema de garantía de ingresos en España: tendencias, resultados y necesidades de reforma", puso de relieve la diversidad territorial de las rentas mínimas en España, unas prestaciones reguladas y financiadas por cada CCAA, y la necesidad de establecer nuevos mecanismos de protección social, que analizaremos más adelante.

3.2. Perspectiva autonómica y local

Las estrategias e instrumentos desplegados en los niveles administrativos del Estado, desde su concepción federal y el marco que ofrece la Unión Europea, deben garantizar un sistema de protección social en el que confluyan coordinadamente tanto las prestaciones de la Seguridad Social y otras medidas de carácter estatal, como las diferentes medidas de asistencia social autonómicas y de carácter local.

El papel de las comunidades autónomas en el desarrollo de políticas públicas contra la pobreza y la exclusión social es fundamental, toda vez que las competencias en dichas materias fueron transferidas por el Estado a las CCAA en el marco del art. 148.1 20 CE y fueron asumidas desde sus Estatutos de Autonomía, debiendo, por tanto, desarrollar políticas públicas propias en coordinación con las administraciones locales.

Los ayuntamientos, por su parte, adquieren también un papel relevante en este ámbito, pues la Ley 7/85, de 2 de abril, reguladora de las Bases de Régimen Local, los dota de competencias propias en materia de prestación de servicios sociales y de promoción y reinserción social (art. 25. e.: "*...evaluación e información de situaciones de necesidad social y la atención inmediata a personas en situación o riesgo de exclusión social*), de conformidad con los principios de descentralización, proximidad, eficacia y eficiencia, estabilidad y sostenibilidad financiera.

Así pues, las CCAA y los más de 8.100 ayuntamientos que desde principios de 1990 han desarrollado distintas políticas públicas con el concurso de fondos europeos, por ejemplo, en el ámbito del empleo, la formación y la inclusión social, adquieren una relevancia capital en la erradicación de los índices de pobreza y exclusión social. Pero para ello es importante tener en consideración que el ámbito de actuación de las administraciones viene determinado de manera significativa por dos elementos: el ámbito competencial y el escenario de financiación de dichas políticas.

En relación a las competencias, las leyes fijadas por los gobiernos determinarán el grado de participación de instituciones autonómicas y locales en la concepción y desarrollo de las políticas públicas. Buen ejemplo de ello es la Ley de Bases de Régimen Local, que establece las diferentes competencias municipales. En este sentido, conviene recordar que con la reforma del art. 135 de la Constitución Española el 27 de septiembre de

2011, en el marco de la crisis económica iniciada en 2008, se aprobaron seguidamente diferentes leyes de gran trascendencia e impacto. Entre ellas, la Ley Orgánica 2/2012, de 27 de abril, de Estabilidad Presupuestaria y Sostenibilidad Financiera, que establecía un techo de gasto para los gobiernos autonómicos y locales, y la Ley 27/2013, de 27 de diciembre, de racionalización y sostenibilidad de la Administración Local, una ley que fue objeto de numerosos recursos ante el Tribunal Constitucional (uno de ellos interpuesto por más de 2.000 ayuntamientos en defensa de la autonomía local) ante una redefinición de las competencias municipales que suponía un retroceso en la capacidad de acción y autonomía de los ayuntamientos.

Esta legislación, en el citado contexto de crisis económica, atenazó significativamente la capacidad de acción de CCAA y ayuntamientos, a lo cual, hay que añadir las significativas diferencias existentes entre los modelos de financiación autonómica y entre el reparto de ingresos, que dista de criterios que nos permitan afirmar que existe una financiación "justa" a lo largo del Estado, lo cual, condiciona la financiación de los servicios y prestaciones públicas necesarias para combatir la pobreza y la exclusión social en las CCAA y ayuntamientos.

En el caso de la Comunidad Valenciana, el primer marco regulador del Sistema de Servicios Sociales en la Comunidad Valenciana es del año 1989, derivado de la asunción de la competencia en materia de *asistencia social* a través del Estatuto de Autonomía de la Comunitat Valenciana de 1982. Desde entonces, se han producido avances en materia de lucha contra la pobreza y la exclusión social, especialmente con la aprobación de la Ley 3/2019, de 18 de febrero, de Servicios Sociales Inclusivos de la Comunitat Valenciana y la configuración del Sistema Público Valenciano de Servicios Sociales financiado fundamentalmente con los presupuestos de la Generalitat, de los ayuntamientos, las diputaciones provinciales y con aportaciones finalistas del Estado y de la Unión Europea.

Para una efectiva colaboración interadministrativa entre las administraciones autonómicas y locales en materia de servicios sociales se requiere de compromisos que se sustancian a través de convenios de colaboración, en el caso de la Comunidad Valenciana se suscriben convenios de colaboración denominados: *contratos programas*. Estos convenios establecen las relaciones entre la administración autonómica y los ayuntamientos y definen los servicios que se prestan a la ciudadanía; entre ellos: los servicios de atención primaria de carácter básico (que incluyen equipos de atención primaria de carácter básico, profesionales de las unidades de igualdad, profesionales de soporte jurídico y administrativo a personas en situación de vulnerabilidad, servicios de promoción de la autonomía personal con programas como ayuda al domicilio, servicios de ayuda a la dependencia, programa de mayores, servicios de inclusión social para el desarrollo de itinerarios de inclusión social vinculados a la renta valenciana de inclusión social, servicios de acción comunitaria y servicios de prevención e intervención con las familias), los servicios de atención primaria de competencia local (servicios a la infancia y la adolescencia, servicios de atención a personas con diversidad funcional o con problemas de salud mental) y servicios de atención primaria de carácter específico competencia de la Generalitat Valenciana delegados a los ayuntamientos como puedan ser los centros de atención diurna para la infancia y la adolescencia.

4. PRINCIPALES PRESTACIONES CONTRA LA POBREZA Y LA EXCLUSIÓN SOCIAL

La pobreza es un fenómeno mundial que avanza considerablemente a la par que los procesos de concentración de la riqueza, tanto en los países desarrollados como en los países en vías de desarrollo. La pobreza y la exclusión social, en su multicausalidad y multidimensionalidad, requieren de medidas estatales y de orden mundial, desde enfoques preventivos, que permitan un mejor reparto de la riqueza, mediante mecanismos que impidan la acumulación de la misma, y el despliegue de instrumentos de ingeniería fiscal que impidan la evasión de capitales y, con ella, el pago de impuestos, vía principal de financiación de unos servicios públicos que vienen degradándose de manera paulatina.

Dichos servicios públicos son la principal herramienta capaz de garantizar a una parte importante de la población unos niveles de renta suficientes con los que formar parte activa de la ciudadanía, desde el ejercicio de sus derechos fundamentales, y de proteger a las personas más desfavorecidas mediante el acceso a los servicios básicos que integran el Estado del Bienestar: servicios sanitarios y de salud, pensiones, servicios de educación y servicios sociales.

La reducción de las desigualdades y la garantía de la protección social de las personas en situación de pobreza o vulnerabilidad social, otro de los ODS definidos por la ONU en 2015, debe acompañarse de medidas que trascienden de la mera cobertura económica. Así, junto a las medidas de orden económico se requieren otras asociadas a programas públicos de empleo, vivienda, juventud, mujer o de promoción de las personas con discapacidad.

Abordamos seguidamente las prestaciones más significativas contra la pobreza y la exclusión social, entre cuyos objetivos, además de garantizar unos ingresos mínimos, se persigue potenciar la inserción laboral y social de las personas perceptoras para evitar la cronificación de las situaciones de dependencia de las prestaciones públicas (las trampas de pobreza o del paro) e incentivar la participación activa de las personas usuarias en los procesos de inserción laboral o inclusión social.

Cuadro 9.5. Prestaciones estatales más significativas en la lucha contra la pobreza: denominación, finalidad y características

El **Ingreso Mínimo Vital** (IMV, Ley 19/2021, de 20 de diciembre, procedente del Real Decreto-ley 20/2020, de 29 de mayo). Su finalidad es la de *mejorar las oportunidades de inclusión social y laboral de las personas beneficiarias.* - Protege de forma estructural a la sociedad en su conjunto (art. 9.2 C.E. "*...promoción de la igualdad y de remoción de los obstáculos que la dificultan.*") y se configura como un derecho subjetivo que garantiza un nivel mínimo de renta a quienes se encuentren en situación de vulnerabilidad económica. Es una prestación económica (462€/mes para el año 2020) que varía en función de la persona o miembros de la unidad familiar. Se financia por el Estado mediante la correspondiente transferencia a los presupuestos de la Seguridad Social. En 2021 se aprobaron hasta el mes de septiembre 336.933 prestaciones que alcanzaban a 800.000 personas, un 38% de las cuales eran menores de edad. - Esta prestación estatal es compatible con rentas salariales e incluye incentivos al empleo para quienes empiecen a trabajar o aumenten el número de horas de ocupación y va acompañada de estrategias de inclusión focalizadas.
La **Renta Activa de Inserción** (RAI, RD 1369/2006, de 24 de noviembre, regulador del programa de renta activa de inserción para desempleados con especiales necesidades económicas y dificultad para encontrar empleo). Tiene la finalidad de garantizar unos ingresos que permitan potenciar el empleo entre las personas desempleadas con especiales dificultades de acceso al mercado de trabajo y una situación de necesidad económica. - Prestación económica de carácter no contributivo (el 80 % del Indicador Público de Renta de Efectos Múltiples, IPREM) que se dirige a personas desempleadas con necesidades económicas y dificultades de inserción laboral; guarda una relación directa con las políticas activas de empleo y es gestionada por el Servicio Público de Empleo Estatal (SEPE). Incorpora como requisito la firma de un compromiso de actividad (disponibilidad a participar en programas de empleo, de formación o de reconversión profesional y la búsqueda activa de empleo en el marco de un itinerario de inserción). - La RAI es compatible con becas y ayudas por la asistencia a acciones de formación profesional e inserción profesional, con trabajos realizados en beneficio de la comunidad en cumplimiento de una pena o con el trabajo por cuenta ajena a tiempo parcial, en cuyo caso se deducirá del importe de la renta la parte proporcional. Es incompatible con la obtención de rentas de cualquier naturaleza (prestaciones, trabajo remunerado por cuenta ajena o propia, ayudas sociales...) que hagan superar los límites de renta establecidos para la renta activa de inserción.

Fuente: Elaboración propia a partir de la revisión normativa de las prestaciones analizadas

Las prestaciones tienen su marco constitucional en el art. 41 que establece que *los poderes públicos mantendrán un régimen público de Seguridad Social para todos los ciudadanos, que garantice la asistencia y prestaciones sociales suficientes ante situaciones de necesidad, especialmente en caso de desempleo. La asistencia y prestaciones complementarias serán libres.*

Recuadro 9.1. El origen del Ingreso Mínimo Vital y de la Renta Activa de Inserción. La trascendencia de los agentes sociales

En febrero de 2017 el Parlamento español tomó en consideración una Iniciativa Legislativa Popular, a propuesta de los sindicatos Unión General de Trabajadores y Comisiones Obreras, con el objetivo de establecer una prestación de **ingresos mínimos** para el beneficiario individual o la unidad de convivencia. Esta propuesta se vio reforzada por un estudio realizado en 2018 que encargó el Consejo de Ministros a la Autoridad Independiente de Responsabilidad Fiscal, denominado: "Los programas de rentas mínimas en España", que puso de relieve la inexistencia, a diferencia de la mayoría de los Estados de la UE, de una prestación estatal que cubra el riesgo general de pobreza, indicando además que se trata de un sistema fraccionado, con cuantías bajas, falto de coberturas y de grandes disparidades territoriales.

Por su parte la **Renta Activa de Inserción** (RAI) se planteaba en sus inicios con un carácter temporal y condicionada a la existencia de crédito presupuestario, hasta llegar al año en 2006, año en el que fruto del "Acuerdo para la mejora del Crecimiento y el Empleo" entre las organizaciones empresariales y sindicales más representativas y el Gobierno se aprobó el RD 1369/2006 de 24 de noviembre, respaldado por los Planes Nacionales de Empleo Estatales derivados de las directrices de empleo de la UE, que fijó esta renta como un derecho subjetivo que implicaba su reconocimiento desde el cumplimiento de los requisitos establecidos en su regulación.

Junto a estas prestaciones, es necesario referirse a otras, también de carácter estatal, que tienen una incidencia relevante en el abordaje de la pobreza y la inclusión social:

Cuadro 9.6. Otras prestaciones del sistema público de protección social: denominación, finalidad y características

El *subsidio por desempleo* permite a las personas desempleadas que carecen de rentas acceder a un subsidio en el nivel asistencial de la acción protectora del sistema de la Seguridad Social. (Ley General de la Seguridad Social, RDL 8/2015, de 30 de octubre) - Se requiere la suscripción del *acuerdo de actividad*, no haber rechazado una "colocación adecuada" y no haberse negado a participar, salvo causa justificada, en acciones de promoción, formación o reconversión profesional. *Subsidio extraordinario por desempleo.* Se trata de otra prestación regulada en la Ley General de la Seguridad Social, a la que podrán acceder las personas que hayan agotado las prestaciones por desempleo o RAI según regulación existente. - Este subsidio es compatible con muchas de las prestaciones e indemnizaciones del sistema, así como con el trabajo parcial o incluso a jornada completa, en algunos casos para mayores de 52 años, e incluso, para el caso de la prestación contributiva por desempleo, con el trabajo por cuenta propia o como socio de cooperativas o sociedades laborales de nueva creación.
El *subsidio agrario* tiene por objetivo hacer frente al paro estacional eventual de los trabajadores agrarios en las CCAA donde el paro estacional sea superior a la media nacional. (RD 5/1997 por el que se regula el subsidio por desempleo en favor de los trabajadores eventuales incluidos en el Régimen Especial Agrario de la Seguridad Social): - Se requiere la carencia de rentas según la regulación establecida anualmente. - Para mayores de 52 años es compatible con la realización de trabajos temporales, es incompatible con el trabajo por cuenta propia. Es incompatible con cualquier otra prestación por desempleo, con la obtención de rentas superiores al SMI o rentas de la unidad familiar que superen el límite fijado.
La *prestación de sostenibilidad y mantenimiento del empleo.* RD-ley 32/2021, de 28 de diciembre de medidas urgentes para la reforma laboral, la garantía de la estabilidad en el empleo y la transformación del mercado de trabajo (Mecanismo Red de Flexibilidad y Estabilización del Empleo art. 47 ET): - Las empresas deberán adoptar la reducción de la jornada ordinaria de trabajo o a la suspensión temporal del contrato de trabajo y una vez dispongan de la autorización por parte de la Autoridad Laboral, los trabajadores podrán acceder a dicha prestación. - Cubre situaciones de necesidad de las personas trabajadoras de empresas que se vean afectadas por coyunturas macroeconómicas. - Es compatible con la realización de otro trabajo por cuenta ajena a tiempo parcial y con otras prestaciones económicas de la Seguridad Social compatibles con el trabajo; será incompatible con la prestación por desempleo, con la realización de otro trabajo a tiempo completo, con el régimen de trabajadores autónomos y con la obtención de otras prestaciones de la Seguridad Social.

Fuente: Elaboración propia a partir de la revisión legislativa de las prestaciones analizadas.

4.1. Las rentas mínimas de inserción y su impacto

Las CCAA han establecido diferentes ayudas económicas dirigidas a las personas que se encuentran y acreditan estar en una situación de vulnerabilidad económica. Las denominadas rentas mínimas de inserción (RMI) son programas autonómicos dirigidos a las personas y familias que carecen de recursos económicos para cubrir sus necesidades básicas que incorporan un proceso de intervención sociolaboral que requiere de compromisos de las personas beneficiarias y de la colaboración de las entidades locales, al tener atribuidas competencias asociadas al sistema de servicios sociales municipales.

Existen distintas acepciones y regulaciones autonómicas de las RMI: "Renta mínima de inserción social" de Andalucía (2017), "Ingreso aragonés de inserción" de Aragón (1993), "Ingreso mínimo de solidaridad" de Castilla La Mancha (1995), "Salario social básico" de Asturias (2005), "Renta garantizada de ciudadanía" de Cataluña (2017), "Renta valenciana de inclusión" Comunidad Valenciana (2017), etc. Entre todas las RMI se ejecutó un gasto medio por CCAA en el año 2011 de unos 44,3 mill. de euros y de 86 mill. para el año 2020; el importe total ejecutado es de 843 mill. de euros en el año 2011 y de algo más de 1.600 mill. de euros en el año 2020, una cifra que supone un impacto mínimo en las arcas públicas (véase Cuadro 9.7)

El número de titulares de las RMI ha aumentado en pocos años de manera considerable en comunidades como la extremeña (529,37%), la valenciana (424,5%), la balear (307,31%), la catalana (276%) o la murciana (207,79%), frente a País Vasco y Andalucía, que presentan una reducción de un 22% y un 1,26%, respectivamente. Es importante tener en cuenta la existencia de diferencias significativas entre las comunidades autónomas del norte y del sur del país, generándose desequilibrios territoriales que afectan a la vertebración del Estado. Además, tampoco se trasladó la recuperación de la crisis económica de los años 2008 a las rentas mínimas en forma de incrementos significativos, pues entre los años 2011 y 2020 se incrementaron de media en 64,69 €, si bien, CCAA como la valenciana y la catalana las incrementaron en 244,82€ y de 240,30€, respectivamente.

Cuadro 9.7. Gasto en las rentas mínimas de inserción

CCAA (2011 - 2020)		Cuantía básica	Gasto ejecutado* (en miles de euros)	Titulares	Perceptores	Gasto por titular	Gasto anual por perceptores	Tasa de cobertura** (por cada mil hab.)
Andalucía	2011	397,67	61.601,00	34.154	95.972	1.803,62	473,40	15,45
	2020	419,52	135.747,97	33.721	110.397	4.025,62	1.229,60	13,01
Aragón	2011	441,00	14.984,75	4.311	10.247	3.475,93	1.029,31	10,81
	2020	491,00	47.687,18	8.574	20.181	5.561,84	2.362,97	15,16
Asturias	2011	442,96	38.069,08	8.741	10.548	4.355,23	1.973,62	17,84
	2020	448,28	116.708,44	21.326	41.644	5.472,59	2.802,53	41,01
Baleares	2011	405,52	6.499,46	2.327	4.516	2.793,06	949,80	6,15
	2020	461,50	24.168,51	9.478	19.256	2.549,96	1.255,12	15,85
Canarias	2011	472,16	17.717,60	4.883	9.602	3.628,42	1.215,62	6,85
	2020	489,15	42.828,48	10.683	20.181	4.009,03	2.122,22	8,99
Cantabria	2011	426,01	15.270,00	4.288	4.224	3.561,10	1.798,98	14,35
	2020	430,27	31.694,70	6.973	13.969	4.545,35	2.268,98	23,99
C. La Mancha	2011	372,76	3.260,00	1.973	5.380	1.652,31	1.652,31	3,48
	2020	525,00	12.679,40	2.752	7.159	4.607,34	1.771,11	3,58
Cast. y León	2011	426,00	27.732,48	6.426	9.060	4.315,67	1.790,81	6,05
	2020	430,27	52.695,77	11.526	26.529	4.571,73	1.986,27	11,09
Cataluña	2011	423,70	170.470,00	24.552	34.818	6.943,22	2.871,32	7,87
	2020	664,00	427.083,93	92.415	150.215	4.621,37	2.840,15	19,62
Ceuta	2011	300,00	216,97	127	418	1.708,42	398,11	6,63
	2020	300,00	269,96	94	318	2.871,94	848,94	3,79
Extremadura	2011	399,38	1.412,38	1.178	2.025	1.198,96	440,95	2,89
	2020	564,90	42.120,00	7.414	22.526	5.681,14	1.869,84	21,26
Galicia	2011	399,38	23.967,08	7.375	8.366	3.249,89	1.522,64	5,63
	2020	403,38	53.037,06	13.317	22.337	3.982,66	2.374,40	8,28
Madrid	2011	375,55	71.748,00	17.992	34.413	3.987,38	1.368,45	8,08
	2020	400,00	133.786,36	24.415	78.605	5.479,68	1.702,08	11,64
Melilla	2011	384,64	1.494,52	486	1.425	3.075,14	782,06	24,35
	2020	458,64	708,60	292	976	2.426,71	726,02	11,58
Murcia	2011	300,00	3.980,65	1.900	2.763	2.095,08	853,67	3,17
	2020	430,27	17.239,83	5.848	19.783	2.951,41	872,46	13,11
Navarra	2011	641,40	36.227,30	8.185	18.178	4.426,06	1.972,84	28,60
	2020	656,73	114.464,38	16.637	37.879	6.880,11	3.021,84	57,64
País Vasco	2011	658,50	326.042,08	86.734	69.018	3.759,11	2.098,35	71,30
	2020	656,73	114.464,38	67.529	123.050	6.880,11	3.021,84	56,20
La Rioja	2011	372,76	4.677,56	1.966	(n.d.)	2.379,23	2.379,23	6,09
	2020	430,27	13.340,23	3.031	3.031	4.401,26	(n.d.)	9,59
C.Valenciana	2011	385,18	17.748,00	6.342	16.640	2.798,40	1.045,11	3,32
	2020	630,00	254.030,37	33.264	77.823	7.636,60	3.264,12	15,45
Medias /totales	**2011**	**422,36**	**843.113,61**	**223.940**	**323.723**	**3.221,39**	**1.480,34**	**11,61**
	2020	**486,85**	**1.634.773,55**	**369.289**	**795.861**	**4.692,46**	**1.912,81**	**16,81**

(*) Para el año 2011 el gasto ejecutado corresponde al múltiplo entre titulares y gasto por titular. Para el año 2020 el gasto anual ejecutado corresponde al múltiplo de perceptores por el gasto anual por perceptor.

(**) Tasa de cobertura del total de perceptores por cada mil habitantes en %.

2011: (1) La Ciudad de Melilla tiene dos prestaciones: el Ingreso Melillense de Integración y la Prestación Básica Familiar, se incorporan conjuntamente los beneficiarios de las 2 prestaciones. (2) La Rioja tiene dos prestaciones: Ingreso Mínimo de Inserción (IMI) y Ayudas de Inclusión Social (AIS), se incorporan conjuntamente los beneficiarios de las 2 prestaciones, se incorporan conjuntamente los beneficiarios de las 2 prestaciones. (n.d., dato no disponible)

Fuente: elaboración propia a partir de los informes del Ministerio de Derechos Sociales y Agenda 2030, anualidades 2011 y 2020.

Por otro lado, es necesario tener en cuenta que las RMI deben referenciarse a las rentas medias por unidades de consumo o por individuo y no al PIB per cápita (resultado de dividir el valor de los bienes y servicios de un territorio entre el número de habitantes), pues la evolución del PIB no guarda una relación directa con la disponibilidad de gasto de los hogares. También es necesario contemplar el coste de los servicios y productos en cada territorio, es decir, la capacidad del poder adquisitivo en cada territorio, a la hora de establecer las rentas mínimas o cualquier otra prestación.

Seguidamente mostramos la nacionalidad y el sexo de las personas titulares de la RMI:

Cuadro 9.8. Titulares de la RMI según nacionalidad y sexo (2020)

Nacionalidad española		Nacionalidad extranjera	
Mujeres	Hombres	Mujeres	Hombres
141.314	81.369	48.408	33.092
63,46%	36,54%	59,40%	40,60%
222.683	**73,21%**	81.500	**26,79%**

Fuente: Elaboración propia a partir del Ministerio de Derechos Sociales y Agenda 2030, Inf. del Sistema Público de Servicios Sociales, 2020.

En el año 2020, 141.314 mujeres de nacionalidad española eran titulares de las RMI, es decir, el 63,46 % de las personas titulares de nacionalidad española y, sobre el total de titulares cerca de la mitad. Además, de las 68.393 familias monoparentales beneficiarias de la RMI, el 94,5% (64.639) son familias en las que se encuentra al frente la mujer (Informe de RMI para 2020, Ministerio de Derechos Sociales y Agenda 2030)

La profundidad de la problemática objeto de análisis y la trascendencia de las rentas mínimas de inserción junto a otras pensiones contributivas y no contributivas, exige una revisión permanente de dichos mecanismos de contención o generación de pobreza. Por ejemplo, para el ejercicio 2020 se asignaron más de 9,8 mill. de pensiones contributivas, destacando la existencia de un 40% de las mismas que se sitúan en un importe inferior al umbral de pobreza y un 16,1% por debajo del umbral de pobreza severa. Además, según AROPE (*European Anti-Poverty Network 2008-2020,* Inf. nº 11), unas 446.000 pensiones no contributivas tenían un importe medio de unos 400€.

Recuadro 9.2. "Colocación adecuada"

Para los servicios públicos de empleo la "colocación adecuada" es la que responde a la profesión demandada, la profesión habitualmente desempeñada u otra profesión que se ajuste a las aptitudes físicas y formativas, a la profesión desempeñada en último lugar si duró al menos tres meses, o a cualquier otra profesión si se ha percibido una prestación durante un año de manera ininterrumpida o cuando la oferta de empleo se encuentre en su localidad de residencia o a no más de 30 km. La idoneidad de la oferta y la ubicación del puesto de trabajo generan cierta controversia, pues son requisitos que no siempre se ajustan a las necesidades y expectativas de las personas, con lo que podrían colisionar con derechos fundamentales de las personas desempleadas en orden a la elección de su trayectoria profesional y toda vez que las prestaciones son medidas implementadas para paliar una situación de pobreza.

A modo de conclusión, debemos indicar que el Estado ha incorporado en el último tercio del s. XX y en el s. XXI, en coherencia con el crecimiento del número de personas en situación de pobreza o exclusión social, aunque no con la profundidad requerida, distintos instrumentos que se sitúan en la acción protectora del Estado y que derivan tanto de la concepción por parte de los poderes públicos de la existencia de situaciones de necesidad, desde un punto de vista estructural, como de su incorporación prioritaria en la agenda política de los diferentes gobiernos.

La lucha contra la pobreza y la exclusión social se debe incorporar con mayor decisión a otros espacios de intervención pública que permitan combatir actitudes asociadas al rechazo a las personas pobres o desfavorecidas. El rechazo al pobre, cada vez asentado con mayor intensidad en la sociedad, o Aporofobia (fobia al pobre), como así lo denominó la filósofa Adela Cortina para definir una patología social que potencia la discriminación social hacia las personas pobres y desfavorecidas, se ha convertido en uno de los retos de nuestro tiempo cuya solución requiere *el concurso de la educación y la construcción de instituciones que caminen en esa dirección* (Cortina, A. 2017).

Como hemos visto, la "exclusión social" es un concepto que utilizamos para referirnos a las personas que se encuentran fuera de las oportunidades vitales que definen una ciudadanía social plena en las sociedades avanzadas; se trata de procesos de segregación social o marginación social que genera víctimas que quedan relegadas a una posición social carente de determinados derechos, libertades y oportunidades vitales (Tezanos, 2004), lo cual obliga a los Estados a disponer recursos públicos que permitan la cobertura de determinadas carencias en el marco de un estado del bienestar.

Las situaciones de necesidad y pobreza devienen como estructurales en la sociedad actual, pues ni siquiera en contextos de crecimiento económico se ha podido revertir significativamente esta situación. Por tanto, la propuesta de *disociar el derecho a un ingreso de la capacidad de obtenerlo* se configura como un enfoque esencial que cuestiona incluso nuestro modelo de vida, pues *esto que se llama "crecimiento económico" -que estadísticamente puede definirse como "más hoy que ayer, mañana más que hoy"*- se basa en postulados irreflexivos que no tienen en cuenta el daño que pueda producir a la condición humana y a la naturaleza (Bauman, Z. 2005).

Si evidente es la trascendencia de las políticas públicas para superar situaciones derivadas de la pobreza y/o la exclusión social, también lo es la necesidad de actualizar las prestaciones económicas dispuestas, especialmente en contextos inflacionistas en los que la pérdida de poder adquisitivo afecta de manera más intensa a las rentas más bajas, más si cabe si tenemos en cuenta el gran protagonismo en nuestro sistema impositivo de los impuestos de carácter indirecto que, como sabemos, graban el consumo y no el nivel de renta de cada persona.

Las crisis económicas han incrementado tanto el número de personas pobres como la distancia entre las personas pobres y ricas, ahondándose las diferencias en un contexto en el que la generación de riqueza no va unida a un reparto equitativo de la misma. Por ello, más allá de la trascendencia y significación de las frías referencias estadísticas desde las que delimitar con certeza la profundidad del drama de la pobreza, lo cierto es que la brecha de pobreza, es decir, la cantidad de recursos económicos necesarios para abandonar dicha situación, ha aumentado significativamente, a lo que también se suma un aumento en el número de hogares con baja intensidad laboral, una de las principales herramientas de inserción sociolaboral, si bien, también es significativo el incremento de las personas pobres ocupadas, llegando en 2021 a cerca del 18% (INE, ECV 2022).

El objetivo fijado por la Estrategia Europa 2020 al que se comprometió España en 2011 era reducir el número de personas en riesgo de pobreza en, al menos, 1,4 mill. de personas en 10 años. En el año 2020 el cumplimiento de ese compromiso exigía una reducción de más de 2,5 mill. de personas en situación de pobreza y/o exclusión. Lejos de alcanzar tal objetivo se sumó a ello el impacto de la pandemia sanitaria, un impacto que fue atenuado por las medidas impulsadas en el marco del "escudo social" desplegado por el Gobierno junto a otras medidas autonómicas y locales, lo cual evitó que 1,5 millones de personas en el Estado no entrasen en situación de pobreza (AROPE, Inf. nº 11 y nº 12)

Tampoco será viable el cumplimiento de la erradicación de la pobreza fijado por la Agenda 2030 para el año 2030 desde un punto de vista global con las tendencias actuales y con las consecuencias de la pandemia sanitaria, que arrojó más de 70 millones de nuevas personas pobres en el mundo y ha puesto en grave riesgo décadas de avances, pues la pobreza podría aumentar por primera vez desde 1990, una reversión de una década en el progreso mundial en la reducción de la pobreza, según datos del Informe de los Objetivos de Desarrollo Sostenible elaborado por la ONU (2020).

BIBLIOGRAFIA

Autoridad Independiente de Responsabilidad Fiscal (2018). *Los programas de rentas mínimas en España.*

Contreras Montero, B. (2020). Una revisión del concepto de exclusión social y su aplicación a la sociedad española tras la crisis económica mundial. Una visión de proceso. Trabajo Social Global. *Gloval Social Work, 10*(19), 3-24.

Cortina, A. (2017). Aporofobia, el rechazo al pobre: un desafío para la sociedad democrática. Ed. Paidós.

European Anti-Poverty Network (EAPN). *Informe AROPE nº 11 (2008-2020) y nº 12 (2008-2021).*

Ferullo, H. (2006). El concepto de pobreza en Amartya Sen. *Cultura Económica, 66,* 10-16.

Hernández Pedreño, M. (2008). Pobreza y Exclusión en las sociedades del conocimiento. En M. H. Pedreño, *Exclusión Social y Desigualdad* (pp. 15-58). Ediciones de la Universidad de Murcia.

Instituto Nacional de Estadística (INE). Rentas medias por unidad de consumo y por persona (2015 y 2020). Encuesta de Condiciones de Vida (ECV, 2022).

Lacuesta, A., y Anghel, B. (2020). La población en riesgo de pobreza o exclusión social en España, según la definición del Consejo Europeo. *Boletín Económico del Banco de España,* 1-8.

Ley 3/2019, de 18 de febrero, de Servicios Sociales Inclusivos de la Comunitat Valenciana. (BOE-A-2019-3489.)

Ley 19/2021, de 20 de diciembre, por la que se establece el ingreso mínimo vital. (BOE-A-2021-21007)

Ministerio de Derechos Sociales y Agenda 2030. *Estrategia nacional de prevención y lucha contra la pobreza y la exclusión social,* (2019-2023). Acuerdo de Consejo de Ministros de 22 de marzo de 2019.

Ministerio de Derechos Sociales y Agenda 2030. *Informes del Sistema Público de Servicios Sociales. Informes de Rentas Mínimas de Inserción* (2011, 2015 y 2020)

Naciones Unidas. Agenda 2030 para el Desarrollo Sostenible, 2015. Informe de los Objetivos de Desarrollo Sostenible, 2020.

Prieto Alaiz, M. M., González González, Y. C., y García Pérez, C. (2016). La pobreza en España desde una perspectiva multidimensional. *Revista de Economía Aplicada,* 77-110.

Real Decreto 1369/2006, de 24 de noviembre, por el que se regula el programa de renta activa de inserción para desempleados con especiales necesidades económicas y dificultad para encontrar empleo. (BOE-A-2006-21239)

Real Decreto Legislativo 8/2015, de 30 de octubre, por el que se aprueba el texto refundido de la Ley General de la Seguridad Social. (BOE -A-2015-11724)

Real Decreto-ley 32/2021, de 28 de diciembre, de medidas urgentes para la reforma laboral, la garantía de la estabilidad en el empleo y la transformación del mercado de trabajo. (BOE-A-2021-21788)

Sánchez Carballo, A., Ruiz Sánchez, J., y Barreras Rojas, M. á. (marzo-agosto de 2020). La transformación del concepto de pobreza: Un desafío para las ciencias sociales. *Intersticios sociales, 19*, 39-65.

Subirats, J. (2004). La exclusión social: debates y concepto. En J. Subirats, *Pobreza y Exclusión Social. Un análisis de la realidad española y europea* (pp. 10-38). Barcelona: Fundación La Caixa.

Subirats, J. (2004). *Pobreza y Exclusión Social. Un análisis de la realidad española y europea.* Fundación La Caixa.

Tezanos, J. F. (1999). Tendencias de dualización y exclusión social en las sociedades avanzadas. En J. F. Tezanos, *Tendencias en desigualdad y exclusión social. Tercer foro sobre tendencias sociales* (pp. 11-54). Madrid: Sistema.

Tezanos, J. (2004). *Tendencias en desigualdad y exclusión social.* Madrid: Sistema. 2004, 2ª edición actualizada y ampliada.

Zygmunt, B. (2005). *Trabajo, consumismo y nuevos pobres.* Ed. Gedisa.

Palabras clave

Pobreza
Renta media
Rentas Mínimas de Inserción
Exclusión social
AROPE
Índice Gini
Comunidades Autónomas
España
Unión Europea
Prestaciones
Riesgo de pobreza
Carencia material